中国出版史研究

MIN GUO SHI QI GU JI CHU BAN DE
CHUAN TONG ZAI ZAO
YU XIAN DAI ZHI YONG

朱琳 著

民国时期古籍出版的
传统再造
与现代致用

图书在版编目(CIP)数据

民国时期古籍出版的传统再造与现代致用/朱琳著. —北京：
中华书局,2024.6
ISBN 978-7-101-16631-6

Ⅰ.民…　Ⅱ.朱…　Ⅲ.古籍-出版工作-研究-中国-民国
Ⅳ.G237.9

中国国家版本馆 CIP 数据核字(2024)第 100554 号

书　　名	民国时期古籍出版的传统再造与现代致用
著　　者	朱　琳
责任编辑	张玉亮　胡雪儿
责任印制	陈丽娜
出版发行	中华书局
	(北京市丰台区太平桥西里 38 号　100073)
	http://www.zhbc.com.cn
	E-mail:zhbc@zhbc.com.cn
印　　刷	三河市中晟雅豪印务有限公司
版　　次	2024 年 6 月第 1 版
	2024 年 6 月第 1 次印刷
规　　格	开本/787×1092 毫米　1/32
	印张 13⅝　插页 8　字数 270 千字
国际书号	ISBN 978-7-101-16631-6
定　　价	86.00 元

商务印书馆《四部丛刊》线装本

印影館書印務商

發揚東方文化　流通國學秘笈

四庫全書珍本 初集

全集出齊

全書凡一千九百六十冊
大開版式 鏡面式鐲玉海紙印
每部定價國幣八百元

初集凡二百三十一種，世中尚目未經大鳥謝本刊代者，凡九十種
一、純本初集先就未受大鳥謝钞代者，擇今已稀存鈔本，今悉依
文圖國府德秘寫，於庋式膳鈔代版，臦庋今代行政
院會計處圖書局，特專刊行　各地圖國總圖書
館詳校及此類大定諸存傳國錄　各地比善本書目
督审校列各圖書七十四年七月出市印，邦邮之審
一、發令錯形刊完月外，評信刊訂，嘉隆哲聘徒途，以免向隅，

○941.8(約)-0408

輯印四部叢刊三編緣起

四部叢刊既刊成越十有三年而有續編之輯歷時一載得書
七十五種凡五百冊已於去歲全數印竣惟原輯之書有賸額
被搜及原備今歲續出者爲數匪尠於是復有三編之輯顧以
四庫珍本苑委別藏先後開印亟待藏事良工難求輪機亦昕
夕罕暇不得不移此就彼然覽求之志未敢稍懈即剞劂圖之願
亦無時或忘也宋槧太平御覽已爲人世孤本續編陌目預告
今歲出版四方人士馳書問訊者不絕工事稍開亟以付手
民日夕從事已成什之七八外此尚有顧亭林天下郡國利
病書查東山之罪惟錄世人所未見者亦列於
本編查山之罪編仍以五百冊爲限體例一如曙書惟發行規則
觀續編略有更易今售預約謹將部目簡章臚列於左伏維

商務印書館

商務印書館《〈四部叢刊〉三編》預約樣本（1935年），
附印《〈四庫全書〉珍本初集》的出版廣告

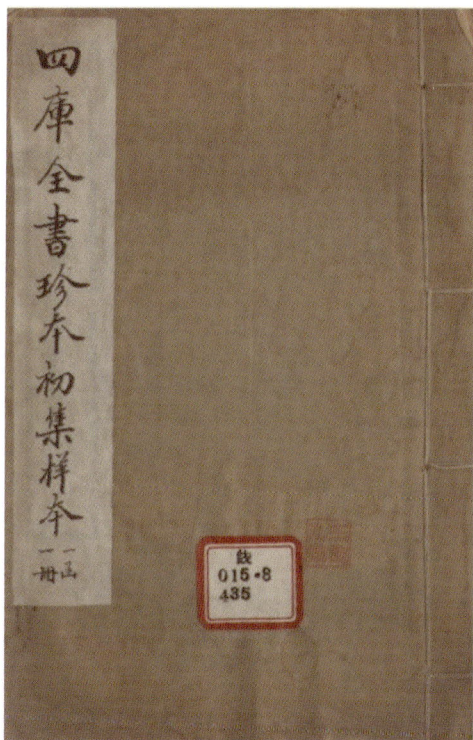

四庫全書珍本初集樣本一函一册

《〈四庫全書〉珍本初集》樣本封面

子淵詩集

子淵詩集
一

商務印書館受教育
部中央圖書館籌備
處委記景印故宮博
物院所藏文淵閣本

欽定四庫全書　　集部五

提要

子淵詩集六卷　別集類四元

臣等謹案子淵詩集六卷案子淵詩集散見
永樂大典中但題曰元人文淵閣書目載之
亦不著撰人名氏考集中有歲盡詩云照我
鄉關夢相隨到鄞城鄧故城在鄞縣東唐時
析鄞置鄞慈奉鎮四邑棣明州元為慶元路

商务印书馆《〈四库全书〉珍本初集》之封面、扉页、内页

《〈四库全书〉珍本初集》作为国礼入藏列宁图书馆
（授赠典礼合影，见《中苏文化杂志》1936年第1卷第2期）

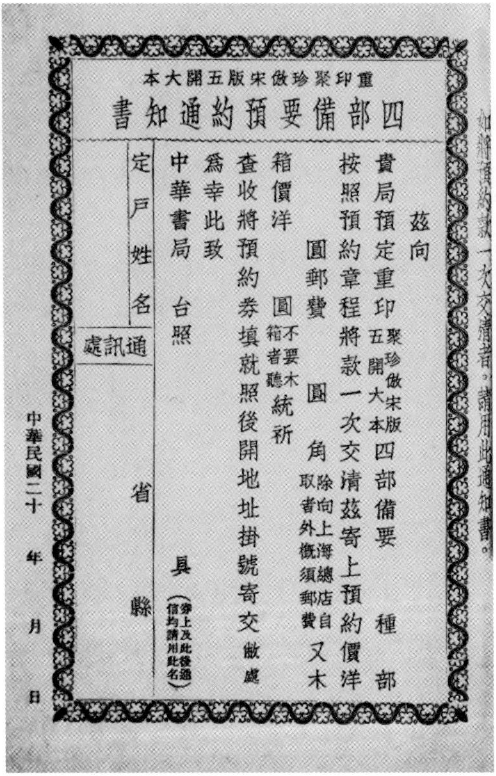
重印聚珍倣宋版五開大本

四部備要預約通知書

茲向

貴局預定重印聚珍倣宋版五開大本四部備要　種　部

按照預約章程將款一次交清茲寄上預約價洋

圓郵費　圓　角（除向上海總店自取者外概須郵費）又木

箱價洋　圓（不要木箱者聽）統祈

查收將預約券填就照後開地址掛號寄交敝處

爲幸此致

中華書局台照

具（券上及此後通信均請用此名）

定戶姓名

通訊處　省　縣

中華民國二十　年　月　日

如將預約款一次交清者。請用此通知書。

中华书局五开本线装《四部备要》全五集

一次缴清预约款者使用的预约通知书（1934年）

中华书局《四部备要书目提要（集部）》封面与内页

四部備要書目提要卷四（集部）

楚辭補注十七卷

〔著者小傳〕王逸漢南郡宜城人字叔師為侍中博雅多覽讀楚辭
而傷愍屈原故為之作解又舉向褒之風作頌一篇號曰九思洪
與祖宋丹陽人字慶善紹興中詩秘書省正字出典州郡所至省治
績竹柴檜編管昭州卒有楚辭本官周易通義楚辭補註及考異

〔四庫提要〕漢王逸撰逸字叔師南郡宜城人順帝時官至侍中事
蹟具後漢書文苑傳舊本題校書郎中盖逸撰時所居官也
初劉向裒集屈原離騷九歌天問九章遠遊卜居漁父宋玉九辯招
魂景差大招而以賈誼惜誓淮南小山招隱士東方朔七諫嚴忌哀
時命王褒九懷及向所作九歎共為楚辭十六篇是為楚辭之祖逸
又益以己作九思及班固二敘為十七卷而各為之註其九思之註
洪與祖經其子延壽所為然漢書地理志藝文志即有自註事在逸

商务印书馆《百衲本二十四史》预约样本中
征求薛居正《旧五代史》原书的启事

商务印书馆《百衲本二十四史》之定制书橱

唐朝散大夫行大學博士弘文館學士臣賈公彥等撰

儀禮卷第一

儀禮疏序

知聖人言曲事資擇而成也非□周禮
言疏者開道本沖虛窔非□周禮所注之書後鄭
禮而已其爲章爲疏互見□□□□二難
有一漶運妙□弁始□□□□其部理並是
□□言□事資注□□□後周□成是
□□□□擇而成也非□周□□□□

士冠禮第一

疏

士冠禮者玄冠子任職居士年二十而
冠禮十五而冠禮屬嘉禮大小戴及
諸侯別錄皮弁素積者四民世人
鄭目錄云諸侯天子之子士及庶人
之子恆造是諸侯相捷云

儀禮注疏一　　　　　中華書局聚

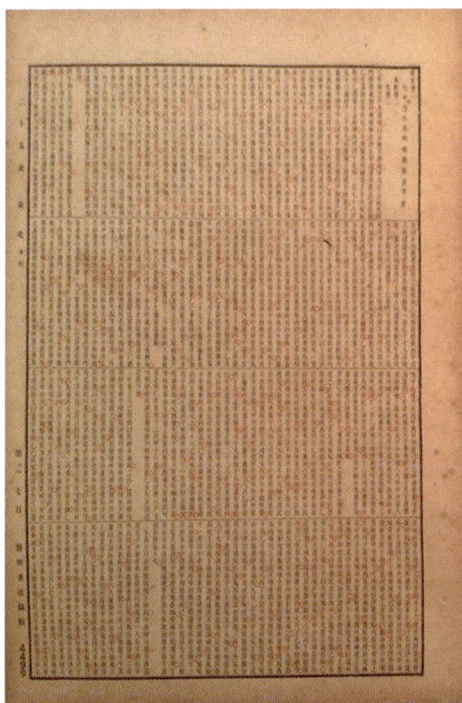

开明书店《二十五史》版式，每面四排缩印

不知醫必要

廣鬱　梁廉夫　子村著

男　吉祥　喬生
　　慶祥　肇鄗　校字
　　禛祥　紫波
杭州徐志源重校

要言

一臟理最微雖過人加之細心參考，尚不能盡悉其真妙醫者動云診脉如症此乃譎妄之談欺人以取利耳不知醫苦，且不必言脉

一臨症最要者惟問其飲食好惡初病因何而起曾服何方服某方合原某方不食逐一問明已得其大概

一凡人平日體質虛寒者所得之病多寒體質熱者所得之病多熱試看嗜酒之人腸臟間酒氣上升而為熱陰臟則水氣下降而為寒可知熱因熱化寒因寒化矣

一實熱症必渴欲飲水目有眵唇紅口氣臭舌乾其為熱

一或黑而焦小便短赤大便乾結尿管搐痛羅形色聲音壯厲〇不必各懷

一虛寒症必晃多有嘔者便如其為熱

一虛寒症必晃多喜飲熱湯畏不紅口氣不熱舌色白無脱帶潤大便瀉小便清長形色聲音微親〇不論何病看其大小便最為確撥如大便稀瀉小

世界书局《珍本医书集成》内页版式（第十册卷首）

目　录

中 编 文本的生产与消费

前　言

一

　　自晚清中西会通以来,古籍大致经历了三次大的整理与出版高峰。第一次发端于太平天国运动后的同治光绪年间,在晚清重臣曾国藩的倡导与垂范之下,地方或奏请或自行开设了诸多地方官书局,刊印了大量经史典籍。这一过程与洋务运动交织展开,互为注脚,旨在通过重建道统,以修复帝国重心倾斜的社会文化秩序,呈现了"中体西用"主导思想下的古籍整理出版的政治与文化功能。

　　第二次高峰同石印技术的东渐有关。十九世纪末,石印技术开始成为东渐的西式印刷技术中大受欢迎的首先,以点石斋、同文书局、扫叶山房等为代表的诸多民营石印书局,利用这一技术大规模印制了《康熙字典》《殿本二十四史》《古今图书集成》等士子们过去无力购藏的大型古籍文献。不同于第一次高峰时的官方行为,这次主要以商业方式实现的古籍出版活动,说明科举未废之前的古籍,于彼时的民间知识社会中依旧拥有无法撼动的重要位置。

　　清末实行新政以后,科举被废,新学获得普遍的尊崇。以新学名义流布的现代型知识,在中国社会的政治、经济、文化、教育等诸领域内开始扮演神明救世的角色。与此相对的古籍,则被视作旧学的载体,弃如敝屣,退居边缘位置。在遭逢冷落长达二三十年之久后,有意思的事发生了。恰是以激烈批判旧有传统的五四新文化运动,重启了近代西学东渐以来第三次大型古籍整理与出版活动的高峰。这股风潮自二十年代初期的《四部丛刊》《四部备要》首开序幕,逶迤至三十年代初、中期达到高潮,影印了包括《四部丛刊》《四部备要》《四库全书》《古今图书集成》《丛书集成》等在内的大型古籍丛书,以及包括《百衲本二十四史》《二十五史》《〈二十五史〉补编》等在内的正史古籍,《宋碛砂版大藏经》《道藏》等宗教古籍,《六十种曲》《古今碑帖集成》等文化艺术类古籍。这一次古籍生产活动的品种数量之巨,专业化程度之高,推广宣传力度之强,时人为之瞩目,引发了广泛的文化与思想论争,1930 年代前期更常常被冠以"旧书年""古书年""古书潮""旧书重出的古董问世年"等称谓,古籍出版成为热极一时的文化现象①。

民国时期的这次高峰是古籍从过去毋庸置疑的出版

---

① 融:《杂志年与古书潮》,《申报》1934 年 12 月 22 日,第 21 版;范璞:《一年来之中国出版界》,《申报》1935 年 1 月 13 日,第 21 版;卫术:《旧书年》,《申报》1935 年 4 月 10 日,第 16 版;秉:《为出版业进一言》,《申报》1936 年 3 月 26 日,第 6 版;邢仪:《古书翻印的探讨》,《民德月刊》1936 年第 4—5 期,第 8 页,等等。

物核心地位，经由西学大潮的强力挤压而仅为其中的一个出版门类之后，中国近代出版史上规模最大的一次古籍整理和出版活动。放眼于整个古籍出版史的悠久长程来看，这也是一次空前规模的出版活动。同往昔迥异的是，民国二三十年代的古籍整理是在现代学科知识备受尊崇，置身于现代规制中展开的出版活动。更为重要的是，作为支撑古籍命脉的体制化支架，科举制度也已经崩塌日久，现代学科体制和教育系统也早已取代故往的教育制度。这不禁引人困惑：从政府到民间，自上至下殷切盼望现代化的时代，缘何会出现这"忤逆"现代性的复古出版行径？挤压在沉重的过去和众望所归的现代化未来之间的夹缝中，这一时期的古籍出版诉求究竟是什么？

现阶段对民国时期古籍出版做出的价值判断，普遍集中于两点：其一，它创造了商业上的巨大收益；其二，它对于传承传统典籍劳苦功高。诚然，古籍出版物不需要支付大笔的作者酬劳，在经济凋敝的 30 年代为出版机构创造了财富与出路；另一方面，古籍出版对于发扬国故、传递传统文化方面自有其不可估量的价值。但是如果桎梏于以上的历史线性思维，带着这一显而易见的历史预设性的目的论框架去衡量这一时期的古籍出版，必然会弱化其价值，最终流失掉它独有的意义：或深陷由商业普遍化带来的意义虚无中，或滞歇于传承中华传统文化、葆有古籍生命的这种静态化和线性化的认知上。当然，以上作用不可忽视，但是更加不可忽视的一个重点在于，对故学的传承也正是古籍出版与生俱来的作用和题中之义,千百年来,古籍的出版无不是带着这一如既往的价值属性来去,这种价值也并未丧失在民国时期的古籍出版活动中。换句话说,这不是民国古籍出版的独特价值,而是古籍出版的普遍价值。承认这个前提,我们会发现,民国时空的独特性在研究中被忽视了,它在以往的研究中被塑造成了一个哑然的缄默者形象,丧失了与发生在自身身畔的出版活动和社会现实之间进行互动的生命力,沦为了一个静态的摆设。正是这个忽视,造成了在线性目的论的框架中,古籍自有其意义;若轰开历史的连续性,聚焦于民国的历史时空,在彼时的当下去观察古籍的出版,那么以往认定的古籍出版的意义就并非无懈可击了。

撇开对古籍出版上述天然属性的认知,它和当时的社会到底有着怎样的勾连,创造了哪些独特的意义? 这涉及怎么看待古籍出版同现代化建设之间的关系。这也正是本书论题研究的核心指向所在。正如研究中国现代化的学者所共同认知的那样,中国的现代化过程并不是西方的镜像投射,西方的现代化模式只是现代化的一种典范,中国的现代化不能完全等同于西化[①]。对旧有的完全否定和对西方的完全模仿,都有悖史实,忤逆实际。中国的传统之物,在现代化的碾压下不会安然逝去,

---

[①] 吉尔伯特·罗兹曼主编,国家社会科学基金"比较现代化"课题组译:《中国的现代化》,江苏人民出版社 2010 年,第 5 页。

裂变成碎片粉末随风飘走，或者沦落至列文森（Joseph Levenson）所认为的只剩下审美价值的"博物馆化"（museumization）境地。诸多研究已经注意到，中国在现代化的过程中于所谓的过去之物中吸收了诸多灵感。比如，民国时期北京的现代化城市建设活动，便从传统文化和旧有的生活方式中"回收"了诸般要素，并将之投入到了建设城市现代化的过程之中去。包括在城市空间转型和城市审美风格的定位中，通过向中国古文化传统中寻找灵感，并对之进行调整和改造，建立并维系了同古代的联系，利用这种联系，在古以致用中实现了极具个性的城市现代化转型①。这也正是北京既现代又古雅的"老北京"形象得以形成的关键。再比如于现代化建设的时空中，中国传统的公共庆典仪式和民间礼仪非但没有成为强弩之末，反而通过对传统的承袭、改造而获得了强大的生命力，安然走进了现代化的世界，成为具备中国特色的现代化内容之一②。那么，中国的古籍出版是否在现代化的建设环境中，也遭遇了同样的命运？换言之，在神往并努力

①董玥：《民国北京城：历史与怀旧》，生活·读书·新知三联书店2014年。

②Helen F. Siu, "*Recycling Rituals:Politics and Popular Culture in ConteMporary Rural China*", in *Unofficial China:Popular Culture and Thought in the People's Republic,* ed. by Perry Link, Richard Madsen & Paul G. Pickowicz. Westview Press, 1989:121—137; Yunxiang Yan, *The Flow of Gifts:Reciprocity and Social Networks in a Chinese Village* [M].Stanford, Calif. : Stanford University Press, 1996 : 238.

践行现代化的民国时空中,古籍通过出版而非自我博物馆化,是否参与到了现代化的建构之中? 进一步讲,在建构民族国家、塑造国民意识等现代化建设的时代议题中,古籍出版于其中贡献了什么力量和作用?

此外,正如杜赞奇(Prasenjit Duara)所说的,"无论是简单的连续的观念还是发明的观念,都无法准确描述过去与现在之间的奥妙的交易关系。过去并不仅仅以在现在之中的延续而塑造现在。它促成了对现在的改造并在此过程中使自己也得到改造"[①]。传统之物,在古衣旧帽间,是否藏匿着崭新的肌理和灵魂? 古籍同现代性的勾连中,在参与现代化建设的同时,自己是否也发生了嬗变,实现了自身某种程度的现代性建构? 这种嬗变是否是其参与建设现代化所必然需要作出的让步? 比如《丛书集成》在出版过程中,作为一部丛书,放弃了传统的编排逻辑,按照现代学科概念进行了图书的重新组排,这种改变对于现代学科建制有什么特殊的意义? 与此相反,《四库全书》在出版过程中,被一再执着于清代版本的影印还原,这种对传统的不变是否在实际上是对现代的变的因应呢?

民国时期古籍出版活动中的新与旧、变与不变间的张力,体现出了"回收传统"(recycling tradition)这一概念的真谛。"回收传统"理论,正如前文所述对民国北京

[①]〔美〕杜赞奇(Prasenjit Duara)著,王宪明、高继美、李海燕、李点译,王宪明、李海燕校:《从民族国家拯救历史:民族主义话语与中国现代史研究》,社会科学文献出版社2003年,第66页。

城、传统节庆典礼以及人际交往礼节的研究中应用到的那样，为物质和精神文化方面描述了并且在理论上建构了一个有关于它们的生产和流通的模式，用以揭示那些置身于现代化世界中看似"格格不入"的传统之物的特点。面对现代化发展时期中的种种危机，来自政府和民间的力量，都在努力通过回收传统（既包括实物传统，更包括意象传统）来推动社会和国家的转型。古籍作为实物遗产和文化意象层面兼重的传统之物，于回收传统以构建现代的这一民国实践活动中可谓意义深远。本书焦距于这一重要之物，试图解答在发展现代化的民国时期，对于大规模出版古籍这一看似逆反历史动向、抵牾现代化建设之行为背后的逻辑。

二

西潮东渐前，中国的发展基本遵循"在传统中变"（change within tradition）的理路，即所谓"出新意于法度之中"[①]。鸦片战争以来，尤其在甲午"打了大败仗，发生了大崩溃"后，"在传统之外变"（change beyond the tradition），则成为沛然莫之能御的风潮。

[①] 罗志田借用柯睿格（E.A. Kracke, Jr）发表于 Far Eastern Quarterly（Aug.1955, pp.479—488）的论文 *"Song Society: Change within Tradition"* 中的"在传统中变"的概念，认为西风东渐前这种"出新意于法度之中"的变化模式，是中国发展的普遍模式。

　　较之于过去传教士苦口婆心的主动劝说和国人的被动接受甚至排斥，甲午之后情形为之一变，国人径自主动接受西学，甚至自发翻译、传播西学。留洋者、尊新趋西者联合出版机构，承揽起翻译和推介西学之务，积极从事西学的输入与传播。以往的被动接受者，摇身一变成为主动的传播者，这个逆转改变了古籍的命运：西学荣发之际，正是古籍遭遇质疑与敝屣之遇的开始。

　　近代对西学的认知，存在一个历时性的全面认知过程，即从歆羡西人科技和工艺，再到对其制度和价值观念的觊觎，实现了实践层面对西学以"器物—政制—文化"为递进范式的接受与学习，这一理路也正因应了自晚清至民国于现实中经历的由外及内的革新履历。从"夷"，到"西"，再到"泰西"；从"夷务"，到"洋务"，再到"时务"，对西方的认知中所隐伏的价值判断变迁，也正说明了思想意识层面上对西学也渐次呈现出以此为尊，将之内蕴的认识路径。对西学的认知态度与实践取向，不但构成了整个民国时期古籍存续的外部环境，更对其内生理路的重新构建也带来了重大影响。"异端"的正统化，正统的边缘化，古籍存活在中西文化之争的框架内。古籍一退再退的生存困境与西学一兴再兴的上升，似乎与西学间呈现出一种此消彼长的镜像化反向生存模式。这当然是近代尊西趋西所倚恃的宏观语境事实，不过细观之下则又会发现与宏观大相径庭的现象。晚清时期，在"师夷长技以制夷"经世召唤下形成的"中学为体，西学为用"

的改革框架,说明西学虽为用,中学固为体,对西学的吸收,是为驾乎其上以"制夷"。这时期以"全盘西化"为代表的文化激进态度,实质上正出于某种在"道出于一"①语境下的文化自信。等经受了来势汹涌的西学冲击,举国自文化、思想到政治、社会层面以"邯郸学步、反失其故"的进退失据方式全面失衡,重心不再后,"道出于二"的时代来临了,此时此刻,对以古籍为载体的传统文化的批驳便呈现出某种悬崖勒马的温柔回头,文化保守主义的倾向②往往于此时渗入进来,新旧之间于是反复出现起伏波动。揆诸民国古籍的出版史料,这个有趣的现象始终存在:每当趋新厉害的时候,恰恰也是对古籍爱恨交织最为严重之际,古籍每每此时大出特出。

---

① 罗志田认为,中国近代史上因为中西文化的竞争,存在一个思想权势的转移,即从以己为尊到尊西趋新。独尊己身时为"道出于一"时,到了趋之若鹜于西学,且在各个层面尤其思想层面转向西化时,是为"道出于二"。罗志田:《失去重心的近代中国:清末民初思想与社会的权势转移》,罗志田《道出于二:过渡时期的新旧之争》,北京师范大学出版社2014年,第1—10页。

② 文化保守主义与守正主义,在此需要做一说明之:前者是浸染过西学再回过头去尊儒者,对传统文化体系的认知胸中自有丘壑,甚至对传统常有出自自我价值观念支配下的改动。文化保守主义一方面与新派对抗,一方面用自己的方式捍卫旧的价值体系。总之,是有意识的有选择的反思化尊儒。后者则是以传统的见地来尊儒,是无意识的无选择之选择。王汎森对此有精彩的论述,并以钱穆为例做了更好的阐释。王汎森:《从经学向史学的过渡》《钱穆与民国学风》,王汎森《近代中国的史家与史学》,复旦大学出版社2010年,第98、173页。

西学的涌入和学西风潮,为中国文化带来了自我认知的冲击和颠覆,中国文化开始被赋予以"传统"做标签的价值判断。对自身的认识,因为有了西方的参照,始而萌生了空间化和时间化的认知——"天下观"的逐渐破碎,为中国文化添置了具有空间化属性的地域定位;更因为对线性历史观(linear historical view)的狂热接受与确信,导致由"现代化"主宰的时间轴上,中国文化成为明日黄花,被诟病为逆反于历史发展之方向者,最终被指谓为一种过去的、过时的、旧的文化。这说明中国文化在被空间化的同时,也被迅速时间化。因此,被传统化和时空化的中国文化,才是民国时期古籍出版的内容主体。

作为时间意义上的文化概念,古籍从纵向的时间轨道上获取历史的意义和身份大致始自晚清。相应的,在晚清古今一辙的国域内,它也新生出了横向的空间意义。在尊西趋新的时代意识中,承载传统文化的古籍当仁不让地被视作西学的对立物(这从晚清以降尤其民国之后各种社会运动的口号中能够得出最基本的印象),加之在纵向上所获取的历史意义,使得古籍在国土上被陌生化对待。这说明彼时古籍是旧的,更是新的。

这里所谓的"新",如上文所述,并非源于内容上的再造或者重建(意即文本的污染①,此处排除对内容结构进

---

① 文本污染(textual pollution)的论述,见〔美〕戴维·斯科特·卡斯顿(David Scott Kastan)著,郝田虎译:《莎士比亚与书》,商务印书馆2012年;另参见〔英〕戴维·芬克尔斯坦(David Finkelste)、(转下页)

行调整带来的新），而是表现在对其价值的判断与观念认知上，以及由此导向的社会利用与功能运作上的新。这说明，古籍在社会意义层面，构建出了另外的存在价值。在此意义上，这无疑是对已被从文化意义上"弃之如敝屣"的古籍的回收利用。揆诸民国历史，会发现古籍的这种"新"参与了民国众多时代议题与任务等重大历史事件中。尤其在现代化的构建中，古籍出版曾发挥出重要作用。

对于近代中国来说，现代化始终是绕不开的历史命题。在线性历史观的框架中，这个概念伴随着严复所译《天演论》及"优胜劣汰，适者生存"的公式化口号而遭固化。和传统过不去，成为彼时鲜明的时代特点。久而久之，"仇视"传统甚至成为某种意义上的新"传统"，这自然为古籍带来了生存的压力，对其存在价值的讨论也成为民国诸多论战中出席率颇高的核心论题[①]。吊诡的是，讨论虽多，疑声虽响，却未能构成阻滞古籍生存的利器，反倒是极具倒戈意味地助兴了其崛起。欲探源此番矛盾

（接上页）[英]阿里斯泰尔·麦克利里（Alistair McCleery）著，何朝晖译：《书史导论》，商务印书馆 2012 年，第 24—26 页。

[①]民国纪年中发生的多起文化论战，如民国初年（1912—1917）的孔教问题之争论，以及后期的整理国故、尊孔读经等所谓的"复古运动"，皆逃不脱以"传统文化是否应当继续存活下去"的发问为所指，所指背后自然关涉到对作为传统文化载体的古籍之价值以及存废问题的争论。二者的关联，几乎是一体两面之所系。关于民初孔教问题的争论，参见黄克武：《民国初年孔教问题之争论（1912—1917）》，黄克武《近代中国的思潮与人物》，九州出版社 2013 年，第 307—333 页。

之所出,必自内生吊诡的中国现代化着手谈起。

"中国社会上的现状,简直是将几十世纪缩在一起:自油松片以至电灯,自独轮车以至飞机,自镖枪以至机关枪,自不许'妄谈法理'以至护法,自'食肉寝皮'的吃人思想以至人道主义,自迎尸拜蛇以至美育代宗教,都摩肩挨背的存在","既许信仰,却又特别尊孔;既自命'胜朝遗老',却又在民国拿钱;既说是应该革新,却又主张复古:四面八方几乎都是二三重以至多重的事物,每重又各各自相矛盾。一切人便都在这矛盾中间,互相抱怨着过活"①。鲁迅的眼中观物,正颠覆了对东方西方持还原主义的二分对立概念者的臆想。自社会而思想,由显而隐,正如鲁迅笔下这 1919 年纪实所展现的那样,中国的现代化,从来不是东西方零和博弈的结果,更远非一元化模式所能概论之。如史家所述,"中国的现代性实际上是一种复杂的对千万种图象的三角测量的产物"②,中与西、新与旧之间,事实上呈现出的是双向建构的关系,中国的现代社会在多歧互渗间被"制造"出来。

表面看似新的现代事物,其实未必完全同传统断裂。上至五权分立的民国政体,如顾立雅(Herrlee Glessner Creel)所言也正是融合了中西的产物,"有了西方人所采

---

① 鲁迅:《热风·随感录五十四(1919 年)》,鲁迅《鲁迅全集》(第一卷),人民文学出版社 1981 年,第 344—345 页。

② 〔加〕季家珍(Joan Judge)著,杨可译:《历史宝筏:过去、西方与中国妇女问题》,江苏人民出版社 2011 年,第 8 页。

用的三个权力机构,再加上两个源自儒学的机构"①,下至
鲁迅所言让人晕头转向不知身处何世的衣食住行,不但
是制度、物质层面,思想意识乃至礼俗观念层面对新旧的
混合与融通更不遑多让。

　　实际上经由长时间的西潮冲击后,中学与西学各自
已经面目全非。中学方面,尤其是历经新文化运动洗礼
之后,"文化保守主义者所发掘、认识、建构(甚至虚构)的
历史文化系谱也不再与它们原来的面目一样,往往带有
与他们辩证对话的'强势论述'的烙印"。有时"为了提
出一个新体系来保守,往往各开一条新的旧路,有些是反
模仿西方的现代性当作古代历史文化已有之精髓——即
固有历史文化的精要部分是以西方的尺度来度量,来发
掘,甚至虚构的";除了以外来尺度自量,"更多的时候是
在不断的竞争中,重新定义自己,修剪、增添、复制、依时

---

① 所谓两个源自儒学的机构:一者,由政界元老组成的专门机构,
即执行孔子所倡导的"批评君主所犯的错误"职能的检察院;
二者,仿制帝制时代翰林院的考试院。见〔美〕顾立雅(Herrlee
Glessner Creel)著,高专诚译:《孔子与中国之道》,大象出版社
2014年,第287—289页。此外,沟口雄三对此亦有相同见解,他
认为对于共和革命来说,儒教不仅仅是将要被消灭的旧体制的遗
物,儒教的思想反倒是和共和思想多有联系。如儒教核心思想之
一的"仁"从"自他相关之仁"发展至"平等之仁",制度上作为经
世论的"封建论""井田论"到清末已经发展成为地方自治论和
土地国有论。见〔日〕沟口雄三著,龚颖、赵士林等译:《中国思
想史——宋代至近代》,生活·读书·新知三联书店2014年,第
155页。

代情境形塑出某些未必原来属于传统文化的特质",可以说,"为了保守传统,他们创造了各种传统"[1]。

西学方面,那些激进的趋新主义者,正如傅斯年对胡适坦陈的那样:"我们的思想新、信仰新,我们的思想方面完全是西洋化了;但在安身立命之处,我们仍旧是传统的中国人。"[2] 在涉及改革时,往往认为,"如欲导民以变法者,则不可不骇之以革命。当革命论起,则并民权亦不暇骇,而变法无论矣",通常"所骇者过两极,然后所习者乃得其宜"[3]。这种想法付诸实践时,正如陈独秀阐释的那样:"改新的主张十分,社会惰性当初只能承认三分,最后自然的结果是五分。"[4] 另一位坚定的西学追随者胡适,在为其"主张全盘西化"做解时,不约而同将此同"文

① 王汎森:《钱穆与民国学风》,王汎森《近代中国的史家与史学》,复旦大学出版社 2010 年,第 174 页。研究中国近代的史家认为,不论是以钱穆、蒙文通、汤用彤乃至国粹派、学衡派、东方文化派等为代表所谓的保守主义者,还是全盘接受西学的激进主义者,20 世纪中国读书人不论是维护还是反对中国传统,基本上都是以西方观念为思想武器,本质上呈现出西与西战的谬象。这也从侧面佐证了古籍在此语境下,已经丧失掉了古往以之的质性,蒙上了中西浑融的时代烙印。

② 胡适著,曹伯言整理:《胡适日记全编》(第 5 册),安徽教育出版社 2001 年,第 404 页(1929 年 4 月 27 日日记)。

③ 梁启超:《敬告我同业诸君》,张枬、王忍之《辛亥革命前十年间时论选集》(卷一上),生活·读书·新知三联书店 1977 年,第 221 页。

④ 陈独秀:《调和论与旧道德》,陈独秀《陈独秀著作选编》,上海人民文学出版社 1983 年,第 46 页。

化的惰性"联系起来:"旧文化的惰性,自然会使他们成
为一个折衷调和的中国本位新文化……古人说,取法乎
上,仅得其中;取法乎中,风斯下矣。这是最可玩味的真
理。我们不妨拼命走极端,文化的惰性自然会把我们拖
向折衷调和上。"① 于此民族文化的惰性上,鲁迅打了个比
方:"中国人的性情是总喜欢调和、折衷的。譬如你说,这
屋子太暗,须在这里开一扇窗,大家一定不允许的。但如
果你主张拆掉这屋顶,他们就会来调和,愿意开窗了。"②
以上言论表明,彼时对西学的亲近在实践上并非真如口
号上所宣泄的那样决绝与彻底,最起码从心性上未必如
此。上述名动一时的现代化的追随者,其言语中也透露
出对中学的真正态度,揭示出中西学关系于民国时期的
水土真相,即在"取法乎上,欲得其中"的改革力度支配
下,"新文化人的激进既然存在着有意为之的成分,其所
认知的传统的压迫,恐怕就更多是一种假想(imaginary)
型的"③,调和才是中国现代性建构实践中的真昧。

　　身处此种表象相争实质相融的中西学语境内的现代
性构建,于无意识间为古籍的出版与存活预留了空间,也
成为解释古籍于民国时期之所以大规模出版的因由。另

① 胡适:《编辑后记》,《独立评论》1935 年第 142 期,第 23 页。
② 鲁迅:《无声的中国》,鲁迅《鲁迅全集》(第四卷),人民文学出版
　社 1981 年,第 13—14 页。
③ 罗志田:《林纾的认同危机与民初的新旧之争》,罗志田《道出
　于二:过渡时期的新旧之争》,北京师范大学出版社 2014 年,第
　166 页。

一方面,由新旧迭累层积构化成的现代化,也为古籍的出版蒙上了新时代的质性——古籍身上所携已不再是纯粹的古籍"大一统"时代的文化烙印,这种变迁客观上也为其自身添置了一层被回收利用的况味。

上述的回收利用是从变化的角度看古籍的现代性,若从古籍的不变之处看,更能反推并反衬出这种变化的必然性。如果将古籍作为由复线历史观(bifurcated historical view)叙事语境统摄下的"传统"①来看,那么它得以存活的依据则来自于"有用"。"传统"通常被由"现在"组成的主判者决定自己"过去"身份的能否维系,判断的依据则来自于现代化是否可从传统中找寻到吉光片羽以为今用。正如列文森评价民国时期尊孔读经等反叛传统的活动时所言:"民族主义式的对于中国的礼赞只不过是文化主义者对之自信的一种掩饰之词。民族主义者

---

① 此间"传统",也可用"过去"一词指谓。下同不赘。针对由线性历史(liner history)观念主宰的历史叙事,杜赞奇(Prasenjit Duara)提出了复线历史(bifurcated history,又译"分叉的历史")的观念。复线历史观不赞同历史的非循环、不可逆的单线动态运行观,认为历史并非仅沿着一条直线向前延伸,而是以多重样态扩散于时间与空间之中。线性历史观的垄断叙事会导致许多历史事实遭遇遮蔽与曲解,甚至还会刻意统摄和隐匿与其世界观不相适应的历史事实。古籍出版研究中也存在被线性历史观宰制下的事实遮蔽与解读错位,在此点上,复线历史观在还原古籍出版的事实本相上可规避社会达尔文话语权势的绑架。参见〔美〕杜赞奇著,王宪明、高继美、李海燕、李点译,王宪明、李海燕校:《从民族国家拯救历史:民族主义话语与中国现代史研究》,社会科学文献出版社 2003 年,第 3 页。

及传统主义者之所以急于使中国成为儒家国家,不过因为孔子是中国人,而不是因为孔子讲出了真理。"① 民国时期的"传统"之所以能够维系,多半拜自身"有用"的符号性象征资本所赐,而并非其内生性的精神含蕴等文化资本所致。象征资本被保留甚至某种程度被无限放大,而内生的文化资本的外象表达为了适应并支持象征资本的扩张,往往需要从内里进行现代化的调整。被利用的"有用"固然有所恃,不在利用范围者则势必要如履薄冰地进行现代化的嬗变与调适以规避"无用"。

不论是身不由己,还是以"旧"身趋新的时代大势,古籍除了自身的现代化嬗变外,在现代性的多种重大议题的建构中凭借其"传统"的身份也圈置出了发挥作用的场域,为其失去的"大一统"时代的社会功能找到了替代。这些将在后文古籍出版的活动中给予具体的论述与分析。

需要指出并强调的是,民国时期的古籍出版兴盛局面,当然与客观存在的经济利益的驱动和新闻政策的压抑(以南京国民政府时期为主)有莫大的关联。经济利益方面,古籍的出版不存在新式书籍普遍面对的版税经济成本,这也构成了古籍出版繁荣比较重要的原因。然而悖论在于,其一,版权问题的缺席并不表示古籍的出版成本就降到了可以被忽略的地步,在经济上就"如水之

---

① 约瑟夫·列文森(Joseph R. Levenson)著,郑大华、任菁译:《儒教中国及其现代命运》,中国社会科学出版社 2000 年,第 153—154 页。

就下,其势最便"。需要说明的是,古籍不论采用影印还是排印方式出版,均需底本作为依据,底本的购置或借用等均有费用产生,这或许可看作一种变相的"版税"成本。如为续编《四部丛刊》计,商务印书馆曾于1926年花费16余万元购买了蒋汝藻抵押给浙江兴业银行的一批宋元珍本。面对巨款购书所引发的商务印书馆股东非议风波,张元济曾在股东会议上郑重做过陈解,称"此种古版书,不易搜求;向藏书家借印,亦颇烦扰。适蒋孟蘋君家藏古版书,悉抵押于银行家,因有收回让渡之意,于是以银十六万两买归本馆"[1]。而且当时的古籍大多以大型甚至巨型丛书的方式出版发行,并且往往采取当时耗费巨大的新式影印技术,于出版过程中也会出现众多出版古籍书必备的编辑环节,如请名家专人厘选丛书中的古籍种类、编订出版序列与目录、版本校雠与筛定、专职文字注释与校对等,甚至有些出版机构还成立了专门的古籍出版独立部门进行全程把控,这些在本书关于副文本的研究上将作出进一步的探析。以上成本的增加同版税成本的减少,从经济上对出版机构造成的影响同样不容忽视,也不可小觑。以至于当时有时评认识到问题的真相时,对此发问道:"为什么不惜花费重资来影印几十

---

[1] 可华:《商务印书馆之购书案:股东将提出质问》,《晶报》1927年4月30日,第2版;绿衣:《正商务印书馆之购书案:〈四部丛刊〉之来源,股东会未提出质问》,《福尔摩斯》1927年5月3日,第2版;张树年:《张元济年谱》,商务印书馆1991年,第286—287页。

本乃至几百页的'巨制'，却不肯取出这资本之若干分之一来印刷一些不怎么容易获利的却与一般读者非常有益的小册单行本呢？"[①] 在此基础上，就出现了另一个悖论：由于古籍出版普遍采用的丛书方式，对购买力有限的受众自然造成不小的经济压力。正如很多时评注意到的那样："在这国民经济日渐破产，国民购买力日渐枯竭的今日，居然容许这样空前的大规模的出版古书，这不是一个令人不能解的现象吗？"[②] 这个疑问有意思的地方就在于，它恰恰回答了古籍的受众市场悖论问题：即为什么成本增加了（即便版税确实削减了部分开支），有些受众也买不起，却依旧有大批古籍图书源源不断地面世。民国古籍势必从经济之外的角度吸引了受众市场，即便本源上受惠于无版权的利益驱动，但要实现市场上的收支平衡，创造更大更丰厚的盈余空间，就需要开拓出现代环境之下的阅读市场，并调和古籍同现代受众阅读需求间的矛盾与冲突。总而言之，出版机构必须从编辑环节解决古籍同时代合流与对话的压力，这样才能摆脱经济压力造成的市场限制。

　　以上分析说明，民国时期古籍出版的兴盛，虽然从事情的起源上确实存在零版权的利益驱动影响，但是经济问题并非是其出版繁盛的绝对原因，恰恰是为了缝补由经济原因带来的市场局限，古籍出版才不得不加大力度

---

① 融：《杂志年与古书潮》，《申报》1934 年 1 月 22 日，第 21 版。
② 李麦麦：《论竞出古书与民族自杀——请四万万同胞照照镜子》，《文化建设》1935 年第 11 期，第 99 页。

参与同时代的对话和自身的现代适应上,以获取更为广泛的市场。

南京国民政府的新闻出版政策高压也间接上为古籍的出版创制了某种轻松氛围,无意识形态色彩的古籍成为当时新闻出版界的避风港湾。不过,无意识形态之虞并不意味着古籍在政治领域丧失了色彩与功能。换言之,政策的压抑造成的仅仅是古籍市场的准入,它真正的兴盛并非源于能够进入市场,而是它同国家的利益具有高度的一致性,使得古籍能够同国家建设的主题实现自然地合流,并作用于民族与国家现代主体的建构上,从而在此前提下具备了极大的出版自由和消费市场。因此,政策是古籍得以准入市场的通行证,但并不意味着就此一劳永逸地解决了古籍的现代价值问题。古籍于现代政治领域表现出的生机与活力,当然同准入的便捷性有些许关联,但并非绝对必要原因,这一点本书将在关于《四库全书》的出版研究中做出具体阐释。

其他外部出版因素,如印刷技术的进步、行业现代管理制度的成熟、发行交通网络的便利等,当然也构成了民国古籍出版兴盛的推动因素和具有民国色彩的变化特点。但是需要特别指出的是,以上并非古籍出版独享的时代特征,毕竟任何一种民国出版的图书均共同享有这种变化。技术的进步和行业现代转型的成熟,当然对古籍出版提供了莫大便利,但是作为一种外部条件,本身无法构成古籍内在变迁的动力。

三

　　在新旧交替的民国时期，虽然文字内容上承递原始面相的古籍，一般被视作"过去的"传统之物，但其特点则远非"传统"一词所能涵括殆尽。相比于过去，它实在是一个新生之物——首先，民国古籍的出版，始终发生于建构现代的新型社会场域内，这同过去的传统出版语境截然不同。其次，在多种指向于现代建构的时代命题宰制下，古籍通过对自身的回收与管理，既获取了现代身份，又同尊西趋新的民国实现了共融。

　　本书于体例结构上，划分为三个部分。第一部分"古书热与复古之象"，对各大出版机构的大型古籍丛书出版活动，给予了细密的梳理与过程展示。一方面，通过典型样本的呈现勾勒出时代整体的古籍出版图景；另一方面，典型样本的具象勾画，也为全书的案例书写提供了具体出版情境的展演过程。第二部分"文本的生产与消费"，既是古籍出版与消费的实录，也是对出版活动中社会观念与出版逻辑的剖析与论解。在复原古籍的生产与发行、流通与阅读诸面貌的基础上，探讨古籍如何新造，包括对传统善本观的改造、副文本的制作、新读者的锚定、购买的机构化等方面的研究；出版机构、副文本外包小作坊、政府机关与藏书机构（传统藏书楼、公共图书馆、学校图书馆等），出版家、藏书家与潦倒的文化工人，文化街的看客与犀利的时事评论者,亭子间的穷人与大客厅的贵胄,本土与海外,共同构筑出庞大的古籍出版场域,诸般古籍新象于此诞生。本书通过对传统文化管理者、出版者、学术群体、普通民众等族群之于古籍的态度、观念与行动的考察、追索与探析,以回答出版图景背后的逻辑。

本书就古籍施予建构现代社会的多项作用,主要从知识、政治与学科制度三个向度进入对民国古籍身份变迁的研究,这是第二部分背后的主要逻辑,也同样构成了第三部分"传统知识的再造与致用"的整体脉络。

在政治文化意义层面,本书认为古籍的文化资本价值于民国时期被大量置换成了政治资本。该资源于民族危机严峻的 20 世纪 30 年代被大量运用到了国家与民族主体的现代建构上,于国际上成为塑造国家与民族形象的重要角色。《四库全书》(珍本初集)的影印出版,是民国古籍发挥政治资本功能的典型事件。此外,古籍在对内的国家统治与中央权力的现代架构中也不乏助力。作为转喻地方权力、寓意政治符号的方志,对其编辑权与阐释权的出版控制,一度成为北伐成功后新兴的中央在"国家建构"过程中接管地方事务的重要手段。

在知识文化意义层面,本书认为相比于为维系政治符号的纯洁性而以不变姿态存活的政治工具身份,古籍在民间场域内的再生产活动中则不得不对自身进行重构以适应文本内容的现代应用问题。于是置身民间场域的方志,便出现了诸多同西方价值观合流的出版行为,同时不断加强对传统的规避程度。同样的行为也发生在传统中医药古籍的出版上，只不过相较于方志大张旗鼓的西化，中医药古籍对传统的态度则隐晦许多——它在同现代西医药竞争的场域内，以接受知识环流的方式肯定了西方的"知识侵略"。

在学科制度意义层面，本书认为现代学术界对古籍的认可，需要首先解决古籍的学科归属问题。而这一问题的实际指向，则在于传统文化同现代学科的汇流路径上。大型古籍丛书《丛书集成》在出版时，通过将四千余种古籍归置于"中外图书统一分类法"体系的尝试，自觉对传统文化实施了现代化的学科管理；历史领域内的专史化倾向和"君学"转向"民学"的现代学科转型，也为正史古籍的出版带来了必须重置知识定位与类别归属的出版命运。于新式的知识呈现中实现同现代学科体系的汇流也意味着，古籍在容受外来分类法则的概念指涉过程中，极易经此被重构意义体系，并于现代身份的再造中逐渐脱离传统自我。

在政治、文化、学术三大场域内，古籍在"变"与看似"不变"的自我赋值行为中，均实现了一定程度上的现代转型。这说明古籍在对自身传统质素的管理与回收过程中，并非只有通过现代意味的"变化"（意即通过价值重构和知识分类等方式）路径才能实现同现代的合流。变与不变，均是其文以致用之道，同归于建构现代社会的时代命题为始终。

上　编
古书热与复古之象

第一章 文化街见闻：民国时期
古籍出版概览

　　1935 年 4 月 10 日，署名卫术的作者在《申报》自由谈版面上发表了篇题名《旧书年》的文章，通过"着眼于出版界的三个月的过程"，作者为甫一走完四分之一历程的 1935 年命名为"旧书年"。以一个季度而总结全年情形，这一结论的得出，是否为时尚早？时光倒流至 1934 年。一个署名忻炘的作者，从上海文化街归来后，也写了篇文章描述书业新象，认为"近来出版界盛行着翻印旧书和出版杂志"[1]。杂志放在一边不谈，古籍出版于 1934 年已然是显象，上述 1935 年第一季度的古籍出版热与其说是新象，毋宁说是延续。

　　回到卫术口中的 1935 年第一个季度，这时候漫步上海棋盘街的各大书店，出版社发行所的门市部，以及上海各大出版机构在其他城市的分店，在店铺的陈列或者售卖清单里，顾客一定会看到《四部丛刊》《四部备要》《百衲本二十四史》《四库全书》《各省通志》《二十五

---

[1] 忻炘：《从文化街归来》，《时事新报》1934 年 10 月 9 日，第 1 版。

史》《古今图书集成》等等眼花缭乱的大部头古籍,如果拆分成各单行本,对皇皇巨著的体会将会更加真切。到了1935年的余下时段,1936年全年,直至1937年的上半年,还会在书店中见到新的古籍丛书相继涌入卫术所言的古书阵列,如《宛委别藏》《六十种曲》《〈二十五史〉补编》《丛书集成》《皇汉医学丛书》《珍本医书集成》及其续编等。

卫术与忻炘的判断虽然出自观察,但绝非盲目妄言的谬论。据1936年发表的一篇题名为《民国二十四年出版界的回顾》的文章统计,1935年全国图书单价总计为3843.35元,其中大部古书的单价总计(按预约价统计)是1663.30元,占总量的43.28%①。再参以"大部古书的预约价大概在对折以下"的1934年数据,1935年同样以对折计的古书如果回到原价计量,则实际售价将占总量的60%;如果再照成本核算,"古书的售价因为没有稿费,至少比新书的低一半以至三分之二。即以古书之售价较新书低一半计算",则1935年古书的总售价则约占总量

---

① 一平:《民国二十四年出版界回顾》,《申报》1936年1月1日,第7版。据作者交代,做1935年初的统计时,只统计了初版新书,"重版书不在内,还有教科书书也除外",并且在对古书码洋做统计时,"大部的古书概依预的价计算,时间有期限,付款有分期,书有精平本的,概依第一期整付和平装的价目计算,就是依最低的价格"。

的 75%①。1937 年年初，中华书局编辑所所长舒新城在接受《中国新论》记者采访时，引用了上述数据，并据此类推 1936 年的数据，称情形大体相似。面对古籍"这样大的百分比"，舒氏不由发出"却有点出人意料之外！"的惊叹②。

　　资深出版人所发惊叹，以及上述两位文化观察者的论断，虽然直接指向的是 1934—1936 年，但实际可以用来描述抗战爆发前的整个 1930 年代。大抵从 1931 年开始，陆续有评论开始涉及古籍出版这一议题，讨论古书出版种种现象，进而论辩传统文化与现代社会的关系问题，引发广泛的文化与思想论争，时评的多寡无疑构成了古籍出版盛衰的脚注。实际上"事不孤起，必有其邻"，不但 30 年代前半段，甚至整个 20 年代的古籍出版，整体上呈现出与"古书年"之热极为密切的前溯和延联。1920 年《四部丛刊》的出版，可谓掀起了古籍出版热之序幕，温度升腾至 1930 年代达至极热，其中 1934—1937 到达热度的沸点。时人敏感意识到这一文本生产行业的非同寻常之变，普遍以古籍出版热现象为沸点年做年度定义，如"旧书年""古书年""翻印古书年""旧书重

① 一平：《民国二十四年出版界的回顾》，《申报·读书俱乐部》1936年 1 月 1 日，第 7 版。
② 舒新城：《两年来之出版界》，《中国新论》1937 年第 4—5 期，第 328 页。

出的古董问世年"等形容①;也不断有诸如"出版界趋向
将如何呢?如果环境没有变异,大概'翻印'的现象还
会发展下去吧,至多在选书上换个方向而已"②的预观涌
现。时人面对这股出版的热浪,啧啧称其为一种"复古
现象"③。正是因为"拒古"日久,"复古"才成为一种令人
惊异之象,引来老牌出版人舒新城一叹,再联系他作为
古籍出版大宗的中华书局之管理者身份,更可见这惊与
叹中古籍市场之庞大及其"异怪"的程度之深。

需要说明的是,虽然前述数据能够证明某一年度出
版热所言非虚,但是若要求同样用数据印证古籍出版热
度持续经年,则难度极大④。1937年上半年,舒新城和《申
报》附刊《出版界》编辑周寒梅都抱怨过出版业生产数
据无法厘定的问题。民国"政府不能严厉执行出版物登
记,书业公会又不举行全国出版界的调查"⑤,加之"中

①见范璞:《一年来之中国出版界》,《申报》1935年1月13日,第
21版;卫术:《旧书年》,《申报》1935年4月10日,第16版;秉:
《为出版业进一言》,《申报》1936年3月26日,第6版;邢仪:《古
书翻印的探讨》,《民德月刊》1936年第4—5期,第8页,等等。

②阿英:《杂谈翻印古书》,《书报展望》1936年第3期,封1页。

③梦若:《青年应该读那一类书》,《申报》,1935年4月5日,第19版。

④民国时期的出版机构在出版数据的留存上往往并不用心,由此
造成了近现代出版档案资料匮乏的事实。这不但为现今学界所
苦,彼时的业界也常常对此抱怨纷纷,下文舒新城等的言论即是
一例。

⑤舒新城:《两年来之出版界》,《中国新论》1937年第4—5期,第
327页。

国出版界向来只有各个的奋斗而无横的联合",因此"在一年间的中国究竟出版了多少新书,这确数恐怕谁也不知道吧!"[1] 这导致民国出版业始终"没有正确的全国统计",所存数据"都以各报纸或杂志广告所发表的刊物为基础材料"。继而造成"如果统计时两人依据不同的基础材料,结果也就不得不异,所以就数量讲,也只能说个大概"[2]。

民国总体出版数量的扑朔迷离,使古籍出版物也难以幸免于数据统计之难。如果就舒新城所言"不准确"的统计论展开数据计量,则可就上述新旧图书的比对做古籍出版的一瞥,以见微知著。古籍与市场整体的码洋参照比,反映出民国时期古籍出版的经济地位。至于从历年古籍出版种数的高低起伏中推演和辨识出版热持续的年度,则只能依靠后世的尽力搜求。据刘洪权参阅了《民国时期总书目》《中国丛书综录》《中国丛书综录补正》《中国丛书广录》《善本古籍影印目录(1919—

---

[1] 周寒梅:《今后的〈出版界〉》,《申报·出版界》1936年3月5日,第18版。鉴于此,周寒梅想要借助各出版机构以"每一周间所出的新书,把这书名、著者、定价等,都详尽地开示给本刊编辑部,倘能检赠一册,更是万分渴望,因为我们正着手创办流通图书馆,我们当每周把全国各地所出版的新书,分类于本刊发表"的方式进行出版统计与宣传,同时念兹在兹地自我祈祷,"这不是奢望,只须全国出版界真能帮我们忙的说话"。
[2] 舒新城:《两年来之出版界》,《中国新论》1937年第4—5期,第327页。

1984)》《中国近现代丛书目录》等 6 种大型书目,并用
《商务印书馆图书目录(1897—1949)》《中华书局图书总
目(1912—1949)》等目录做校正的"民国时期古籍出版
历年种数" 数据信息列表[1],民国时期历年的古籍出版物
种数大致如下观:

表 1-1　民国时期古籍出版历年种数表

年份	1912	1913	1914	1915	1916	1917	1918	1919	1920	1921	1922	1923	1924
种数	294	156	964	854	461	670	391	265	1062	879	1738	757	939
年份	1925	1926	1927	1928	1929	1930	1931	1932	1933	1934	1935	1936	1937
种数	1341	1188	367	233	272	151	398	210	425	906	2982	4062	2051
年份	1938	1939	1940	1941	1942	1943	1944	1945	1946	1947	1948	1949	不详
种数	366	149	560	362	51	73	115	41	55	213	68	7	1133
总计	26859												

更直观的起伏变动情况,则如下图所示:

---

[1] 刘洪权:《民国时期古籍出版研究》,北京大学博士学位论文,
2003 年。作者在进行统计时,原则依据如下:第一,统计单位为
出版的种数;第二,统计的出版物为影印本、排印本、木刻本,手
抄本与稿本不包括在内;第三,对丛书进行了拆分,分别按子目
计算;第四,出版的不同版次,按一种计算;第五,不同出版机构
的同一出版物,分别计算;第六,书目中跨年代出版的丛书,有年
代者按出版年代计算,未注明年代者按每年平均数算;第七,出
版年不清者单表单独计算。

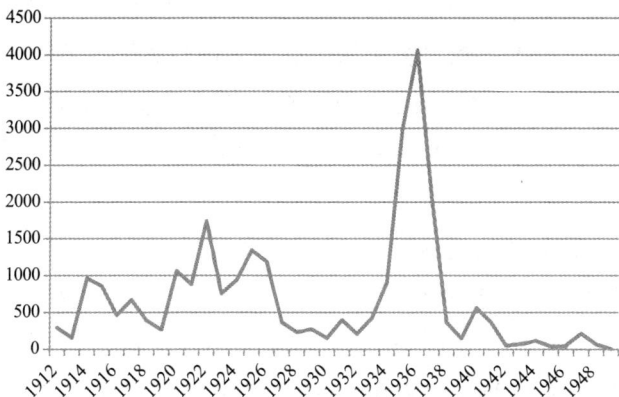

图1-1　民国时期古籍出版年代种数折线图

从统计数据看，大约从 1920 年古籍出版开始回升，除了 1927—1932 年五年间出现局部低潮外，1920 年至全面抗战爆发前是古籍出版的全盛期，尤以 1934—1937 年上半年为最，1936 年为当之无愧的民国古籍出版峰顶。1934 年是古籍出版从热走向极热的关键一年，此时市场竞争之激烈，从各大出版机构于选题的雷同与争夺上可见一斑。1934 年 9 月，开明书店开启了《二十五史》的发售预约。该年年初，商务印书馆恢复出版因战事中断两年半的《百衲本二十四史》，中华书局则开始推出作为五开本《四部备要》全五集之一种的《二十四史》[①]，书报合作社宣布即将出版《二十六史》。同样是 1934 年，开明书

①《重印聚珍仿宋版五开大本〈四部备要〉准期出版，中华书局印行》，《申报》1934 年 11 月 20 日，第 1 版。

店提出影印《古今图书集成》的计划,却被中华书局抢先一步。开明书店作为古籍出版领域的后来者,往往在古籍选题的"争夺"战中败下阵来,如后来又提出将《九通》加入刘锦藻编集的《清续文献通考》而成《十通》的出版计划,但又因落后商务印书馆一步而未果。

在具体的出版物上,民国时期出版的古籍一般以丛书(大型类书亦从形态上类属丛书)的方式出版,掺以零售化的单行本发行方式投入市场①。这也决定了本书的研究对象将主要围绕古籍的丛书出版展开。丛书意味着数量上的规模化,也意味着投入的出版资金、设备、技术等物化层面的压力要高于一般的单行本,这使得民国时期的古籍出版主体多集中于大型出版机构,如商务印书馆、中华书局、世界书局等。有些古籍的出版甚至需要多方的共同参与,如《四库全书》便是一项由国家主导、商务印书馆承印的大型文化工程。国家对古籍出版的直接参与,在志书的出版上也如出一辙。民国时期古籍出版的规模化与国家化倾向,说明政治和民间领域均涉足了对"传统"的管理,"回收传统"是彼时一项上下倾力的自觉行为。

---

① 这也是一个有趣现象:多以丛书方式出版、发售,本身的规模化就可以理解为是对古籍出版的市场自信表现。其中当然也不乏单行本的古籍发售方式,不过这种出版方式多集中于句读化的古籍图书,如亚东图书馆出版发行的加了标点的古典小说,便以单行本方式投入市场。

　　需要说明的是,本书所指"丛书"概念,一者指规模形态,大部头的多册类书亦属此列;二者指文本内容层面的系列化,这也是普遍意义上的丛书概念,在这一所指划分下,丛书又可细分为专门与综合两类。从下表对1920—1930年代前期古籍出版热期间内古籍丛书的综合统计中,可见上述类别划分,本书也将围绕以下若干丛书展开研究。

表1-2　民国时期古籍丛书出版书目举隅表

丛书类别		书目
综合性丛书		《四库全书》《四部备要》《四部丛刊》《续古逸丛书》《丛书集成》《宛委别藏》
丛书	专业类丛书	
	文学类	《六十种曲》《清代笔记丛刊》《说库》《笔记小说大观》
	文字与书法类	《说文解字诂林提要》《古今碑帖集成》
	宗教类	《道藏》《续道藏》《宋碛砂版大藏经》
	历史类	《百衲本二十四史》《二十五史》《〈二十五史〉补编》
	中医药类	《珍本医书集成》《皇汉医学丛书》《中国医学大成》
	志书及地方文化类	《各省通志》(此丛书又由《浙江通志》《广东通志》《几辅通志》《湖北通志》《山东通志》等二级位类小丛书构成)《安徽丛书》《辽海丛书》《岭南遗书》《豫章丛书》《上海掌故丛书》
类书		《古今图书集成》

第二章 商务印书馆出版的大型古籍丛书

商务印书馆虽然一直锐意搜集古籍善本,但 1910 年前仅出版过简单翻印的古籍,如《二十四史》《康熙字典》《四书》以及古代医书与小说等市场喜闻乐见的古书;1911 以后出版的《西清续鉴》《宁寿鉴古》《影宋本韩昌黎集》等几部书,开启了商务印书馆影印古书的先河,不过此时规模还不大。1911—1912 年出版的《痛史》(20 种 31 册),以及 1916—1921 年间出版的《涵芬楼秘籍》(51 种 80 册),属于建基于整理基础上的稍具规模的古籍丛书,直至 1920 年《四部丛刊》系列丛书的横空出世,才正式开启了商务印书馆乃至全国出版界整理、出版大型古籍丛书的先河。此后包括《百衲本二十四史》《四库全书(珍本初集)》《各省通志》《宛委别藏》《丛书集成》等在内的大型古籍丛书纷纷面世。

一、《四部丛刊》

《四部丛刊》是商务印书馆出版的一套大型古籍丛书,原定名《四部举要》,大约动议于 1914—1915 年间①，出版时间横跨 1920—1936 年。据 1915 年下半年商务印书馆的自述，《四部丛刊》"拟分四集，次第进行"②，但实际只出版了三集——全书分《四部丛刊》（为与作为整体的《四部丛刊》区别，下文将称其为《四部丛刊》初版本）、《〈四部丛刊〉续编》、《〈四部丛刊〉三编》。《四部丛刊》初版本共 323 种 2100 册，《〈四部丛刊〉续编》共 75 种 500 册，《〈四部丛刊〉三编》70 种 500 册，总计 468 种 3100 册。其中，《四部丛刊》初版本再版过两次，第一次仅版本有增补、替换，书名未变，第二次再版时更名《〈四部丛刊〉初编》（增至 2112 册）。《四部丛刊》初版本出版（分六期）期间，第一、二期曾再版。除了整部发售外，《四部丛刊》初版本、再版本以及《〈四部丛刊〉续编》《〈四部丛刊〉三编》，均曾出版过单行本。或整部化整为零，或者挑选部分出版单行本。《四部丛刊》初版本出版于 1920—1923 年间，1927—1930 年再版之（版本略有增补、替换）；《〈四部丛刊〉续编》出版于 1934 年；《〈四部丛刊〉三编》出版于 1935—1936 年；《〈四部丛刊〉初编》出版于 1936 年下半年。

---

① 柳和城认为，作为《四部丛刊》主编的张元济，策划出版《四部丛刊》受到了缪荃孙、叶德辉等影响。柳和城：《孙毓修评传》，上海人民出版社 2011 年，第 230 页。

② 星如：《商务印书馆拟刊〈四部举要〉说略》，《小说月报》1915 年第 6 卷第 3 期，第 5 页。星如为孙毓修字，孙为《四部丛刊》初版本事实上的副主编。

《四部丛刊》为经史子集之书的汇编,总体上集部之书居多。内容上"皆四部之中家诵户弦之书,如布帛菽粟,四民不可一日或缺者"。版本以善本居多。《四部丛刊》初版本中,宋本39种、金本2种、元本18种、影宋写本16种、影元写本5种、校本18种、明活字本8种、元写本1种、明写本6种、日本高丽旧刻本8种、释道藏本2种,余亦皆为明清精刻[1];《四部丛刊》再版时,涉及辑补阙文、序跋增订、校文札记者共44种,又改换更善之本共21种[2];《〈四部丛刊〉初编》,全书共323种、8573卷,4种无卷数,凡宋本45种、金本2种、元本19种、影写宋本13种、影写元本4种、元写本1种、明写本6种、明活字本8种、校本25种、日本高丽旧刻本7种、释道藏本4种,余亦皆为明清刻本[3];《〈四部丛刊〉续编》,以善本居多,广告中强调清史馆中所借《嘉庆重修〈一统志〉》;《〈四部丛刊〉三编》,亦以善本居多,如《太平御览》136册中宋刻974卷[4],顾炎武《天下郡国利病书》、查继佐《罪惟录》两手稿为广告中强调者。

---

① 《商务印书馆发行〈四部丛刊〉第二次预约》,《申报》1926年9月15日,第3版。
② 《惠购初版〈四部丛刊〉诸君鉴》,《申报》1930年6月22日,第1版。
③ 《缩本〈四部丛刊初编〉,保存善本真相,缩印廉价发行》,《申报》1936年2月17日,第4版。
④ 《〈四部丛刊三编〉预约只余七天,订购请速》,《申报》1935年12月25日,第1版。

　　《四部丛刊》所采善本之底本，以涵芬楼自藏为主，同时遍访海内外公私藏家所收宋元旧椠，如江南图书馆、京师图书馆、常熟铁琴铜剑楼、乌程刘氏嘉业堂、乌程张氏适园、海盐张氏涉园、江安傅氏双鉴楼、江阴缪氏艺风堂、长沙叶氏观古堂、乌程蒋氏密韵楼、南陵徐氏积学轩、上元邓氏群碧楼、平楼葛氏传朴堂、无锡孙氏小绿天楼、闽县李氏观槿斋、秀水王氏二十八宿研斋、常熟铁网珊瑚人家，以及嘉兴沈氏、德化李氏、杭州叶氏、日本岩崎氏静嘉文库，基本上网罗了彼时所存的珍善古籍。

　　向各公私藏家商借珍椠善本，颇多掣肘。私家藏书要考虑到"某名家之稿本遗著，当然为海内孤本，即传抄本亦足贵，及原稿刊出，则其手稿孤本，亦仅具古玩性质矣"①。私人收藏者如若将善本借予出版机构复制，则所藏原本的身价会相应降低。"这些收藏家都是有钱的，若要借印，必得有人情，不能光用钱。"②向公家（由私家而公家化）借印图书则程序繁复，还需打通政府人脉关系。从商务印书馆向江南图书馆借印一事或可说明其中艰辛。江南图书馆因藏有杭州丁丙（松生）的十万卷藏书，又因杭州藏书世家孙峻的居间关系，商务印书馆将其择定为借书的首站。1919 年间，作为《四部丛刊》事实上的副主

---

① 莪公：《古书之翻印与旧书业的进步》，《古今》1943 年第 14 期，第 27 页。

② 茅盾：《革新〈小说月报〉的前后》，茅盾《茅盾回忆录·上》，华文出版社 2013 年，第 133 页。

编①,商务印书馆孙毓修曾四赴该地进行版本的核查、遴选、借印、照排等工作事项。前三次主要为厘定版本之事,携其在商务印书馆的同事茅盾同行②,第四次则由新入商务印书馆的姜殿元③陪同前往,主要落实影印工作。据孙氏未刊稿本《江南阅书记》所载,第一次赴江南图书馆的时间是在1月14日至18日,第二次在4月17日至26日,第三次约在五六月之交(《江南阅书记》失记),第四次在6月18日至7月1日。据茅盾描述,到了江南图书馆,"孙毓修每天很忙,他把整个江南图书馆的藏书都浏览一番。我的工作倒清闲,只把孙毓修选定拟用的书,抄个清单,注明版本,有多少卷页,多少藏书家或鉴赏家的图章(这是版本目录学家注意的,图章愈多,书的身

① 孙毓修研究者柳和城认为,虽然没有署名,但孙毓修确实担当了《四部丛刊》事实上的副主编之职,"有人称孙是张元济的得力助手与重要合作者,此话不假"。柳和城:《孙毓修评传》,上海人民出版社2011年,第229页。

② 茅盾回忆录中仅记载了一次,并将之错记为1919年的七、八月之交。柳和城据孙毓修未刊稿本考据,茅盾对日期的回忆不确,因七、八月之交时,版本的筛选工作已结束,此时进行的应当是影印工作。茅盾跟随孙毓修赴宁也应该不止一次,最起码有两次(前两次,第三次不详),主要工作是落实版本的筛选以及接洽照印事项。柳和城:《孙毓修评传》,上海人民出版社2011年,第238页。

③ 姜殿元(?—1957),1918年四、五月间入职商务印书馆,先在国文函授部任职,后受孙毓修器重并随其左右。孙过世后,姜成为张元济的得力干将,参与过《四部丛刊》的后续出版工作及辑录《百衲本二十四史》等。

价愈高）"。清闲的茅盾，"把带去的英文书看完，又翻译了其中若干篇"①，孙毓修则每天忙得团团转，既要遍览藏书，又要忙着和江南图书馆上下以及江苏省政府打交道，又要安排自沪来宁的商务印书馆影印团队的照排事宜。需要说明的是，早在1916—1918间，孙峻即以个人名义代商务印书馆多次到江南图书馆访书、查书，近一年的查访摸底工作，为1919年商务印书馆正式借印打下了基础。江南图书馆藏书最终纳入《四部丛刊》初版本者共计42种925卷，其中经部1种、史部2种、子部9种、集部30种，其中集部中的十几种均为数十或百余卷的卷帙浩繁之书②。

《四部丛刊》系列均采用了影印技术，将底本缩印为体式一律的开本，将原本的尺寸及藏家信息载于每书卷首。其中，《四部丛刊》初版本、再版本，均使用了照相石印技术；《〈四部丛刊〉续编》《〈四部丛刊〉三编》，均采用金属版影印技术；《〈四部丛刊〉初编》则采用了胶版影印技术。关于影印技术，因此后多个出版机构所出多种古籍丛书采用了影印方式，在此仅以商务印书馆的影印事例做一统一说明，介绍影印的分类以及具体的工作程序与情形。孙毓修第二次赴宁除了继续选书外，有项任务

---

① 茅盾：《革新〈小说月报〉的前后》，茅盾《茅盾回忆录·上》，华文出版社2013年，第135页
② 柳和城：《孙毓修评传》，上海人民出版社2011年，第240—241页。

就是要同江南图书馆磋商借书和摄照手续。江南图书馆答应出借至上海的图书寥寥，大部分的图书必须留在馆内摄影。商务印书馆派来印务方面的工作人员"郁、孙二人"实地考察，其中"郁"即时任印刷所照相部主任的郁厚培。二人在孙毓修的带领下，实地考察了场地，并由孙介绍了解了各书夹签符号等的意思，以免摄影时出错。图书不能出借至沪以及留宁照印一事，茅盾在其回忆录中的记载更为详尽。据其所述，因图书摄影工作只能在南京就地展开，商务印书馆派了包括影印技术人员、装裱工匠等在内的技术团队来宁，将其安顿在江南图书馆近旁空房。为就近工作，还安装了专用的小发电机，并指定专人每天把摄影后印在特制纸上的底片运沪。茅盾前三次随往南京，第四次则留沪被派审查抵沪的摄影底片是否合格，是否要修润。为何要审核底片是否需要修润，是"因为书页上的折痕或斑点，照相后印到那特制的纸上便成了墨点或黑纹；必须先用白粉细心涂去"①。当时商务印书馆专门调用了两三个人做这项工作，但因文化程度不高，"他们有时会把一个字的点、捺、横，也当做折痕或斑点涂去，造成某些字的缺笔，会与真正避皇帝讳的缺笔混淆不清，所以又必须有人把修饰过的底片复校一遍"，复校的工作便由茅盾来承担，这份工作被其调侃为"总校

---

① 茅盾：《革新〈小说月报〉的前后》，茅盾《茅盾回忆录·上》，华文出版社 2013 年，第 135 页。

对"（摄影底片）[①]。据茅盾回忆，当时每日自南京专人送来的底片大约有两三百张，必须当天修完校对，他每天忙得很。

不独公立图书馆出借馆外的意愿不强，即便向私人关系融洽的私家藏书楼借书照印，也需就地解决。以《四部丛刊》借印常熟铁琴铜剑楼藏书为例，通过张元济与藏书楼主人瞿良士的私人关系，《四部丛刊》系列丛书得以编入常熟瞿氏的铁琴铜剑楼藏书，包括《四部丛刊》初版本、《〈四部丛刊〉续编》《〈四部丛刊〉三编》均有来自铁琴铜剑楼所藏图书底本，其中初版本中有 23 种 483 卷图书（经部 4 种、子部 7 种、集部 12 种，大部分为宋刻宋抄本），以及初版本再版时的若干替换本。铁琴铜剑楼所在地古里当时还不通电，为了照印，商务印书馆于大约 1920 年四五月之交，自备发电机，在瞿宅茶厅设立了工场。工作人员每日清晨将书借出，登记载入专册，当晚摄影完毕后当即交还。

商务印书馆这套郑重其事又井井有条的借印程序，到了 1930 年代发展成为一套行之有效的借印机制。1933 年 9 月，文渊阁所藏《四库全书》随故宫博物院古物南迁至沪，暂存于天主堂街 26 号库房中。商务印书馆因以之作底本影印《〈四库全书〉珍本初集》，故向对方借

---

① 茅盾：《革新〈小说月报〉的前后》，茅盾《茅盾回忆录·上》，华文出版社 2013 年，第 136 页。

印,双方签有专门合同。馆方为珍重起见,在合同中规定要就地拍照。商务印书馆原拟在库房屋顶搭盖厂屋作为摄制工场,"旋又以火险堪虞,复尔变计",改就库前广场空地建造。初拟造筑玻璃房工场,最终建成了铅皮木屋一大间[1]。11月17日,故宫博物院驻沪办事处主任欧阳道达、中央图书馆馆长蒋复璁、商务印书馆总经理王云五,以及全体影印工作人员约30余人,先在门首全体合摄一影后旋即开始工作。此前《四库全书》已由故宫博物院移交中央图书馆管理,该馆每日逐页分交商务印书馆,摄毕即归回,再另调他页。经故宫博物院及图书馆派员到场点收无讹[2],商务印书馆方得卸责。照片摄成后携回馆内再行制版编印。根据合同规定,每本书摄影后须当日归还,但库房闭库时间较早,总体上又书多时紧(全书十万余页,合同要求摄照工期不得超过6个月),商务印书馆于是呈请教育部通融办法。经教部函商故宫博物院驻沪办事处同意,商务印书馆除将每日摄毕之书于闭库前缴还外,其余未毕各书于闭库后仍可继续摄影,摄毕后亦可将之放于故宫博物院库房楼下办公室保险柜中,由商务印书馆掌钥,故宫博物院驻沪办事处及中央图书馆

---

[1] 1933 年 9 月 5 日《中国日报》,转引自编者:《最近关于影印〈四库全书〉之文献(续前期)》,《浙江图书馆馆刊》1933 年第 2 卷第 5 期,第 145 页。

[2] 合同第 13 条规定:摄影时应特别注意,不得污损;如有损坏,由印书馆照式抄赔,并将损坏原页缴还。

筹备处所派驻沪职员会同加封,至次晨再正式缴库。摄照效率因而得以提升,每日可拍摄 800—1000 页不等,最终用时 5 个月即摄照完毕。需要说明的是,为保障图书安全,公安局及海关亦派侦缉员、监视员等 12 人轮流分值保护①。早在 9 月《四库全书》移沪储存库房时,京沪各机关即组织了监察委员会以保证《四库全书》周全。监委 7 人,因职务关系无法全部驻沪久留,便公推来自研究院、地方法院、故宫博物院的 3 位代表,常驻监视②。其中郑重可见一斑。

四处借印并非免费,不论公私,商务印书馆均以合宜的方式支付费用。《张元济日记》1919 年 7 月 25 日有一份记有“本日托南京分馆拨姜佐禹 65 元,内汪振之 20 元,陈子固 20 元,盛树柏 10 元,董延群 10 元,仆役 5 元”③ 字样的名单。柳和城据此考据,南京分馆交付给姜殿元分配的 65 元,即是商务印书馆为借印江南图书馆藏书而支付的额外费用。其中汪振之即时任江南图书馆的馆长,陈、盛、董以及仆役亦均为该馆人员。此前的 6 月 16 日日记中,张元济则记载了正式支付江南图书馆借

①《商务影印〈四库全书〉昨晨正式开始工作》,《申报》1933 年 11 月 18 日,第 11 版。

②1933 年 9 月 14 日《中国日报》,转引自编者:《最近关于影印〈四库全书〉之文献(续前期)》,《浙江图书馆馆刊》1933 年第 2 卷第 5 期,第 145 页。

③柳和城:《孙毓修评传》,上海人民出版社 2011 年,第 240 页。

印报酬额度事:"馆员至多送600元,以半年为限。另教育科汪君送200元。又孙康侯拟送抄本《画髓玄诠》一部。"[1] 除了支付江南图书馆的费用外,江苏省政府教育科的一位汪姓科长因在商务印书馆沟通时任江苏省省长齐耀琳时居间奔走,也被支付了一笔不菲的酬劳。在向私人藏书家表示谢忱时,则更为雅致,有时以书相馈。如为答谢铁琴铜剑楼,作为报酬之一,商务印书馆特为瞿氏印赠《铁琴铜剑楼宋金元本书影》连同说明九册,共500部[2]。此后商务印书馆辑印《百衲本二十四史》《续古逸丛书》时,亦曾向铁琴铜剑楼借印若干图书[3],商务与瞿氏还签订了"租印善本书事合同",双方保持了较为长久的合作关系。

(一)《四部丛刊》初版本

《四部丛刊》初版本全书323种[4]8548卷2100册158000叶,照相石印,线装六开本,分连史纸与毛边纸印,分别定价800元、640元[5],预约价分别为500元、400元,

---

① 据柳和城考证,江南图书馆对此酬薪有异议,最终改定为何待考。柳和城:《孙毓修评传》,上海人民出版社2011年,第239页。
② 柳和城:《孙毓修评传》,上海人民出版社2011年,第242页。
③ 此时铁琴铜剑楼藏书已移沪庋藏。
④ 但根据六期广告计算,合计324种。
⑤ 《勿错过最廉价〈四部丛刊〉之好机会》,《申报》1920年12月1日,第2版。

另加印书根（印书名册数）者，计费 32 元[①]。自 1920 年 6 月至 1923 年 3 月间，分 6 期出版。

第一期：1920 年 6 月出版，共 58 种 338 册，提取 500 部加印了书根[②]。再版于 1921 年 11 月第四期出版之际[③]。

第二期：1920 年 12 月出版，共 61 种 366 册[④]。再版于 1922 年 6 月第五期出版之际[⑤]。

第三期：1921 年 6 月出版，共 45 种 320 册[⑥]。

第四期：1921 年 11 月出版，共 46 种 327 册[⑦]。同时第一期再版。

第五期：1922 年 6 月出版，共 48 种 354 册[⑧]。同时第二期再版。

[①] 商务印书馆自称新发明的书根印字机，字迹可以四倍大于原书字迹。《〈四部丛刊〉及〈二十四史〉书根印样》，《申报》1920 年 8 月 12 日，第 2 版。

[②]《〈四部丛刊〉书根印齐，速来取书。第一次出版，预约者从速》，《申报》1920 年 8 月 31 日，第 2 版。

[③]《商务印书馆关于〈四部丛刊〉启》，《申报》1921 年 5 月 6 日，第 2 版。

[④]《商务印书馆发行〈四部丛刊〉第二期出版》，《申报》1920 年 12 月 11 日，第 2 版。

[⑤]《〈四部丛刊〉第五期及第二期再版书出版，定购预约诸君，请即凭券取书》，《申报》1922 年 6 月 2 日，第 3 版。

[⑥] 广告中未提及册数，仅根据其自称 2100 册而自行计算得出。

[⑦]《〈四部丛刊〉第四期书出版》，《申报》1921 年 11 月 29 日，第 7 版。

[⑧]《〈四部丛刊〉第五期及第二期再版书出版，定购预约诸君，请即凭券取书》，《申报》1922 年 6 月 2 日，第 3 版。

第六期:1923 年 3 月出版,共 66 种 395 册[1]。

单行本:1922 年 9 月,商务印书馆宣布将择取《四部丛刊》初版本中"尤重要者 200 余种",印成单行本发售。单行本为六开本毛边纸印,书根上加印书名册数,以便检取[2]。据此计划,此时已出版了 68 种单行本;1922 年 10 月,"又选宋金元精刻本 40 余种棉料纸印成四开本式"单行本,天头较高,并加布套,每种仅印 50 部[3]。1925 年 5 月广告称,单行本分作"每册连史纸印者,售洋 3 角;毛边纸印者,2 角"[4];到 1924 年 8 月,已经发售《四部丛刊》初版本中的单行本约 210 种[5]。1926 年 4 月,又续出 25 种单行本[6];1926 年 6 月,再续出 10 种单行本[7];至 1932 年 11 月,《四部丛刊》再版后又出单行本,出版广告称此前共出

①《商务印书馆谨启:〈四部丛刊〉第六期,准于旧历癸亥年正月十五日出书》,《申报》1923 年 2 月 11 日,第 4 版;《〈四部丛刊〉全书出齐》,《申报》1923 年 3 月 3 日,第 3 版。
②《〈四部丛刊〉六开单行本毛边纸印》,《申报》1922 年 9 月 20 日,第 3 版。
③《〈四部丛刊〉影印宋金元精刻本,四开式单行本,棉料纸印》,《申报》1922 年 10 月 2 日,第 3 版。
④《上海商务印书馆影印发售〈四部丛刊〉单行本》,《申报》1925 年 5 月 22 日,第 1 版。
⑤《上海商务印书馆影印发售〈四部丛刊〉单行本》,《申报》1924 年 8 月 19 日,第 19 版。
⑥《商务印书馆最近出版〈四部丛刊〉单行本》,《申报》1926 年 4 月 1 日,第 3 版。
⑦《〈四部丛刊〉单行本续出左列十种》,《申报》1926 年 6 月 19 日,第 3 版。

版单行本"百数十种"①。初版本的单行本出版计划的具体结束日期不可考,从广告推断,可能一直持续至再版时,且最终并入再版本的单行本计划。

(二)《四部丛刊》再版本

《四部丛刊》初版本的首次重印本,总体上是以"旧版汇成全帙,版式装制,悉仍曩例",定价、预约价格与初版一致,分四次出齐。版本相比初版本略有增补、替换,"辑补阙文、序跋增订、校文札记,共 44 种,又改换更善之本共 21 种"②。《四部丛刊》初版本与此次再版本,共计销售超过 5000 部③。

第一期:原定 1927 年 6 月出版,因战事展期至同年 9 月出版,共 118 种 607 册④。售卖较速,售完后又再版(即第四期出版完的半年后再版)⑤。

第二期:1928 年 3 月出版,共 71 种 511 册⑥。

---

①《商务印书馆影印〈四部丛刊〉全书三百二十三种发售单行本》,《申报》1932 年 11 月 14 日,第 1 版。
②《惠购初版〈四部丛刊〉诸君鉴》,《申报》1930 年 6 月 22 日,第 1 版。
③《敬告已购〈四部丛刊〉初编诸君》,《申报》1934 年 3 月 23 日,第 4 版。
④《〈四部丛刊〉展期出书》,《申报》1927 年 6 月 30 日,第 3 版。
⑤《商务印书馆重印〈四部丛刊〉第一期出版,续售预约》,《申报》1927 年 12 月 2 日,第 5 版。
⑥《商务印书馆重印〈四部丛刊〉续售预约,第二期书目》,《申报》1928 年 3 月 11 日,第 5 版。

第三期：1928 年 10 月出版，共 51 种 504 册[①]。

第四期：原定 1929 年 3 月出版，但"今因续访得善本甚多"，"兹定展缓三个月，准于六月底完全出书"[②]；又因"改换善本共廿一部，又辑补阙文、序跋增订、校文札记共数百叶 44 种"，实际上到 1930 年 2 月才开始出版，共 83 种 490 册[③]。

单行本：1932 年 11 月—12 月，广告称"将全部各书单行发售，人人得以廉值购置"。广告仅 3 条，未见具体出版活动的开始及结束日期。

（三）《〈四部丛刊〉续编》

1932 年"一·二八"事变前，已筹划数年，并已印刷部分，突遭战事破坏而止。终至 1934 年以全年时间出版完，每逢周日出版一次，一次 10 册（每册以 60 叶为度），共 75 种 500 册。

版本专收宋元明旧刻及名人钞校精本，金属版影印，连史纸六开本线装（版式依初版）。合售预约价 150 元[④]；

---

① 《重印〈四部丛刊〉第三期书出版》，《申报》1928 年 10 月 1 日，第 8 版。

② 《商务印书馆重印〈四部丛刊〉第四期出书展期通告》，《申报》1929 年 3 月 30 日，第 4 版。

③ 《重印〈四部丛刊〉第四期书出版》，《申报》1930 年 2 月 5 日，第 1 版。

④ 《〈四部丛刊续编〉合售预约期限，原定本月底止，现展至四月十日截止》，《申报》1934 年 3 月 29 日，第 1 版。

同时单行发售,每册定价平均约 5 角,500 册合计约 250
元,一次购满 10 元者,照定价 9 折[1]。另备书橱,柚木制 40
元,柳安木制 35 元[2]。

(四)《〈四部丛刊〉三编》

三编全书共 70 种 500 册,1935 年 10 月—1936 年 6
月间分四期出版。金属版影印,连史纸六开本线装,书根
可加印书名册次。预约定价 225 元,若预约订户同时购
买《续编》全部者,照定价 8 折计算(实收 180 元);订户
同时购买《初编》或《续编》单行本,定价满 10 元者照 9
折计算[3]。

第一期:1935 年 10 月出版,共 8 种 50 册[4]。

第二期:1935 年 12 月出版,共 8 种 150 册[5]。

第三期:1936 年 3 月出版,共 22 种 150 册[6]。

---

[1]《〈四部丛刊续编〉发售办法》,《申报》1934 年 1 月 14 日,第
2 版。

[2]《商务印书馆本周初版新书,〈四部丛刊续编〉本日出版一种》,
《申报》1934 年 12 月 30 日,第 3 版。

[3]《〈四部丛刊三编〉开始发售预约》,《申报》1935 年 10 月 10 日,
第 2 版。

[4]《〈四部丛刊三编〉发售预约》,《同舟》1935 年第 4 卷第 3 期,第
37 页。

[5]《商务印书馆辑印〈四部丛刊三编〉》,《申报》1936 年 1 月 9 日,
第 4 版。

[6]《商务印书馆影印〈四部丛刊三编〉》,《申报》1936 年 4 月 10 日,
第 1 版;《〈四部丛刊三编〉第三期书出版,计二十二种一百五十
册》,《申报》1936 年 4 月 2 日,第 4 版。

第四期：1936 年 8 月出版，共 32 种 150 册[1]。

单行本：1936 年 10 月开始出版、发售单行本[2]。

（五）《〈四部丛刊〉初编》

《〈四部丛刊〉初编》是《四部丛刊》初版本的第二次重印本，1936 年下半年出版，胶版影印。因 1932 年"一·二八"事变，《四部丛刊》底版被毁，改制新版，并合册叶，缩印为四开本，瑞典纸洋装。洋装又分平装本（150 元 440 册）、布面精装本（200 元 110 册），价格不及线装（初版与重版）的五分之一。备书橱（宽三尺二寸，书架占市尺十尺多），可"万卷一橱"——"装入书橱，占地才宽三尺，无论书房客室，随地可以陈设"[3]。需要说明的是，《〈四部丛刊〉初编》平装本原定 400 册，精装本原定 100 册，后因将三栏有注之书改印两栏，页数加多，册数亦有增益[4]。平装本前两期共出 240 册，第三期续出 200 册，合为 440 册；精装本前两期共出 60 册，第三期续出 50 册，合为 110 册。

第一期：1936 年 6 月出版，平装本 80 册，精装本

---

[1]《〈四部丛刊三编〉续出第四期书，计三十二种一百五十册，全编五百册出齐》，《申报》1936 年 8 月 1 日，第 4 版。

[2]《〈四部丛刊三编〉单行本》，《申报》1936 年 10 月 3 日，第 8 版。

[3]《善本古书，万卷一橱》，《申报》1936 年 4 月 23 日，第 1 版。

[4]《〈丛书集成初编〉第三期书出版，七百五十种八百册》，《申报》1937 年 1 月 27 日，第 1 版。

20 册。

第二期:1936 年 10 月出版,平装本 160 册,精装本
40 册。

第三期:1936 年 12 月出版,平装本 200 册,精装本
50 册①。

二、《百衲本二十四史》

《百衲本二十四史》问世前,正史汇刻存于世者,有汲
古阁本《十七史》、明代南北监本《二十一史》,以及武英殿
本《二十四史》。北监本校勘不精,讹舛较多,且多妄改,
版本不为世所重。南监本则多出自宋元旧椠,汲古阁本
也以宋版精本做考校,但两者至民国时已不易获致。彼
时最通行的版本为清代武英殿本《二十四史》,据其重印
者较为常见。如雕版重刻者有新会陈氏本,金陵、淮南、
江苏、浙江、湖北五大官书局配汲古合刻本;活字版重印
本有图书集成局本;石印重版者有同文书局本、竹简斋
本、五洲同文局本。虽然重版先后继起,流行较广,但是
殿本校刻往往因欠精审而被藏家看轻——皇家天禄琳琅
和内阁大库中的史部藏书,当日均未及搜讨纳入,仅《两
汉》《三国》《晋》《隋》五史依据宋元旧刻,其余皆以两

①《缩本〈四部丛刊初编〉第三期书出版》,《申报》1937 年 1 月 1
日,第 8 版。

监本为蓝本。试看张元济在《百衲本二十四史》前序中对清廷编汇《二十四史》时"草率"行为的诘问：

> 迁《史》集解、正义多所芟节，《四库提要》罗列数十条，谓"皆殿本所逸，若非震泽王本具存，无由知其妄删"。然何以不加辑补？琅邪章怀两汉旧注，殿本脱漏数字乃至数百字不等。宋嘉祐时校刊七史，奉命诸臣刘、范、曾、王皆绩学之士，篇末所疏疑义，备极审慎，殿本留贻，不逮其半。实则淳化、景祐之古本，绍兴、眉山之覆刻，尚存天壤，何以不亟探求，任其散佚？是则检稽之略也。《后汉》续志，别于范书，殿本既信为司马彪所撰，而卷首又称刘昭补志，且并为百二十卷，厕八志于纪、传之间。《国志》鼎立，分卷各殊。殿本既综为六十五卷，而三志卷数，又仍各为起讫。其他大题小题之尽废旧式者，更无论矣。是则修订之歧也。薛氏《五代史》，辑自《永乐大典》及其他各书，卷数具载原稿，乃镂版之时，悉予刊落，后人欲考其由来，辄苦无从循溯。又诸史均附考证，而《明史》独否。虽乾隆四十二年有考核添修之诏，而进呈正本，迄未刊布，且纪、志、表之百十六卷，犹从盖阙。是则纂辑之疏也。蜀臣关羽，传自陈寿，忽于千数百年后，强代秉笔，追谥"忠义"。薛《史》指斥契丹，如"戎王""戎首""俨狁""贼寇""伪命""犯阙""编发""犬羊"等语，何嫌何疑，概为改避？又明修《元史》，洪武二年，先成本

纪三十七、志五十三、表六、传六十三，目录二；翌年续成纪十、志五、表二、传三十又六，厘分附丽，共成二百一十卷。一见于李善长之表，再见于宋濂之记，殿本则取先后成书之数，并为一谈。李表既非原文，宋记复失存录。是则删窜之误也。南齐巴州之志，桂阳、始兴二王之传，蜀刻大字曾无阙文。果肯访求，何难拾补？然此犹可曰孤本罕见也。宋孝宗之纪，田况之传，至正初刊，均未残佚，而何以一则窜合二字充以他叶，一则脱去全叶文理不贯？然此犹可曰初版难求也。《金史·礼仪志》，太宗诸子传，初印凡阙二叶，嗣已出内府藏本校补矣。而后出之本，一乃补自他书，一仍空留素纸。其他少则一、二句，多至数行数十行，脱简遗文，指不胜屈。犹不止此，阙文之外，更有复叶。如《宋史》卷三十五之孝宗纪，《元史》卷三十六之文宗纪是。复叶之外，更有错简，如《元史》卷五十三之历志是。此则当日校刻诸臣，不能辞其粗忽之咎者也。[1]

在不厌其烦的错讹举列以示谴责和惋惜之下，张元济又援引叶德辉对其所说之语道："有清一代，提倡朴学，未能汇集善本，重刻《十三经》《二十四史》，实为一大憾事。"张感叶言，"慨然有辑印旧本正史之意"，秉持"书贵

---

[1] 张元济：《百衲本二十四史》前序，《申报》1930年4月2日，第1版。

初刻,足以补正殿本脱误不少"的信念[1],多年来"求之坊肆,丐之藏家,近走两京,远驰域外。每有所觏,辄影存之。后有善者,前即舍去,积年累月,均得有较胜之本"。"较胜之本"的具体访求之地,张元济在《百衲本二十四史》之《史记》的序言中有所记述:

> 国立中央研究院、北平图书馆、江苏省立国学图书馆,网罗珍籍,不吝通假。常熟瞿君良士、江安傅君沅叔、南海潘君明训、吴潘君博山、海宁蒋君藻新、吴兴刘君翰怡,复各出所储以相匡助,亦有海外儒林素富藏弆,同时发箧远道置邮……[2]

通过张元济数十年间向海内外之公私藏家的孜孜以求,商务印书馆终于实现了正史的"百衲化"——《元史》和《明史》因成书在后不计外,二十四部正史除了《旧五代史》取自《永乐大典》,其余皆为宋元本[3]。商务印书馆对《旧五代史》非古本颇耿耿于怀,从发售预约开始,

---

①《景印〈百衲本二十四史〉发售预约》,《申报》1930年4月3日,第1版。

②张元济:《百衲本二十四史》后序,《百衲本二十四史·史记(第一册)》,商务印书馆1937年。

③《旧唐书》虽为宋绍兴本,但配以明代闻人诠本补缺;《宋史》虽为元至正本,但配以明代成化本补缺。两者不能算严格意义上的纯宋元本,特此说明。但补配一事,也正说明商务印书馆的于版本和校勘上的严谨求实态度。

到第六期出版之前，始终登报征搜薛居正原书[1]，终至不获。十五种宋本中，又有号称"世界三孤本"者。其一宋建安黄善夫本《史记》。明刊《史记》，大加节芟集解正义，独有明代震泽王延喆本具存，黄善夫本又为王本之祖本。这一"人间未见之书"收自日本藏书家。其二宋蜀大字本《南齐书》。《南齐书》的明代南北监本、毛氏汲古阁本和清代武英殿本，均阙四叶，宋蜀大字本则仅阙二叶。有谓"此书自入南雍以来，即未尝见有此本"。其三宋绍兴本《旧唐书》。明代闻人诠曾重版，文徵明作序，彼时惟常熟瞿氏铁琴铜剑楼有藏[2]。为免佞宋之嫌，商务印书馆特引清代校勘学者陆贻典语"古今书籍，宋板不必尽是，时板不必尽非，然较是非以为常，宋刻之非者居一二，时刻之是者无六七，则宁从其旧也"以自证，也借此呈现和宣扬《百衲本二十四史》的出版价值。下表为张元济所谦称的"较胜之本"：

①《商务印书馆重价征募〈旧五代史〉原书》，《申报》1930年4月8日，第3版；《〈百衲本二十四史〉预约只余今明两天》，《申报》1930年8月26日，第4版；《〈百衲本二十四史〉征求阙书》，《申报》1932年11月12日，第4版；《商务印书馆辑印〈百衲本二十四史〉第三期出书》，《申报》1934年1月5日，第8版；《百衲本二十四史》，《申报》1935年2月16日，第4版；《〈百衲本二十四史〉展期三月，全书出版》，《申报》1936年12月27日，第1版。
②《百衲本二十四史》，《申报》1930年4月24日，第1版。

表 2-1 《百衲本二十四史》各版本一览表

版本	宋本 （15 种）	元本 （6 种）	明本 （2 种）	清本 （1 种）
具体版本	北宋景祐刊本《汉书》，宋绍兴本《后汉书》，宋绍熙本《三国志》，宋庆元本《五代史》、《史记》（即黄善夫本），宋蜀大字本《宋书》《南齐书》《梁书》《陈书》《魏书》《北齐书》《周书》，宋刊小字本《晋书》，宋绍兴本《旧唐书》（配明代闻人本），宋嘉祐本《新唐书》	元本《辽史》，元本《金史》，元大德本《隋书》《南史》《北史》，元至正本《宋史》（配成化本）	明洪武本《元史》，大典有注本《旧五代史》	殿本《明史》（附殿本所缺之考证）

商务印书馆所出《百衲本二十四史》，全书计 24 种 820 册约 65000 叶，用照相法缩印①，六开本线装，书根加印书名及册次（不另取费）。分为连史纸和毛边纸两种印本，定价均为 600 元，后仅出版连史纸印本一种。预约价一次缴清者 300 元，三次分交者共 360 元（第一次 160 元，第二、三次各 100 元）。

1930 年 4 月《百衲本二十四史》开始发售预约②。四

---

① 《〈百衲本二十四史〉与"世界三孤本"》，《申报》1944 年 10 月 3 日，第 1 版。虽然张元济早在 1930 年就在《申报》上发表了《百衲本二十四史》的前序中直言"缩损版式，冀便巾箱；真面未失，无虑尘叶"，但是从首次预约开始，商务印书馆在各广告中只谈影印，不曾使用"缩印"一词。可见开本大小影响美誉度，线装越大越好。

② 《上海商务印书馆影印宋元明清〈百衲本二十四史〉发售预约》，《申报》1930 年 4 月 1 日，第 1 版。

个月后,商务印书馆发布了涨价通知,称"惟原料逐渐腾贵,出于意外,预约价已不敷成本。敝馆虽以流通古书、发扬国光为职志,而事实上有不胜担负之感。预约于本月底截止后,即须增加售价,特先布闻"[1]。预约截止后,售价改为一次交清者360元[2]。1931年馆庆35周年之际,商务印书馆推出了《百衲本二十四史》价格优待办法(仅适用于上海发行所及虹口西门两分店),赠送顾客纪念书券60元,抵冲之下售价仍只需300元[3]。活动时间自8月10日起至10月9日止,分馆起止日期由各馆自定。10月9日纪念期满后,即增售价至420元[4]。至1934年初第三期书出版时,《百衲本二十四史》继续征求新订户,定购价此时涨至480元[5]。到了1935年年底第五期出版时又称,全书尚未出齐之前每部实售540元[6]。可见预约期不只有一次,每次预约价格均有差异,总体上呈现不断上涨的趋势。

---

①《百衲本二十四史》,《申报》1930年8月2日,第4版。

②《〈百衲本二十四史〉预约只余今明两天》,《申报》1930年8月26日,第4版。

③《商务印书馆三十五周纪念,〈百衲本二十四史〉〈万有文库〉特别优特新订户》,《申报》1931年8月13日,第1版。

④《商务印书馆影印〈百衲本二十四史〉第二期出书,开业三十五周纪念特别优待》,《申报》1931年9月20日,第3版。

⑤《商务印书馆辑印〈百衲本二十四史〉第三期出书》,《申报》1934年1月5日,第8版。

⑥《〈百衲本二十四史〉续出四种》,《申报》1935年12月26日,第1版。

原定 1930—1933 年间,每年 8 月出书一次,分四期出齐。按计划顺利出至第二期后,第三期书正影印之际,突遭"一·二八"国难,致多梗阻。复业后,有心仍按原定计划推行,但是"或因原本损失,或因制版被毁,现正设法补求原本,或补制印版"而力有不逮,延至 1937 年 3 月才出齐,共计出版六期。1932 年的战事影响,不但延宕了出版日期,原定连史纸和毛边纸两种纸张印制计划也半途而废,仅第一、二期出版了两种纸印本,自第三期起仅保留了连史纸一种印本。商务印书馆号召此前已领取毛边纸印一、二期者,为保证日后丛书的统一性,可将之替换成连史纸印本:

> 查《百衲本廿四史》第一及第二期,未领之书,现已检点清楚,只存连史纸一种,其毛边纸一种,业已全数被毁。凡未领取各该期书籍之定户……凭预约券陆续向各该分馆领取(边远分馆展迟一个月取书),但所领之书,只限于连史纸一种。其已领过毛边纸一期者,如原书并无损坏、批点、盖章者,请将原书分别向原定处之上海发行所,或各该分馆,换取连史纸一种。[①]

第一期:1930 年 8 月出版,《汉书》(北宋景祐刊本)1 种 32 册[②]。对于此次仅出一种的解释,商务印书馆将之

---

① 《〈百衲本廿四史〉预约启事》,《申报》1932 年 8 月 1 日,第 3 版。
② 《〈百衲本二十四史〉第一期出书》,《申报》1930 年 8 月 22 日,第 1 版。

归咎于"印刷须特别布置,故初期只出书一种,以后工务熟谙,可期迅速"。从以《汉书》开始的正史出版顺序看,商务印书馆并未按照时间序列组织出版《百衲本二十四史》,主要源于其"顽固"的版本求善所致。此时如《史记》以及《旧五代史》均还在登报购求佳本,期成完璧,故不能依照全书次第付印①。

第二期:1931 年 8 月出版,共 5 种 122 册②。包括宋绍兴本《后汉书》40 册、宋绍熙本《三国志》20 册、宋庆元本《五代史》14 册、元本《辽史》16 册、元本《金史》32 册③。

第三期:1934 年 1 月出版,共 4 种 72 册。包括《宋书》36 册、《南齐书》14 册、《梁书》14 册、《陈书》8 册,以上均为宋蜀大字本④。

1931 年 8 月第二期出版时,发出了第三期的书目预告:《宋书》《南齐书》《梁书》《陈书》《魏书》(此本前三卷系从日本帝国图书馆所藏宋绍熙本影印⑤)《北齐书》

---

① 《〈百衲本二十四史〉预约只余今明两天》,《申报》1930 年 8 月 26 日,第 4 版。
② 《〈百衲本廿四史〉优点,即日往购可取书六种》,《申报》1931 年 10 月 6 日,第 15 版。
③ 《〈百衲本二十四史〉第二期出书》,《申报》1931 年 8 月 30 日,第 3 版。
④ 《商务印书馆辑印〈百衲本二十四史〉第三期出书》,《申报》1934 年 1 月 5 日,第 8 版。
⑤ 《商务印书馆〈百衲本二十四史〉第二次出版》,《国立北平图书馆读书月刊》1931 年第 1 卷第 3 期,第 33 页。

《周书》《隋书》，除《隋书》为元大德本外，其他均为宋蜀大字本。据商务印书馆自述，此时各书虽以宋本为底本，但阙卷较多。如《宋书》原缺 33 卷，访得 21 卷后，尚缺志卷四、列传卷四十四至五十二、卷五十九、卷六十；《梁书》缺列传卷一至四、卷十六至十九、卷二十四之第一至七叶、卷四十三至四十五、卷四十九、卷五十；《北齐书》缺宋本纪卷一至八、列传卷一至二十六。缺卷原拟以元明递修本配，商务印书馆有志于搜求同式原书配入以臻完善，于是向各界人士征求以上各书宋本阙书，收藏者或借印或慨让皆可[1]。《周书》摄影之际，罹遭 1932 年国难而毁于炮火。本来"先后访得宋蜀大字本两部"的《周书》，不得不加入征求队列。因《周书》"宋椠著录甚尠，亟思觅得同式原书，即有元明补刊之叶，苟为明初印本，亦可配用"，不得不降低标准[2]。除了《周书》外，"原有访求善本未得及已得而毁于战火者，不愿因陋就简，稍事迁就"，商务印书馆仍拟搜访同式原书配入。征求阙卷之旅不得不继续走下去，所征列目如下：宋蜀大字本《宋书》阙 11 卷、《梁书》阙 16 卷、《北齐书》阙 34 卷，宋绍兴本《旧唐书》阙 131 卷[3]。从其列目也可看出，自 1931 年 8

---

[1]《〈百衲本二十四史〉第二期出书》，《申报》1931 年 8 月 30 日，第 3 版。

[2]《商务印书馆辑印〈百衲本二十四史〉第三期出书》，《申报》1934 年 1 月 5 日，第 8 版。

[3]《〈百衲本二十四史〉征求阙书》，《申报》1932 年 11 月 12 日，第 4 版。

月至 1932 年年初这段时间,以上各书所缺并未见少,征求之事似乎并不顺利,当然也不排除战火焚毁了新征宋本的可能性。总体看,这一时期的善本征集进展并不顺遂,第三期只出版了"眉山七史"中的四种,比预告减少一半。其中《周书》最为命运多舛,毁于战火后访求之旅甚为艰辛,直至 1934 年 12 月才于第四期出版。"余书分别商借,重行摄影制版,手续极繁。眉山七史,宋椠已多烂版,补配之本,更为漫漶,修润茸补,尤费时日"①,从商务印书馆的自述中看,其他诸书出版命运也不乏艰难坎坷。

第四期:1934 年 12 月出版,共 4 种 96 册。包括宋刊小字本《晋书》24 册,宋蜀大字本《魏书》50 册,宋蜀大字本《北齐书》10 册,宋蜀大字本《周书》12 册②。

第四期拟定 1933 年年底续出,于 1934 年年底印竣,但"无如各书底本,重复通假,时移事易,极感困难。即展转假得,而摄照、描润、校勘等工作,不敢草率从事,不能不将出书期限展长",以至 1934 年年底才出版第四期,离全书出竣尚余 10 种 398 册。

第五期:1935 年 12 月出版,共 4 种 132 册。包括元大德本《隋书》20 册,元大德本《南史》20 册,元大德本

---

① 《商务印书馆辑印〈百衲本二十四史〉第三期出书》,《申报》1934 年 1 月 5 日,第 8 版。

② 《商务印书馆辑印〈百衲本二十四史〉第四期出书》,《申报》1934 年 12 月 31 日,第 4 版。

《北史》32 册,明洪武本《元史》60 册①。

第四期出版时发布的第五期出书预告,书目中包括元本《隋书》《南史》《北史》,明洪武本《元史》,并提出"或加出《旧唐书》《唐书》"②。最终加出者未出,可见复业工作之任重道远。

值得注意的是,原定 1936 年出齐全书的计划未履行,不过是年开始发售单行本《史记》(宋黄善夫刊本),而作为丛书之一的《史记》迟至来年第六期时才出版。可见作为丛书之一的《史记》,其单行本是先于丛书本而发行的。这一决策来源于某种出于《史记》版本唯我独尊的自信上:

> 迁《史》集解、索隐、正义三家注俱全者,向推明震泽王氏刻本,而王刻实出于宋建安黄善夫本,与王本同时者,尚有柯本秦藩本,行款无异,当系同出一源。明刻近均罕见,重金难购,况此为其祖本,敝馆原藏半部,就国内外访配完全,加工精制,除缩印列入《百衲本二十四史》外,另依原版先印大本,顷已出书,其足以纠正震泽王刻讹脱之处甚多,洵为乙部善本。③

---

①《〈百衲本二十四史〉续出四种》,《申报》1935 年 12 月 26 日,第 1 版。
②《百衲本二十四史》,《申报》1935 年 2 月 16 日,第 4 版。
③《涵芬楼集古善本第一种宋黄善夫刊本〈史记〉发售特价》,《申报》1936 年 12 月 22 日,第 6 版。

《四库全书提要》谓明刊《史记》普遍将集解、正义大加芟节，明代震泽王本虽俱全，但无从得知其是否亦有所删减。"前自日本旧藏书家收回，实为人间未见之书"的宋建安黄善夫本，则正是震泽王本之祖本，可解此惑。贵重若此，此版因而被商务印书馆称之为《百衲本二十四史》中的"三大孤本"之一。

第六期：1937年3月出版，共6种366册。包括宋庆元本《史记》30册，宋绍兴本配闻人本《旧唐书》36册，宋嘉祐本《新唐书》40册，大典有注本《旧五代史》24册，元至正本配成化本《宋史》136册，殿本《明史》（附考证）100册[①]。全书印竣，共计24种820册。

1936年年底，商务印书馆专门登报致歉，称为搜求明代成化刊本以补配阙版的元刊《宋史》以至耽误了最后一期的出版进度，将延期三月印竣全书。致歉中还特别说明，薛居正《旧五代》原本最终不获，不得已选取了《永乐大典》注本，凡此种种可窥商务印书馆求善之路的艰辛：

> 原定本年年底出齐，只因《宋史》卷帙独繁，元板不全，配以成化刊本，中多残阙，四处搜求，始成完璧，现正赶印，其余五史，均已竣工，准定二十六年三月底全数出版。再薛氏五代史旧本，征求未获，已用

---

① 《〈百衲本二十四史〉续出六种》，《申报》1937年3月21日，第1版。

大典有注本景印,合并陈明。①

全书合璧后四个月,全面抗战爆发。全书出齐后的第四年,商务印书馆竟还在催领图书,可见战争虽然未直接阻碍《百衲本二十四史》的出版,但对其发行工作还是造成了影响,仓储负担尤重:

> 敝馆前印行《百衲本二十四史》,已于二十六年三月全部出齐,迭经登报,并分函预约,诸君依约取书,历时四年有余,尚有少数定户未将全书取清,值此非常时期,敝馆只得暂为保管,现在困难日甚,用再登报催告,务请速持预约凭单,至敝馆上海发行所,将未取各期书领取,以资结束。②

1944年9月前后,《百衲本二十四史》重印,版式、纸张一如往旧,每部售价10万元,可代定制书橱③。1949年3月,在整部存书早已售罄情形下,商务印书馆将有待补阙的零存各史重加整理补齐,配成了若干部,并订特价七折发售④,具体价格未公布。若以1944年重印版的七折计算,则售价为7万元。但是情形似乎并非如此,因为在

---

①《〈百衲本二十四史〉展期三月,全书出版》,《申报》1936年12月27日,第1版。

②《商务印书馆为催取〈百衲本二十四史〉预约书启事》,《申报》1941年12月1日,第2版。

③《上海商务印书馆再版出书发售特价〈百衲本二十四史〉》,《申报》1944年9月5日,第3版。

④《购置善本正史之绝好机会,〈百衲本二十四史〉最近整理补印发售七折特价》,《申报》1949年3月17日,第3版。

次月的广告中，商务印书馆称《百衲本二十四史》"原售360万元，实售252万元"[①]。可见通货膨胀之下，五年间物价涨幅之大。

三、《四库全书》

《四库全书》为乾隆三十七年（1772）赐名始筹的丛书，于五十五年（1790）抄写竣工。总计抄录了7部，每部含括3500余种书，共计7.9万卷，3.6万册，约8亿字，分藏于文渊阁、文溯阁、文源阁、文津阁、文汇阁、文宗阁、文澜阁七阁内，分别位于紫禁城、沈阳、圆明园、承德、扬州、镇江、杭州七处。到了民国时期，由于列强入侵、洪杨之乱等原因，《四库全书》仅存文渊阁、文津阁、文溯阁三部全本，以及文澜阁一部残本[②]。《四库全书》分别于1920年、1924年、1925年、1928年，由民国北京政府（前三次）、奉天省政府（第四次）发起四次再版计划，但均以失败告终；直到1933年南京国民政府（执行者为尚处筹备中的

---

① 《〈百衲本二十四史〉发售七折特价》，《申报》1949年4月6日，第6版。
② 文渊阁本藏于故宫，"九一八"事变后随故宫部分古物一度南迁沪上；文津阁本藏于京师图书馆，京师图书馆与北海图书馆合并后更名北平图书馆，文津阁本随之挪藏新馆；文溯阁本原藏奉天，辛亥鼎革后征调入京藏于故宫，后又迁回沈阳；文澜阁残本则藏于浙江省图书馆。

中央图书馆）联合商务印书馆发起的第五次出版计划[①]，才完成《四库全书》的再生产[②]。

中央图书馆馆长蒋复璁于 1933 年五月间两度赴沪，与商务印书馆经理王云五订立《影印四库未刊本草合同》十五条。6 月 9 日，合同草案经行政院第一〇七次会议修正通过（仅于草合同第十三条末添"并将损坏原页缴还"八字），6 月 17 日正式签订如次：

第一条：教育部令委国立中央图书馆筹备处（以下简称图书馆）与上海商务印书馆（以下简称印书馆）订立合同，将文渊阁《四库》未刊珍本，缩成六小开本影印发行。

第二条：影印未刊珍本，以九万页为限，每部分订中装约一千五百册。

第三条：为郑重保管起见，由教育部呈请行政院特许，将拟印未刊珍本由图书馆雇员同伴印书馆，至故宫博物院（上海储藏处）摄影。

第四条：摄影时由故宫博物院会同图书馆，派员将每日应摄之书，点交印书馆摄影。每日摄影已毕，

[①] 另有研究认为，民国共经历九次出版提案（参见李常庆：《〈四库全书〉出版研究》，中州古籍出版社 2008 年）。不过影响较大的出版提案共五次，本文回到民国现场取彼时这一普遍认知的次数为叙述脉络。

[②] 需要说明的是，1930 年代影印的《四库全书》为选印而非全印，定名为《〈四库全书〉珍本初集》，下文不再赘述。

即由印书馆将书缴还,经故宫博物院及图书馆派员到场点收无讹,印书馆方得卸责。

第五条:摄影时间,至多不得过六个月。

第六条:印刷一切费用,由印书馆自行负担,盈亏与图书馆无涉。

第七条:全书于摄影之日起,二年内将书出齐,不得托故延长。第一年为发售预约及制版时期。第二年内分两期,将图书馆应得之书缴清。

第八条:纸张用江南造纸厂所出江南毛边纸。

第九条:售价视工料时值,由印书馆酌量拟定。

第十条:印数由印书馆自行酌定,按印数赠十分之一与图书馆,倘印数不满三百部时,仍赠足三十部,影印至多为一千五百部。

第十一条:印书馆于印刷整部之外,不得抽印单行本。每部均由图书馆盖章后,方可出售。但因不得已事故,且非由于印书馆之过失,不能摄影齐全时,印书馆得请求教育部,准其将已摄之书印单行本,径行发售,并仍照第十之规定,赠送图书馆。

第十二条:版权概归图书馆所有,委托印书馆承印及发行。

第十三条:摄影时应特别注意,不得污损;如有损坏,由印书馆照式抄赔,并将损坏原页缴还。

第十四条:本合同授与印书馆印行本书之权,以一次为限,如有再版之必要,应由双方协商,另定合同。

第十五条：本合同共立二份，一份由图书馆转呈教育部，一份由印书馆执守。①

合同正式签订后，行政院6月28日电告北平故宫博物院院长易培基，请其查照院令与中央图书馆筹备处接洽影印事宜，当由易电复派该院图书馆副馆长袁坤礼与中央图书馆接洽。嗣易以事去职，马衡继任院长。7月15日，故宫博物院理事会在京开会，经决议将原合同第一、十、十二、十三、十四各条，分别修正；将第十二条"版权概归图书馆所有，委托印书馆承印及发行"全文取销，将原约十五条削为十四条；又将第六条"盈亏与图书馆无涉"，第七条"将图书馆应得之书"，第十一条"赠送图书馆"等句之"图书馆"三字，均改作"政府"二字。7月31日，由教育部会呈行政院鉴核。其修正各例具体详情如次：

第一条：行政院令委教育部及故宫博物院，将文渊阁《四库》未刊珍本，缩成小六开本，影印发行。教育部受故宫博物院之委托，令委国立中央图书馆筹备处与上海商务印书馆订立合同。

第二条：影印未刊珍本，以九万页为限，每部分订中装约一千五百册。

---

① 郑鹤声：《影印〈四库全书〉之经过·第五次影印之经过——民国二十二年》，《图书评论》1933年第2卷第2期，第87—88页。

第三条：为郑重保管起见，由教育部呈请行政院特许，将拟印未刊珍本由图书馆雇员同伴印书馆，至故宫博物院（上海储藏处）摄影。

第四条：摄影时由故宫博物院会同图书馆，派员将每日应摄之书，点交印书馆摄影。每日摄影已毕，即由印书馆将书缴还，经故宫博物院及图书馆派员到场点收无讹，印书馆方得卸责。

第五条：摄影时间，至多不得过六个月。

第六条：印刷一切费用，由印书馆自行负担，盈亏与政府无涉。

第七条：全书于摄影之日起，二年内将书出齐，不得托故延长。第一年为发售预约及制版时期。第二年内分两期，将政府应得之书缴清。

第八条：纸张用江南造纸厂所出江南毛边纸。

第九条：售价视工料时值，由印书馆酌量拟定。

第十条：印数由印书馆自行酌定，但至多不得过一千五百部。印书馆按印数赠十分之一与政府，故宫博物院为协助图书馆发展起见，除自留二部参考外，愿将应得之书，全数赠与图书馆，专供交换之用，可由印书馆直接交付，倘印数不满三百部时，仍赠足三十部。

第十一条：印书馆于印刷整部之外，不得抽印单行本。每部均由图书馆盖章后，方可出售。但因不得已事故，且非由于印书馆之过失，不能摄影齐全时,印书馆得请求教育部,准其将已摄之书印单行本,径行发售,并仍照第十条之规定,赠送政府。

第十二条:摄影时应特别注意,不得污损,如有损坏,由印书馆照式抄赔,并将损坏原页缴还。

第十三条:本合同授与印书馆印行本书之权,以一次为限,如有再版之必要,应照第一条规定程序,由双方协商,另定合同。

第十四条:本合同共立二份,一份由图书馆转呈教育部,一份由印书馆执守。[1]

这次影印活动,成果有二。一是《〈四库全书〉珍本初集》,共收入 231 种,印成 1960 册,印刷 1500 部;二是为了保存、再现《四库全书》真相,按照原书大小影印了经史子集各一种,一函六册,印刷 500 部。

《〈四库全书未刊珍本〉合同》规定,文渊阁四库未刊珍本将被影印缩成小六开本,限用江南造纸厂毛边纸,二年内需出齐。订约之后两个月,教育部函请专家 17 人编订《四库全书珍本初集》目录,选书 231 种约 111000 叶,较原约增二万余叶[2]。全书照小六开本式[3],选用机制毛边纸,书衣为土黄色纸质,用金属版影印,分装约 1960 册。为便检取,书根上加印名册次。全书印成 1500

---

① 郑鹤声:《影印〈四库全书〉之经过·第五次影印之经过》,《图书评论》1933 年第 2 卷第 2 期,第 88 页。

② 合同每部九万叶,分订 1500 册。

③ 即书长 20 厘米、宽 13.2 厘米左右。

部,其中一成用作回馈政府借印之举,其余用于市场售卖。在第一批书印行之前,商务印书馆便开始发售预约,教育部也行文各省教育厅,"训令"全国图书馆及各大学、中学一体订购。预约时期自 1934 年 1 月 15 日起,至同年 4 月底止,远省如陕川云贵各分馆,预约期限得展至 6 月底止,甘肃、宁夏、青海、新疆、西康、蒙古、西藏及国外各地亦同此期。自 1 月 15 日起至 2 月底期间预约者,售价 560 元①;3 月间预约者 580 元;4 月间预约者售价 600 元。分四次出齐,分别于 1934 年 7 月和 11 月、1935 年 3 月和 7 月出版。

依照合同,商务印书馆在完成《珍本初集》影印后,将总印数的十分之一赠予政府。1934 年冬,《珍本初集》一、二两期印刷完毕,装订打包成 70 余箱运送至教育部,由教育部会同中央图书馆共同点查接收②。1935 年 5 月,第三批书装箱寄出;同年 11 月前,全书影印工作结束,并寄送教育部。赠予政府之书,中央图书馆除自留两部外,其余全部用作交换与赠送之用。中央图书馆曾呈文教育部提出"对于国立大学一律赠送一部,以资备览"③,获准后分别致函各国立大学交涉赠书事宜。另一部分《珍本初集》,则通过外交途径走出国门。如向英、

①书价及邮费等均照上海通用大洋。
②《〈四库全书初集〉印竣》,《申报》1935 年 2 月 15 日,第 17 版。
③《中央图书馆赠各大学〈四库珍本〉》,《申报》1934 年 10 月 27 日,第 13 版。

法、德、意、西、美、加等欧美各国,缅甸、孟加拉、印度等亚洲国家,以及苏联和国联(瑞士)等国家和地区以及国际组织进行赠送①。商务印书馆自留的部分,除少量几部用作与法国公益慈善会等机构的交换"礼物"外②,所余均自行售卖。

商务印书馆承印《四库全书》(珍本初集),时人对其出版成本众说纷纭,出现了三十万至六七十万元之间的猜测③。如当时有记者采访行政院代表,答称全部费用当在30万上下④。更有一位出版从业时人"就自己印刷之经验"的估算,称若将《四库全书》全部出版(约230万页),若尺寸与原书相同(四开本),纸张使用粉连史纸,影印200部的成本将达700余万,约合一部3.5万元。以200部为例,所费款项包括四项。一、所用纸张。需粉连纸四开,约用纸170万刀,价值在二百五六十万元。二、照相制版。每日出书2000页,全书五年可毕,照相器具药料,以及锌版杂费等,年约需48万元。三、装订工役。每部36000余册,共印200部,约720余万册。如用中国书皮

---

① 张学科:《国礼:民国时期〈四库全书〉的新身份》,《图书馆杂志》2020年第2期,第127页。

② 《法赠东方图书馆书籍,昨举行赠受典礼》,《申报》1935年6月7日,第10版。

③ 编者:《最近关于影印〈四库全书〉之文献(续前期)》,《浙江图书馆馆刊》1933年第2卷第5期,第146页。

④ 郑鹤声《影印〈四库全书〉之经过·第五次影印之经过——民国二十二年》,《图书评论》1933年第2卷第2期,第103页。

纸、丝线绫角,年约需 10 万元。各项工师,以 200 人计,
工徒需加 3 倍,年需工资 13 万元。四、印刷电力。机器
油墨,年需 17 万元;电力木器等杂费,约需四五万元。以
上所列各数,用粉连纸影印 200 部,总计五年可毕,需款
约 700 余万元。若边框缩小、用铅字活版,则两年可毕,
费用减半,即能竣事[①]。

四、《各省通志》

1934 年 4 月 19 日,中华书局通过《申报》发表停印
各省通志的启事,称"顷见报端广告,知商务印书馆已将
各省通志付印,发售预约。敝局为避免重复起见,决定停
印"。据中华书局自述,截至 1934 年,其历年搜集所得各
省通志已近百种、各府厅州县志七八百种;其出版二十二
史通志的动议生发于 1933 年,因内有数种非初印本而登
报访求数月未果以至延宕了日期[②],终至商务印书馆先人
一步出版《各省通志》。

"捷足先登"的商务印书馆,对方志孜孜以求的热情
不逊于中华书局。从时间上看,商务印书馆于方志的收
藏和出版方面,绝非临时起意,而是秉承矢志。至 1932

[①]李时:《〈四库全书〉之历史》,《女师学院期刊》1933 年第 1 卷第
1 期,第 10 页。

[②]《中华书局停印〈各省通志〉启事》,《申报》1934 年 4 月 19 日,
第 4 版。

年,商务印书馆在方志的搜集与收藏方面,"垂三十年,庋藏之富,几甲全国"。据其描述,1932 年本拟择尤影印时,忽遭"一·二八"国难,馆内附设之东方图书馆所藏方志与其他善本同付一炬。复业后,商务印书馆重启了搜集方志的工作。1934 年自清史馆借得被其誉为"最详备之地志"的《嘉庆重修〈一统志〉》原书,列入《〈四部丛刊〉续编》中缩照印行①。大约《嘉庆重修〈一统志〉》出版后的"风行遐迩",复燃了商务印书馆将续搜所得的各省通志出版之心。

《各省通志》于 1934 年仅出版《湖南通志》《浙江通志》《广东通志》《畿辅通志》《湖北通志》《山东通志》第一期六种,再无下文,与"各省"之名并不匹配。所出六种,版本求其近今,格式求其轻便,使用王云五所创四角号码检字法编制索引附诸各志之后。各志均就原书用金属版影印,版式高市尺五寸七分,阔三寸九分,道林纸印,布面精装,每册约 1200 页。定价有仅及原书十分之一者,同时合购两种,照定价九五折计算,同时合购三种以上,照定价九折计算②。

①《嘉庆重修〈一统志〉》全著二百册,附索引十册,于 1934 年 4 月出版,次月初版即售罄,10 月重版开始出书。《〈四部丛刊〉向未刊印〈嘉庆重修一统志〉出书预告》,《申报》1934 年 3 月 4 日,第 4 版;《商务印书馆景印〈各省通志〉,本年先出六种》,《申报》1934 年 5 月 18 日,第 4 版。
②《商务印书馆景印〈各省通志〉发售预约》,《申报》1934 年 4 月 20 日,第 4 版。

表2-2 《各省通志》六种通志预约信息表

书名	册数	定价	预约价
《湖南通志》	5	13元	9元
《浙江通志》	4	11元	7元5角
《广东通志》	5	13元	9元
《畿辅通志》	8	22元	15元
《湖北通志》	3	10元	7元
《山东通志》	5	13元	9元

　　《湖南通志》底本为光绪十一年重修本，全志二百八十八卷，原装162册，影印本合订5册。卷目包括诏谕卷首、名宦志十八卷、地理志四十卷、职官志三十三卷、建置志七卷、选举志二十七卷、赋役志七卷、人物志七十八卷、食货志七卷、方外志五卷、典礼志七卷、祥异志二卷、武备志十二卷、艺文志四十四卷、封建志二卷、杂志卷末①。《湖南通志》原定7月出书，因1934年夏天"奇热"，商务印书馆为顾念同人健康起见，自7月1日至31日，工厂及各部每日减少工作时间自2小时至4小时不等，以致工作不免稍搁，不得不将《湖南通志》展期半月至8月15日出版②。商务印书馆自复业以来，十分注重发售预约各书的准期出版，尽量避免愆脱。此种特别解释，

①《商务印书馆景印〈湖南通志〉》，《申报》1934年6月13日，第4版。
②《影印〈湖南通志〉展期于八月十五日出书》，《申报》1934年8月1日，第4版。

可见其对信用以及复业后的声望之重视。

《浙江通志》全志凡二百八十卷,原装 120 册,影印本合订 4 册,预约价 7 元 5 角,1934 年 8 月出版。商务印书馆为印证自称的"价廉至此",拿来一部数十卷本之《浙江名胜志》做对比,称其售价或不止 7 元 5 角,而同样的价格则可以购得 120 册的《浙江通志》全书,连呼"其低廉为何如乎"[1]。

《广东通志》为清儒阮元重修,商务印书馆影印底本为清同治三年重刊本,凡 130 册,影印本合订 5 册,1934 年 10 月出版[2]。

《湖北通志》成书于 1921 年,此志续嘉庆《湖北通志》而作。全书一百七十二卷,书分十志,为舆地、建置、经政、学校、武备、祥异、艺文、金石、职官、人物。商务印书馆影印本出版于 1934 年 11 月。

清代官修《畿辅通志》共有三部(分别纂修于康熙、雍正、光绪年间),商务印书馆影印版为光绪十年开雕的黄彭年编纂本,全书三百卷,于 1934 年 12 月出版。

《山东通志》全书二百卷,起修于清光绪十六年(1891),成书于 1915 年,初版为排印本。商务印书馆据 1915 年排印本缩印为 5 大本,1934 年 12 月出版。

①《商务印书馆景印〈浙江通志〉,布面精装四厚册,八月内出书》,《申报》1934 年 7 月 25 日,第 1 版。
②《商务印书馆景印〈各省通志〉预约将截止》,《申报》1934 年 9 月 26 日,第 12 版。

　　1934年9月，在《各省通志》预约将截止，《湖南通志》《浙江通志》已出版、《广东通志》待出版的情形下，商务印书馆发布了主要购买对象——各地方省政府，"各省行政当局提倡尤力，多汇定巨数，分发各公共机关"。据商务印书馆统计，此时浙江省已汇订640部，湖南省汇订300部。据湖南省刊发于《申报》上的专电自陈，300部《湖南通志》是由湖南省政府主席何键托商务印书馆影印，为的是"分送各图书馆与中央各要人"。长沙专电中透露出《各省通志》浓重的定制意味，商务印书馆在谈到还未出版的其他各省通志的订户时，也称"其余各省，亦正在接洽中"①。虽然未必如湖南省所述"委托影印"，但商务印书馆为各省量身定做通志的意图还是较为明显的。1934年9月15日，距离《山东通志》出版还有3个月时，地处鲁北的邹平县政府发布了政府训令令各乡学酌购，并称《山东通志》"不特各县政府、各县图书馆、民众教育馆、初中以上学校均便庋藏，凡为山东人士，均不难购置"②云云。邹平县该条训令的落款者为兼任邹平县实验县县长，正于该地推行乡村教育的梁漱溟，此时也正对应着商务印书馆所谓"其余各省，亦正在接洽中"的时

---

① 《商务印书馆景印〈各省通志〉预约将截止》，《申报》1934年9月26日，第12版。

② 梁漱溟：《邹平实验县政府训令（中华民国二十三年八月）：令各乡学：令各乡学酌购商务印书馆出版之山东通志由》，《邹平实验县公报》（第183期）1934年9月15日，第2页。

间表述,于此或可印证商务印书馆确实为《各省通志》量身定做了发售路径的事实,以及其竭力疏通各种关联人,以便将《各省通志》尽量发售到地方的良苦用心。

五、《宛委别藏》

清阮元任浙江学政巡抚时,搜访东南秘籍,凡宋元以前为四库未收、存目未载者,不下百种,鲍廷博、何元锡诸人为之审订。阮氏先后奏进,每书撰提要凡172篇,刊入《揅经室集》。清仁宗赞赏其书,汇为丛编,赐名《宛委别藏》,以补《四库全书》之阙。1924年,民国政府将清宫所储法物、彝鼎、图书公诸民众。图书一类,《宛委别藏》在列。据所公布的故宫善本书目载,《宛委别藏》原藏养心殿,目二函、书百函,共160种,其中阮元所进者157种。书目数量与《揅经室集》所载不符,说明阮氏进呈之本至民国时已有所亡佚。截止至1930年代初期,阮氏原进诸书十之七八已被刊刻流传。1928年,故宫博物院曾拟定分初编、二编、三编选印《宛委别藏》中未刊珍本的计划[1]。1933年,故宫博物院同意与商务印书馆签订影印《〈四库全书〉珍本初集》合同的同时,也将选印《宛委别藏》中40种247册久无刊本的出版计划,委托商务印书

---

[1] 故宫博物院编:《故宫博物院档案汇编·工作报告(1928—1949)》,故宫出版社2015年,第2—3页。

馆执行①。1934年年初,双方在业已签订合同的情况下,开始着手筹备影印活动②,故宫博物院明确按日与《〈四库全书〉珍本初集》同时提交商务印书馆照相影印。同年年末,摄照工作结束③。次年3月,预约销售活动开启④。

《宛委别藏》(选印)全书40种150册,手工连史纸影印,六开本线装。定价80元,预约价50元。全书于1935年6月和9月,分两次出齐。第一期出版19种76册⑤;第二期出版21种74册,另附目录1册⑥。

《宛委别藏》被宣传为"商务印书馆印行《四库全书珍本》后又一流通秘籍大贡献"。从其所选印的40种,均为四库未收之书,且如《集篆古文韵海》《宝祐四年会天历》《群书通要》《群书类编故事》《广清凉传》《续清凉传》等多种从未著录于藏家书目⑦可窥,"秘籍"示众具有一定

---

① 商务印书馆编:《〈宛委别藏〉四十种样本》,商务印书馆1935年。

② 《商务印书馆谨影印〈宛委别藏〉预告》,《申报》1934年1月14日,第2版。

③ 故宫博物院编:《故宫博物院档案汇编·工作报告(1928—1949)》,故宫出版社2015年,第413页。

④ 《商务印书馆选印〈宛委别藏〉四十种发售预约》,《申报》1935年3月22日,第4版。

⑤ 《商务印书馆选印〈宛委别藏〉四十种,第一期出版》,《申报》1935年7月1日,第8版。

⑥ 《商务印书馆选印〈宛委别藏〉四十种全部出齐》,《申报》1935年9月30日,第4版。

⑦ 《商务印书馆选印〈宛委别藏〉预约只余七天》,《申报》1935年5月25日,第1版。

的说服力和吸引力。又因《宛委别藏》刊印日期与《四库全书》出版进程相当,一度被商务印书馆美美与共地并置推广,生出诸如"两书所收,均为世不经见之秘籍""已购《四库珍本》者,加备《别藏》,更有珠联璧合之妙"的宣传语[①]。

六、《丛书集成》初编

《丛书集成》,顾名思义是"集古今丛书之大成",是丛书的丛书,为商务印书馆辑印的大型丛书,于1935年底开始出版。秉持"实用与罕见"标准,"以各类具备为范围",商务印书馆从自购自藏的古籍丛书中,择尤要者百部(综计子目约六千种、两万七千余卷)进行整理。"纷繁者,去其糟粕;庞杂者,整其条理"后,实存图书4087种约合20000卷。对其进行分类后,定名《〈丛书集成〉初编》。从书名可窥,商务印书馆似乎有将其续出如《四部丛刊》般"续编""三编"甚而"四编"的趋向。孰料初编出版到第三期时,全面抗战爆发,出版活动一度中断,1939年才接续出版,但直至新中国成立前亦未出齐。

商务印书馆历年收藏古籍丛书众多,虽遭遇了"一·二八"之祸,所幸一部分珍本幸免于难。复业以后,

---

① 《图书馆补充图书之良机:商务印书馆选印〈宛委别藏〉》,《申报》1935年5月23日,第4版。

又穷搜博采而辑成该书。在"实用与罕见"的择书标准指导下，"实用"类集纳"为学人所不可不读者"的实用丛书，如《武英殿聚珍版丛书》《知不足斋丛书》《广雅堂史学丛书》等；"罕见"类汇编"为外间极不易得或得而难全之珍籍"的罕见丛书，如《济生拔萃》《今献汇言》《天都阁丛书》《百陵学山》等。商务印书馆又据内容将所选百部丛书概括为普通丛书、专科丛书、地方丛书三大类。普通丛书中，宋代 2 部，明代 21 部，清代 57 部；专科丛书中，经学 2 部，小学 3 部，史地 2 部，目录学 1 部，医学 2 部，艺术 1 部，军事 1 部；地方丛书中，省区 4 部，郡邑 4 部。

《丛书集成》的整理工作，主要是去重、分类与断句，即筛查重复出现在不同丛书中的同一图书，再从整体上对所有图书进行重新分类。对各丛书中内容相同之书，"无论书名同异，经一一查明，汰其重复。去取之际，遇详略不一者，取最足之本；其同属足本，无校注者取最前出之本，有校注者取最后出之本"。因图书内容纷繁复杂，旧分类法无法充分统御，于是引入了王云五研制的"中外图书统一分类法"使每一本图书均可纳入确当的门类中。"中外图书统一分类法"先将之分为总类、哲学、宗教、社会科学、语文学、自然科学、应用科学、艺术、文学、史地等十大类，再细分成 541 小类，分装 4000 册[1]，另附书名著

---

[1]《〈丛书集成〉发售预约》，《申报》1935 年 5 月 28 日，第 1 版。

者卡片。其中总类 368 种,哲学 451 种,宗教 34 种,社会科学 322 种,语文学 145 种,自然科学 158 种,应用科学 225 种,艺术 285 种,文学 1216 种,史地 883 种[①]。

《丛书集成》大部分为排印并加句读。用纸包括道林纸与后加印的新闻纸两类,两者未同时发售预约,后者比前者晚 4 个月,后者的预约与前者的第二轮预约同时进行。1935 年 5 月道林纸本的第一轮预约开始[②],此前 3 月间曾将缘起、总目、凡例,先行刊布[③]。发售阶段提供附预约简章的免费样张,以及收费 2 角的目录,内含丛书百部提要及分类说明、分类子目。道林纸的预约发售时间从 5 月持续至 7 月末,期满后又从 9 月开始第二轮预约,到 10 月末截止,新闻纸本于 9 月预约发售。

道林纸印本,又分作厚纸封面和部分精装布面两种,后者仅 10000 册图书精装,价格另算。采用小开本,总体版式宽市尺三寸五分,高五寸二分,与《万有文库》相同。全书定价 800 元[④],售价则由订购时间以及缴付次数的不同而差异较大。一次付清者,如 1935 年 5 月 31 日以前缴付,售价 460 元;6 月 1 日至 6 月 30 日期内缴付,售价

① 《四大整理工作》,《申报》1935 年 6 月 3 日,第 4 版;《〈丛书集成〉发售预约》,《申报》1935 年 5 月 20 日,第 1 版。

② 《〈丛书集成初编〉发售预约》,《申报》1935 年 5 月 6 日,第 1 版。

③ 《商务印书馆辑印〈丛书集成〉》,《申报》1935 年 3 月 11 日,第 1 版。

④ 《〈丛书集成〉现在订购便宜四十元》,《申报》1935 年 6 月 25 日,第 1 版。

500元;7月1日至7月30日期内缴付,售价540元。

　　新闻纸本自1935年9月2日开始发售预约[①]。售价较道林纸本减低一半,全书卷册、字体大小均与道林纸本无异。一次付清者280元,另定分期付款办法,总计300—400元不等。

　　道林纸本同时续售预约,持续2个月。预约价一次交清者售价维持在560元,分期交付者价格略有上涨,在九月内预订者先付60元,在十月内预定者先付80元,以后均每月续交20元,至合计600元止[②]。1939年3月第四期书出版时,商务印书馆开启了两种印本的又一次预约,此时道林纸本预约价630元,新闻纸本360元[③]。

　　需要特别说明的是,第一期书出版后,《丛书集成》开始加价发售。一次付款缴清者,道林纸本600元(涨40元),新闻纸本300元(涨20元)。多次缴清者,道林纸本总价640元,新闻纸本总价320元[④]。还需要说明的是,《丛书集成》内容与《万有文库》有重复者达150种。商务印书馆规定,"已购《万有本库》而要求除去者,无论一

---

①《〈丛书集成〉发售预约,加印新闻纸本》,《申报》1935年9月2日,第4版。

②《〈丛书集成〉道林纸本发售特价》,《同行月刊》1935年第3卷第9期,第23页。

③《商务印书馆编印〈丛书集成初编〉第四期书出版启事》,《申报》1939年3月13日,第1版。

④《商务印书馆辑印〈丛书集成〉第一期书准期于本月底出版》,《申报》1935年12月19日,第4版。

次交款或分期交款均各减少书价 2 元"。价格方面,商务印书馆还制定了优待同行的购买办法,"以道林纸本九折无回用之办法。凡购十部以上,一律八折,满二十部,赠书一部。折扣以八折为限,不能再低。但如定购满十部以上者,预约价亦可减至八折,按月仍交 10 元,但交满 240 元后,无须再缴"[1]。

道林纸本与新闻纸本同时出书,原定分五次出齐。自 1935 年 12 月起至 1937 年 12 月止,每半年出书一次[2]。由于抗战原因,出版进度未如约履行,至第三期出版后开始中断,直至 1939 年才复归出版秩序。第四期出版时,称后续将再分三次出齐,这样总体上共计出版七期(第五期后具体出版情形不详)。

第一期:1935 年 12 月底出版,131 种 400 册[3]。

第二期:1936 年 6 月出版,503 种 800 册[4]。

第三期:1937 年 1 月出版,750 种 800 册[5]。

第四期:1939 年 2 月出版,400 册(种数不详)。全面

---

[1]《〈丛书集成〉印新闻纸本》,《同行月刊》1935 年第 3 卷第 9 期,第 23 页。

[2]《〈丛书集成〉印新闻纸本》,《同行月刊》1935 年第 3 卷第 9 期,第 23 页。

[3]《商务印书馆辑印〈丛书集成〉第一期书准期于本月底出版》,《申报》1935 年 12 月 19 日,第 4 版。

[4]《〈丛书集成初编〉出版》,《申报》1936 年 7 月 6 日,第 4 版。

[5]《〈丛书集成初编〉第三期书出版,七百五十种八百册》,《申报》1937 年 1 月 27 日,第 1 版。

抗战爆发后,商务印书馆上海各厂被毁或发生障碍,生产受阻。虽然于租界中立区设立临时工厂,并就原有工厂尽力扩充,加紧排印,但拟于 1937 年年底续出中断之书,因适逢学校用书迫切,难免顾此失彼,难以为继。1939 年3 月印制出新书 400 册,作为第四期发售。尚余 1600 册待出,预期分别于 1939 年 6 月、12 月及 1940 年 6 月各出一期,计划于 1940 年 6 月以前全部完成。

第五期:1939 年 10 月出版,434 种 400 册[1]。

因战争影响,商务印书馆总计仅出版了《丛书集成》初编 3467 册,也就是第五期过后又出版了 667 册,但出版日期不详。余下的 533 册,未按原计划出版。新中国成立后,中华书局商得商务印书馆的同意,计划把所余533 册补齐的前提下,重印《丛书集成》初编。经清点,《丛书集成》初编实际未出的纸型多达 643 种[2]。

值得注意的是,为增加《丛书集成》预约阶段的宣传与推广力度,商务印书馆于社内鼓励同人及其亲友通过个人对外开展推销活动。由推广科印就介绍信两种,一种系同人自用介绍者,另一种系同人再转托亲友介绍者。后一种介绍信,同人将亲友姓名地址填注清楚,交推广科

①《〈丛书集成初编〉第五期书出版》,《申报》1939 年 10 月 12 日,第 1 版。
②王绍曾:《近代出版家张元济(增订本)》,商务印书馆 1995 年,第 67 页。

即可印制①。此外,社内还仿照此前《小学生文库》《幼童文库》的营销办法,组建了五队同人公余队,启动了相关考评机制。设定的成绩总目标为十万分,各队目标二万分(成绩记录以收款实数一元作一分)。时间自 1935 年 9 月 20 日起至 10 月 31 日为止。征求成绩最优胜之队以及队员成绩竞赛优胜员三名,结束后酬奖。为增加推广实力,商务印书馆特为竞赛团队加聘了总管理处"交游广阔之同事"为各队顾问辅导推销②。

从时间上看,公余队的组建与新闻纸本的首次预约以及道林纸本的第二次预约并行,是否说明《丛书集成》在古籍竞争市场中售卖吸引力不足?这部巨型丛书,始终以整体售卖,未曾拆开作单本单售。从可检索到的公开史料看,《丛书集成》以政府机构,以及由政府机构通饬直属文化、教育类机构如学校、图书馆的购买为主,间以同行同业(如苏州、无锡、常州、常熟、江阴等地)于当地的极力推销,吸引收藏家购置。商务印书馆为此专门制定了优待同行的购买办法,从上文引述的"凡购十部以上,一律八折,满二十部,赠书一部"的优惠政策中可证,同业同行的采购力度较大。政府机构以及公务人员对于《丛书集成》也表现出了购买热情,道林纸本 5 月初发售预

①《同人推销〈丛书集成〉》,《同舟》1935 年第 3 卷第 1011 期,第 33 页。

②《发行所同人公余推销〈丛书集成〉〈小学生分年补充读本〉征求队办法》,《同舟》1935 年第 4 卷第 2 期,第 23—24 页。

约,一个月后,商务印书馆登报称,仅首都一地,政府中央机关"如中央党部、国府文官处、司法院、考试院、训练总监部、海军部、交通部、全国经济委员会、建设委员会、资源委员会、中央大学、中央政治学校、警官学校、金陵大学等等图书馆,及南京市立图书馆"均已订购。中央机关工作人员也表现得相当踊跃,购者包括"中央监察委员王陆一、立法院孙院长、海军部吴部长、铁道部曾次长、立法院卫委员"等[①]。商务印书馆对文化、教育类政府机关及政府各工作人员的锚定,或许是其内置在古籍生产线中的通例。此次《丛书集成》的发行,商务印书馆为打开政府机关大门,先是获得了时任国民政府主席林森、教育部部长王世杰的肯定。通过"国民政府林主席称,此书为'群玉之府',亲为题字。教育部王部长亦誉其'宣扬文献,鼓励研读'"[②]的推许与疏通,内政、教育两部分别函明所属各机关,才将《丛书集成》酌购在案。

---

① 《〈丛书集成〉定户踊跃》,《申报》1935 年 6 月 27 日,第 10 版。
② 《〈丛书集成〉预约近闻:林主席亲为题字,内教两部分函介绍》,《申报》1935 年 6 月 18 日,第 1 版。

第三章 中华书局出版的大型古籍丛书

民国时期,中华书局在古籍出版活动中充满活力。据统计,中华书局于民国期间共出版"重要古籍 600 余种"[①]。如竹简斋版《二十四史》(200 册),《资治通鉴》(100 册)、《续资治通鉴》(88 册,附明纪)、《读通鉴论》(18 册,附宋论),同文书局版《康熙字典》,据清史馆本排印的《清史列传》(10 册),清蒋孝铨所著《红雪楼逸稿》、金圣叹批天香吟阁本《西厢记》、贯华堂本《水浒传》和明李汝珍所著《镜花缘》等古典小说,以及包括玩花主人选、钱德苍续选的戏曲总集《缀白裘》,任中敏编《散曲从刊》和《新曲苑》,及《元曲选》《元曲选外编》《盛明杂剧》《全元散曲》等在内的戏曲古籍,还有像清代学者查慎行、李慈铭等的诗词集。

1922 年开始发售预约、1923 年和 1924 年分两期出书的竹简斋版《二十四史》被中华书局自认"为本局影印

[①] 李侃:《陆费逵创办中华书局概况》,俞筱尧、刘彦捷《陆费逵与中华书局》,中华书局 2002 年,第 87 页。

大部头古书之始"①。此后出版了《四部备要》和《古今图书集成》等大型古籍丛书。在此之前,中华书局还出版过诸多古籍选本。如于1914年起开始选印的古书精华系列,包括《古今文综》(40册)、《五朝文简编》(28册)等。自1922年开始出版大型古籍丛书后,选本依旧是中华书局重要的古籍拳头产品,出版了包括《二十四史辑要》(36册,附全目和提要)、《新古文辞类纂》(24册)、《袖珍古书读本》(204册,聚珍仿宋体巾箱本)、《中国文学精华丛书》(80册),以及以古今尺牍为专题的姚汉章等编《古今尺牍大观》、中华书局编辑所编《唐宋十大家尺牍》《明清十大家尺牍》《近代十大家尺牍》等②。

中华书局与商务印书馆存在颇深的古籍出版竞争关系,尤其在大型综合性古籍丛书的出版上。如商务印书馆《四部丛刊》开始出版后,中华书局出版了《四部备要》系列丛书,第一集48种405册,第二集66种405册,拥有三个版本的全五集,六开本线装版349种2000余册,五开本线装版351种2500册,十六开本洋装缩印版351种精装100册平装280册。相较商务印书馆《四部丛刊》系列丛书(初版本323种2100册,续编75种500册,三编70种500册,总计468种3100册),《四部备要》虽然

---

① 钱炳寰:《中华书局大事纪要》,中华书局2002年,第61页。
② 更详细的关于中华书局于民国时期的古籍出版活动,详见郭平兴:《民国时期中华书局古籍整理出版及其原因述论》,《编辑之友》2018年第8期,第108—112页。

种数与册数上略逊一筹,但也算旗鼓相当。中华书局与其他出版机构的古籍选题也常有竞争,如与开明书店曾共同竞争过《古今图书集成》的再版。

中华书局虽然未必是近代古籍出版领域的领头羊,但在出版的一些特性上往往常开先河。如《四部备要》是最早一部以现代排印方式整理、出版的大型古籍丛书,一改此前影印成风的惯式,揭开了近代古籍整理与出版的新篇章;《四部备要》中的部分古籍加入了句读,也掀起了大型古籍丛书标点的风潮[1];其在古籍图书选目、版本与装帧上的别树一帜,更创制了崭新的"善本观",成为近代古籍出版业中影响深远的观念先锋。

一、《四部备要》

《四部备要》原定名《四部读本》,据 1921 年 7 月 29 日的《申报》广告称,"中华书局聚珍仿宋版印《四部读本》:选经史子集中,人人当读之名著,用聚珍仿宋版精印,定于本年双十节发售预约"[2]。10 月 10 日的预约广告,仍称拟出之书为"四部读本":

> 经史子集中当读之书,不过数十百种;近年善

---

[1] 世界书局的标点事业也可圈可点,参见后文对世界书局出版活动的说明。

[2]《中华书局聚珍仿宋版印〈四部读本〉》,《申报》1921 年 7 月 29 日,第 6 版。

本难觅,学者苦之! 本局爰请名人甄选其当读者,汇刊《四部读本》。用优美新制之"聚珍仿宋版"精印。先将第一集发售预约,全书版本一律。其特点有六:(一)选择精审;(二)根据善本;(三)校对精细;(四)版本适中;(五)字体大小合宜;(六)纸用上等中国毛边。凡图书馆、学校、家庭,以及国学有根底,或欲研究国学者,各备一编,获益良多! ①

从这则预约简章看,字体、选本、校对等方面的计划,均与更名后无异。到了 12 月 1 日,广告已将"四部读本"改称"四部备要"。

从公开的文字表述看,中华书局有志作连续的《四部备要》系列。如《四部备要》第一次预约时,便称此次出版为"第一集"。此后果然续出了第二集。1926 年 8 月第二集已出四分之三之际,中华书局推出了全五集的预约。在全五集的缘起中,中华书局提到了出二十集的计划:

> 本局刊行《四部备要》第一集早已售罄,再版存书不多。第二集已出四分之三,刊椠精美,校对审慎,殊为近世所罕见。老师宿儒及研究国学之士敦促积极进行,本局爰有刊行二十集之计划,现在已纂定五集,日夜校刊,期于五年之内出齐此五集。②

依时间先后,全五集共出版了六开本线装、五开本

①《中华书局〈四部读本〉》,《申报》1921 年 10 月 10 日,第 51 版。
②《上海中华书局空前精刊古书聚珍仿宋版印〈四部备要〉,发售五集预约,凡二千余册》,《申报》1926 年 8 月 1 日,第 3 版。

线装、十六开洋装缩印本三个版本(后两者出版日程有所重叠)。五开本最后一期的出版时间为 1937 年上半年,假如未有战争影响,不知是否会续出拟想中的后十五集。但也未必,因为全五集的第一个版本六开线装本事实上1931 年即已出齐。1931—1937 年间,时间间隔 6 年之久,而中华书局从第一集到第二集,以及第二集到全五集之间,间隔时间均有限。而且按照中华书局的营销策略,正式售卖前的一年半载会进行预约销售,查诸史料,未见五集之外的预约广告,可见二十集计划不免空中楼阁,大约是种营销话术。如果二十集如愿以偿出版,则总计将达到 8000 余册约 50000 卷的规模。对于这拟想中"古今刻书之多,无逾此者"的鸿篇巨制,中华书局曾据以自比《四库全书》,以"《四部备要》所采之书,除《四库全书》约采一半外,其余为四库未收及后出之书"来形容自家气魄,并称"《四部备要》诚张文襄所谓五百年不朽者也"[1]。

从 1922 年开始第一集的出版,到 1937 年为止,《四部备要》各版本包括《四部备要》第一集、《四部备要》第二集、六开本线装《四部备要》全五集、五开本线装《四部备要》全五集、十六开缩印本洋装《四部备要》全五集。虽然第一、二集先于全五集面世,但是从整体上属于全五集,全五集出版时二者被编列其中。

《四部备要》系列丛书经史子集皆备,其中集部稍

①《〈四部备要〉大器晚成》,《申报》1927 年 1 月 20 日,第 3 版。

多,经、史、子略相等。中华书局将之标榜为"无畸轻重之弊"①。图书于内容上皆为坊间"习见之书",急需新善本的厘定。对于原本的选择标准,中华书局自述"本局为读书而刻书,非读书必需者,虽有名刊孤本概不羼入,其必须者虽卷帙繁浩亦不删节",在版本好恶上有明显的近"精"远"古"倾向,注重实用。

　　除了十六开洋装缩印本《四部备要》全五集使用了影印(依五开本缩印)技术,其他各版本均采用排印技术。中华书局在回应"何不影印而排校?"这一问题时,自述曾经"尝试影古书,然印本漫漶或纸张黑暗,摄影之后竟同没字,其勉强可用者亦复不甚明晰。本局不惮烦,而为此植校之大工程,期善本流传于不朽"②。中华书局向来以精于印刷技术闻名遐迩,更在印刷有价证券上独步一时,与政府间有固定的合作关系。而且,《四部备要》全五集的最后一个版本缩印本,正是使用了橡皮机影印自家的五开本而来。故其对影印的惧惮似乎并不合理,再加上同时期商务印书馆《四部丛刊》的影印生意做得风生水起,说明影印并非不可攻克的技术难关,且大是有利可图的生意。影印确实在这一时期是较为风行的选择,毕竟存古之心人人有之。问题可能在于有质量保障的古本原

---

①《比较聚珍仿宋版印〈四部备要〉》,《申报》1926 年 12 月 22 日,第 3 版。

②《空前之精刻万卷善本古书〈四部备要〉》,《申报》1926 年 10 月 8 日,第 3 版。

书的匮乏,或许中华书局内部藏书中缺少传统意义上的善本宋椠元刊,只能采用漫漶的"残次品"。是否果真如此,迫使其不得不退而求其次地使用排印技术? 有则中华书局自陈的事例,可做上述推论的印证:

> 民国五六年时,敝局曾影印古书若干种。其中如清代精刻之《六朝文絜》《李义山诗集》等,尚属可观;宋元明书刊用珂罗版者,尚可保原书面目。用石印及金属版者,则难免迷糊龌龊,令人见之生厌。盖古代印刷不精,年久纸又黄黑,而虫蛀笔污,更所难免,于是"大"字多一点而变太变犬,"田"字出头而变由变甲,益以手民无知,任意描填,照相落石,修改不易,遂不堪卒读矣。北宋刊海内孤本《鱼玄机诗集》,当时借来照相,后因借来之书,不便描修,影印本卒未发行。[1]

失败的影印经历之外,来自字体方面的创新,也坚定了中华书局排印的决心。1920 年,中华书局得到了杭州丁氏聚珍仿宋版字体。他们试着用大小字体结合的方式排印了《鱼玄机诗集》,发现"成绩极佳"。大喜过望之下,"遂发刊行《四部备要》之宏愿"[2]。

---

[1]《中华书局发售预约重印聚珍仿宋版五开大本〈四部备要〉,由影印古书改用聚珍仿宋版之经过》,《申报》1934 年 3 月 18 日,第 1 版。

[2]《中华书局发售预约重印聚珍仿宋版五开大本〈四部备要〉,由影印古书改用聚珍仿宋版之经过》,《申报》1934 年 3 月 18 日,第 1 版。

中华书局从不吝惜对排印的讴歌。他们不但将排印制作的图书视作新善本，而且认为排印技术本身为印刷之进步的表现，将其价值与抄写、雕版相提并论，奉为新时代出版业的标准：

> 印刷之进步。古代书籍传布，端赖简策漆书，一进而为纸笔传写，再进而为雕版。宋代刻本，实为古书一大进步。然清代精刻，又可驾宋代而上之。若仅以时代先后论，则不免于盲人道黑白矣。今用丁氏聚珍仿宋版，采宋版之精英，而以科学改良之，新式机械，化学方法，不惟古代所未梦见，即六十年来通行之影印，相差亦不可道里计也。[1]

中华书局曾在广告中披露，排印从成本上也高出彼时的影印技术一截，"《四部备要》排校工程大，欲速则不达，每集须20万工，若影印则什一之工足矣"[2]，并将之作为值得宣传的优势。

由于采用了排印技术，需要对原书重新进行排字，这便涉及到校对问题。《四部备要》全五集卷帙浩繁，保持低错讹率绝非易事。自出版第一集起，中华书局便一直注意在"校对"上做文章，将之描述为一项值得宣传的品质特色广而告之。排印必将出现人工排字之错，广告中的自夸之举也不免流露出其在校对上的战战兢兢，始终

①《〈四部备要〉，中华书局五集预约》，《申报》1926年12月11日，第3版。
②《〈四部备要〉大器晚成》，《申报》1927年1月20日，第3版。

小心谨慎地对待。相比于商务印书馆《四部丛刊》这一竞争对手的出版速度,中华书局显然步调要慢得多,其中校对牵扯精力可见一斑。而且洋装缩印本全五集的校对工作中还增加了断句一项程序,添加句读的图书共 126 种 119 册 8000 余卷[①],这更额外增加了工作时间。

为求"一字不误",中华书局花费了不菲的人力、财力。全五集初版时,中华书局对外公布了工作人员信息,其中校对人员包括覆校者 15 人,初校者 8 人,延请到耆宿 10 余人[②]。从其登报"校对几遍可无误?"的自问自答道中,可见《四部备要》的校对工作程序及其间艰辛:

> 校书如扫落叶,欲其一字不误,盖戛戛乎其难。本局力求审慎,每排一书,先由印刷所校三遍,继由校勘部覆校三次,每次由三人轮阅各一遍,共计九遍,再由总校覆勘一二遍,总计校至十三四遍,力求免鲁鱼之讹。[③]

中华书局对自身的校对工作极富自信,常自矜于《四部备要》的排印质量。如其曾登报征求读者指错,大有效仿吕不韦编纂《吕氏春秋》一字千金之意:

> 敝局刊印《四部备要》,凡三百五十一种,计

---

① 《中华书局印行聚珍仿宋版洋装〈四部备要〉预约本月底截止,为日无多预约请速》,《申报》1935 年 4 月 23 日,第 4 版。
② 《空前精印古书〈四部备要〉》,《申报》1926 年 11 月 5 日,第 3 版。
③ 《空前之精刻万卷善本古书〈四部备要〉》,《申报》1926 年 10 月 8 日,第 3 版。

十八万叶,分订二千五百册,木版原书约三十余万叶,五千余册,论其字数,将及二万万之多。刊行之初,敝局敦聘宿儒,悉心校对,多至十余次,期与原本无讹,其原本有明显错误者,更参考他本,加以校正。出版以后,重行磨勘,十八万叶之中,错误不过十数。今兹重印,已经改正,然仍不敢自信,拟请从前预约诸君(计第一集预约四千部,第二集预约二千部,全五集预约二千五百部),分任校勘之劳,期成最完善之书,办法如左:一、愿校某书或某某若干书者,请先函示姓名、籍贯、职业、住址、预约券号数(在分局预约者,号数上请加某地分局字样),以便登记,并将本局覆校情形奉告。二、校勘之原本须自备,切勿错误,甲版本与乙版本常有不同,何书应用何版本,请查该书里封面反页。三、校出有误,请记明书名、册数、数字数、正误列表,并写明登记号数,挂号寄下。四、寄下之正误表,如经本局审查,确系本局错误,每一字酬洋十元,如所校不合,本局当复函声明,如校完并无错误,亦请函报,当略赠书籍,以资纪念。如版本不同,不在此例。五、本章程未尽事宜,可于登记时函商。六、校勘登记,本年四月底截止,正误表须于六月底寄下,以便重印改正,将来并另印校勘记,分赠前后预约诸君。[1]

————————————

[1]《中华书局征求〈四部备要〉校勘,正误一字酬银十元》,《申报》1934年3月22日,第4版。

中华书局于排印的字体上,一律使用了聚珍仿宋版字体(缩印本亦因影印而承袭此字体)。聚珍仿宋版字体,系北宋欧体方形,用新法范模铸字印刷[①]。中华书局自称该"字体秀雅,独步一时,本书用以铸版,可与宋刊元椠媲美"[②]。除了缩印本使用了洋纸(橡皮纸)外,其他各版本均为国产的连史纸、赛宋纸、毛边纸等。第一集使用产自赣浙的毛边纸,第二集用纸不详,六开本全五集使用连史纸与赛宋纸两种,五开本全五集使用由江南、宝山两纸厂供给的特种连史纸,缩印本洋装全五集使用次橡皮纸。装帧上除了缩印本使用洋装外,其他各版本均为线装。

1926 年 10 月,中华书局称《四部备要》第一集预约1000 部,早已售完。此时限定 1000 部的全五集也已预约售卖了 700 余部。其中"各省学校图书馆购者极踊跃,奉天教育厅以省款购 50 部,发给省立学校,并通饬各县采购。政界军界学界商界名人预约者甚众"[③]。一年后,据中华书局统计称,虽然全五集预约时原定 1000 部为限,但因各省邮汇受阻致使"不及依额截止",截至 10 月底,售卖已远超 1000 部,逾额 500 余部——"江苏 200 余部,奉

---

① 《古书之空前进步,独出冠时,〈四部备要〉两大特色》,《申报》1926 年 11 月 30 日,第 2 版。
② 《中华书局聚珍仿宋版〈四部备要〉》,《申报》1926 年 9 月 20 日,第 1 版。
③ 《古书空前大工程,中华书局营造,万余卷之〈四部备要〉聚珍仿宋版精印》,《申报》1926 年 10 月 30 日,第 3 版。

天 200 余部,直隶 170 余部,此外各省多则百部,少亦数十部,逾额已 500 余部",于是再添印 1000 部[1]。据此可见,全五集第一次售卖时总计售出 2000 部,但实际上数据远超于此。据 1934 年年初统计数据显示,中华书局自发售《四部备要》各类版本以来,计"第一集预约 4000 部,第二集预约 2000 部,全五集预约 2500 部"[2],而且"一集三版、二集二版、全书一版,均早已售罄",于是再度发起全书的重版(即五开本全集)活动[3]。全五集重版预约 1000 部后,又展期再次预约开售 1000 部(仅限子丑午三种):

> 发售预约原定本年四月底截止,惟日来迭接各地来函:有谓须五月底结账后方有现款者;有谓每月节省若干,四月底不及凑齐者;有谓暑假结束方知有款无款者;有谓某项收入须迟若干时日者:纷纷要求展期,以便及时预约。敝局原定印数一千部,截至四月底止,各地分局已报告者达八百余部,边远省份尚多未报告,势非增加印数不可,兹拟加印一千部……本书预约售至 1600 部为额满,满额随时截止。(一则因恐各地报告迟到,致超过二千部;二则拟稍留若干部,备从前预约者补配。)三、此次展期预约,以子

---

①《中华书局〈四部备要〉预约逾限,添印千部,余额无多,限制出售》,《申报》1927 年 11 月 22 日,第 5 版。

②《中华书局征求〈四部备要〉校勘,正误一字酬银十元》,《申报》1934 年 3 月 22 日,第 4 版。

③《图书馆及文明家庭公鉴》,《申报》1934 年 3 月 25 日,第 4 版。

（即全书）、丑（即全书除《二十四史》）、午（即《二十四史》）三种为限，其他各种，概不再售。①

一再重印是中华书局满足读者对《四部备要》需求的主要手段，此外也兼以循环回收的方式以解购而不得者的求书之渴。如1929年12月，中华书局就读者一再追买已然售罄的一、二两集而书局自身又无法抽身重印的情形下，提供了代为征收的服务：

> 敝局用聚珍仿宋版刊行《四部备要》第一、二集，早已售罄，一部无存。现有个人及图书馆必欲得之。敝局由卷帙浩繁，重印需时，愧无以应。兹特登报代为征求。如有人肯割爱者，赛宋纸计要二部，每集出价一百元，连史纸计要二部，每集一百五十元，以未污损圈点为限。②

（一）《四部备要》第一集

第一集全书48种405册③，毛边纸（产地赣浙）排印

---

① 《中华书局重印聚珍仿宋版五开大本〈四部备要〉发售预约》，《申报》1934年5月6日，第1版。但实际上，虽然展期以1600部为限，似乎仅售900多部，未全部售出："五开本用特连史纸印者，原印一千部，以预约逾额，加印一千部，现尚存百余部，特售每部七百元。"《聚珍仿宋版五开大本〈四部备要〉第二期书准期出版启事》，《申报》1935年2月7日，第8版。

② 《征求〈四部备要〉一、二集》，《申报》1929年12月12日，第3版。征收服务似乎卓有成效，详见本书后文王伯祥两度购置《四部备要》案例。

③ 《〈四部备要〉第二集预约》，《申报》1925年1月14日，第3版。

线装,使用聚珍仿宋版字。1922 年,中华书局用"新造印书根字机",向读者提供为《四部备要》加印书名、册数的服务,以便检取,全部 400 册加印费 6 元[①]。到了 1926 年,书根加印不再加价[②]。全书定价 160 元,预约价一次交 80元,分四次缴清共 90 元。

第一集总共发售 1000 部。1922 年 6 月底第一期出版,到 1922 年 11 月,"预约定出已达七百余部"[③];到了 1923 年 1 月,"二期十二月底续出,预约限额将满"[④]。1923 年 7 月,"奉天教育厅以是书为学校及图书馆必备之书,竭力提倡,由厅向该局定购 50 部,通令该省各校采用"[⑤]。

第一期:1922 年 6 月出版,共 15 种。经部 2 种(《四书集注》《说文解字真本》),史部 1 种(《史记》),子部 5种(《老子》《管子》《荀子》《韩非子》《尹文子》),集部 7种(《经史百家杂钞》《古诗选》《今诗选》《花间集》《杜工部集》《苏东坡集》《剑南诗稿》)。

---

① 《〈四部备要〉第一批准六月底出版》,《申报》1922 年 8 月 3 日,第 3 版。
② 《中华书局印行一万一千余卷之〈四部备要〉,费银四百元可成》,《申报》1926 年 9 月 25 日,第 1 版。
③ 《〈四部备要〉第一期已出版,预约限额将满,购者从速》,《申报》1922 年 11 月 16 日,第 2 版。
④ 《〈四部备要〉人人必读,家家必备,文学之宝筏》,《申报》1923 年1 月 14 日,第 3 版。
⑤ 《〈四部备要〉之畅销》,《申报》1923 年 7 月 11 日,第 16 版。

第二期：1922 年 12 月出版，共 9 种。经部 3 种（《易经古注》《诗经古注》《书经古注》），史部 1 种（《汉书》），子部 2 种（《庄子商君书》《吕氏春秋》），集部 3 种（《古文辞类纂》《绝妙好词》《白香山诗集》）。

第三期：1923 年 8 月出版，共 11 种。经部 2 种（《春秋左氏传》《古注》），史部 1 种（《汉书》），子部 4 种（《晏子春秋》《淮南子》《邓析子》《鹖冠子》），集部 4 种（《楚辞》《韩昌黎全集》《柳河东全集》《文忠全集》）。

第四期：出版日期不详。共 13 种。经部 1 种（《礼记古注》），史部 4 种（《国语》《国策》《三国志》《史通通释》），子部 5 种（《晏子》《杨子法言》《列子》《孙子》《子略》），集部 3 种（《文选李善注》《文心雕龙》《李太白诗集》）。

单行本：单行本原定 1924 年 10 月出版，但囿于江浙战事导致赣浙纸料运输受阻，未能如期生产。1924 年 11 月，中华书局登报称，"现正向产纸地催货，年内必可到齐，当即设法赶印，至迟明年二月必可出版"①。具体出版情况不详。

第一集重版：1924 年 12 月，第二集发售预约之际，第一集的第二次预约以及第一集的单行本预约开始。第一集重印版的此次预约，书籍价格不变，但加了木箱 2 只，

----

① 《〈四部备要〉单行本预约出版展期》，《申报》1924 年 11 月 6 日，第 2 版。

连架 1 座,收费 14 元。

需要补充的是,根据中华书局自陈,《四部备要》第一集重印过两次,总共出版了三版[1]。不包括单行本和全五集在内,第一集共约销售了 4000 部[2]。

(二)《四部备要》第二集

1924 年 12 月,中华书局开始预约第二集《四部备要》,推出 1000 部。第一集强调"选本的精审",对于第二集的出版缘由,中华书局于 1925 年年初登报自陈道:"惟迭接各处来函,均嫌种类太少,促继续刊行,爰再选四部要籍 60 余种,汇为第二集。"[3]此集经史子集共 66 种 405 册,定价 160 元,特价 100 元,预约价 80 元,木箱 2 只 14 元。根据中华书局于 1934 年的统计数据,第二集曾重印过一次。不另计算第二集的单行本以及后续的全五集销量,第二集初版与重版两次共计销售 2000 部[4]。

第一期[5]:1925 年 5 月,共 18 种。经部 8 种(《周礼

---

[1]《图书馆及文明家庭公鉴》,《申报》1934 年 3 月 25 日,第 4 版。

[2]《中华书局征求〈四部备要〉校勘,正误一字酬银十元》,《申报》1934 年 3 月 22 日,第 4 版。

[3]《〈四部备要〉第二集预约》,《申报》1925 年 1 月 14 日,第 3 版。

[4]《图书馆及文明家庭公鉴》,《申报》1934 年 3 月 25 日,第 4 版;《中华书局征求〈四部备要〉校勘,正误一字酬银十元》,《申报》1934 年 3 月 22 日,第 4 版。

[5]各日期除了第一期有明确的出书见报外,其他均根据预约时的时间安排测定出版时间。第二至四期出版日期见《〈四部备要〉第二集发售预约》,《申报》1924 年 12 月 19 日,第 3 版。

郑注》《仪礼郑注》《春秋公羊传何氏解诂》《春秋穀梁传范氏集解》《孝经唐元宗御注》《论语何氏等集解》《孟子赵注》《尔雅郭注》),史部 2 种(《资治通鉴》《读通鉴论 / 宋论》),子部 3 种(《颜氏家训》《续世说新语》《齐民要术》),集部 5 种(《蔡中郎集》《曹子建集》《靖节先生集》《嘉祐集》《樊城集》))①。

第二期:1925 年 12 月出版,共 18 种。经部 1 种(《说文解字段注六书音韵表》),史部 2 种(《续资治通鉴》《明纪》),子部 8 种(《司马法》《关尹子》《文子》《鬼谷子》《文子缵义》《新语》《新书》《说苑》),集部 7 种(《玉溪生诗详注》《樊南文集详注补遗》《温飞卿集笺注》《王临川全集》《元遗山诗注》《亭林全集》《惜抱轩全集》)。

第三期:1926 年 6 月出版,共 17 种。史部 5 种(《路史》《圣武记》《通志略》《文史通义》《校雠通义》),子部 4 种(《盐铁论》《论衡》《潜夫论》《春秋繁露》),集部 8 种(《鲍参军集》《谢宣城集》《庾子山集注》《徐孝穆集笺注》《元丰类稿》《古诗源》《骈体文钞》《十八家诗钞》)。

第四期:1926 年 12 月出版,共 13 种。史部 3 种(《国朝先正事略续略》《戴校水经注》《廿二史札记》),子部 3 种(《抱朴子》《日知录集释》《东塾续书记》),集部 7 种(《王右丞集注》《孟襄阳集》《山谷全集》《青邱诗集》

---

① 《研究国学之宝筏〈四部备要〉第二集四百册预约价八十元》,《申报》1925 年 5 月 2 日,第 3 版。

《曾文正集》《续古文辞类纂》《词律》)。

(三)六开本线装《四部备要》全五集

1926 年 8 月第二集已出四分之三之际,中华书局推出了全五集的预约。全五集凡 349 种 2000 余册 11344卷(但据五集重印时信息,最终成书 351 种 2500 册 11344卷)[1],包括经部 56 种,计 1685 卷;史部 74 种,计 4851卷;子部 79 种,计 1152 卷;集部 140 种,计 3656 卷[2]。

全五集在字体上沿袭了一、二集一以贯之的聚珍仿宋版字体,字号处理上略有不同。中华书局将自家字号工作描述为"苦心支配"——《四部备要》诸书被其划分为"诵读之书"与"阅览之书"。"诵读之书"正文用头、二号字,"阅览之书"用三号或四号字。如"前四史笺注极多,且为学子必读之书,正文用二号字,夹注用三号长体,《晋书》以后注绝少,正文用四号字,注用五号。此外各书,大率诵读者,正文用二号或三号字,夹注用三号长体,无注则正文用二号长体,阅览之书用三号或四号字","如此支配,故能字体大小适中,而页数经济"[3]。纸张选用连

---

① 《中华书局重印〈四部备要〉经过》,《申报》1934 年 3 月 9 日,第12 版。

② 《空前精刻之万卷古书〈四部备要〉》,《申报》1926 年 10 月 13日,第 3 版。

③ 《〈四部备要〉,中华书局五集预约》,《申报》1926 年 12 月 11 日,第 3 版。

史纸与赛宋纸两种。中华书局在广告中强调,两者皆为"本国纸",而且"永不变色"。用中华书局自称"顶上"的美国油墨,加松烟调和,价格为每磅 1 元余(通常印书用每磅 3 角许之墨),该墨号称"墨色匀厚,冠绝古今","体洁无比,永不走油退色",整体"特别美观,与众不同"①。版式为六开本,装订为线装,封面用古色书面纸,粗纱线书签印。"装订古雅坚牢","古色书面纸上可免剥落"②。每册书根处,均免费印制书名册数。

全五集初版时,中华书局对外公布了所涉工作人员信息。据其描述,全五集初印时的出版制作,涉及的工作人员包括主持者 3 人,覆校者 15 人,初校者 8 人,排、印、订工作者 200 余人。以十年 300 人计,则"300 人工作10 年约合 100 万工"。其中校对工作,延请耆宿 10 余人,每叶校十三四次③。全五集重印时,中华书局自称出版工作"常有百余人工作,至十四年之久以来,宋版精华,用科学方法,故能精美无伦"④。中华书局曾在比对影印与排印

---

①《中华书局聚珍仿宋版〈四部备要〉》,《申报》1926 年 9 月 20 日,第 1 版;《古书之空前进步,独出冠时,〈四部备要〉两大特色》,《申报》1926 年 11 月 30 日,第 2 版;《〈四部备要〉之特色》,《申报》1927 年 1 月 15 日,第 3 版。

②《〈四部备要〉之十六大优点》,《申报》1927 年 2 月 13 日,第 3 版。

③《空前精印古书〈四部备要〉》,《申报》1926 年 11 月 5 日,第 3 版。

④《重印聚珍仿宋版五开大本〈四部备要〉中华书局发售预约》,《申报》1934 年 2 月 19 日,第 2 版。

成本时称"《四部备要》排校工程大,欲速则不达,每集须20万工,影印则什一之工足矣"①,可证百余人的说法并非妄言。

包括人工成本在内,制作全五集的费用中,排校费30万元,如以千部为单位,则纸张、印订费30万元,共计60万元。中华书局自陈,"千部售完,尚不敷成本"②。到了1934年全五集重印,展开第二次预约售卖时,中华书局又称"纸张印订之费除外,仅制版校对所费,已逾50万元,与照相影印迥不相同"③。1934年全集重印时又称,"铸版费达50余万元",或者是未算校对费在内则仅仅制版一项即花费50余万元,或者将校对费融进了铸版之中进行统计。不过,制版与校对,为一次性的劳动,可惠及无限次的重版活动,如其自陈,全五集"各书均留纸型,备将来可一再重印"④。1934年所谈"铸版费",想必是1920年开启第一集起至1931年全五集出版齐备这十年间的总体数额。如果汇流成单纯以人工计算成本,则"300人工作

①《〈四部备要〉大器晚成》,《申报》1927年1月20日,第3版。
②《古书空前大工程,中华书局营造,万余卷之〈四部备要〉聚珍仿宋版精印》,《申报》1926年10月30日,第3版。
③《重印聚珍仿宋版五开大本《四部备要》中华书局发售预约》,《申报》1934年2月19日,第2版。
④《中华书局发售预约重印聚珍仿宋版五开大本〈四部备要〉,由影印古书改用聚珍仿宋版之经过》,《申报》1934年3月18日,第1版。

10年约合100万工"①。除此之外,还包括排印和校对所依的原刻图书,据中华书局称"购买旧板珍本,至数万元"②。

全五集售价情况较为复杂,首先两种纸张各不相同,各纸又有定价、预约价之分,其中预约价又因缴纳次数的不同而出现价格分级,此外又有折扣、书券等活动。连史纸定价1200元,预约价600元,分五次缴者每次缴130元;赛宋纸定价800元,预约价半价400元,分五次缴者每次缴90元③。适值中华书局十五周年纪念,半价的预约价又被新价取代:"半价之外再赠书券二成。连史纸五集赠券120元,分五次缴款者赠券26元;赛宋纸五集赠券80元,分五次缴款者赠券18元",如此前已购第一集或者一二两集,则"后四集320元送书券64元,后三集240送书券48元"④。中华书局算了一笔账,称如果将之置换成木板原书,则"木版原书已5000册,非二三万金不能办矣"⑤。中华书局为全五集配备了书箱,每集制有书箱2只,连架1座,五集木箱10只70元,占地约一丈宽、

①《空前精印古书〈四部备要〉》,《申报》1926年11月5日,第3版。

②《中华书局重印〈四部备要〉经过》,《申报》1934年3月9日,第12版。

③《中华书局聚珍仿宋版〈四部备要〉》,《申报》1926年9月20日,第1版。

④《上海中华书局空前精刊古书聚珍仿宋版印〈四部备要〉,发售五集预约,凡二千余册》,《申报》1926年8月1日,第3版。

⑤《上海中华书局空前精刊古书聚珍仿宋版印〈四部备要〉,发售五集预约,凡二千余册》,《申报》1926年8月1日,第3版。

五尺高[①]。

按照中华书局1926年10月的计划,《四部备要》早在1922年即"壬戌年着手",预计1931年即"辛未年全功告成"[②]。1922年至1931年,十年间始终在有条不紊地进行选书、购买原刻本、排印、校对等出版工作。1926年恰处中间时期,此时基本完成了一半的工作量。自1927年起,复从第一集开始,每年出版一集,共计五集,到1931年将《四部备要》全五集出版齐备[③]。

第一集:1927年11月广告称,"第一集原定本年阴历年底出书,上月止已印好十分之八,惟以添印一千部,需时稍多。预计迟两个月,一千部可以订出,再迟一个月,后一千部亦可订出"[④]。据此推测,第一集可能迟至1928年2月才出版。

第二集:1929年2月广告称已出版第二集,共480册,较原定400册增多80册[⑤]。

其他各集:因未见公开资料,其后各期出版日期以及种数、册数均不详。至1931年,全五集出版齐备。

------

① 《〈四部备要〉之十六大优点》,《申报》1927年2月13日,第3版。
② 《古书空前大工程,中华书局营造,万余卷之〈四部备要〉聚珍仿宋版精印》,《申报》1926年10月30日,第3版。
③ 迟至1928年年初出版第一集。
④ 《中华书局〈四部备要〉预约逾限,添印千部,余额无多,限制出售》,《申报》1927年11月22日,第5版。
⑤ 《〈四部备要〉第二集出版》,《申报》1929年2月3日,第4版。

单行本：1931 年，开始出售个别单行本。截至此时，《四部备要》全五集总计预约销售了 2000 部，这个数量远超预期，毕竟开启预售时以 1000 部为限。但是 2000 部的数量还是未能满足社会需求，据中华书局描述，他们经常接到顾客探询何时可再度预约全本，而他们大概囿于生产能力所限，登报回复称"早已满额，现在不能出售，拟俟五集出全后再行重印"。而这些《四部备要》的单本图书，据中华书局的说法，是在预约 2000 部早已售罄的情形下，"因整理时特将破碎者剔去，致有剩。……余零本特单行发售，惟存书极少，限由总店发售，外埠可指明由分局及同业代购或邮购（邮购计费照书价加一成），有书照寄，无书退款"[1]，大有补偿读者的意味。

据 1934 年年初统计数据显示，不计单行本销量，此次六开本全五集前后共销售 2500 部[2]，正因"全书一版，均早已售罄"，才开启了全集的重印（即五开本全集）工作。

（四）五开本线装《四部备要》全五集

1934 年元旦，中华书局推出五开本线装《四部备要》全五集的预约[3]。作为全五集的重印，五开本《四部备要》

①《聚珍仿宋版精印〈四部备要〉单行本》，《申报》1931 年 9 月 2 日，第 1 版。
②《中华书局征求〈四部备要〉校勘，正误一字酬银十元》，《申报》1934 年 3 月 22 日，第 4 版。
③《重印聚珍仿宋版五开大本〈四部备要〉发售预约》，《申报》1934 年 1 月 1 日，第 4 版。

全五集在内容上保持不变，全书 351 种 11305 卷 2500
册。除此之外，印刷装订等所涉各项变化较大。此次重
印使用连史纸，此纸由江南、宝山两纸厂供给。版式由六
开本变作五开本，全书内页版式一律，相比六开本，"天地
放宽，书口阔大"。每书每册均用仿宋字体加印书根，所
有书名册数一律印明。依旧提供书箱 10 只，排列 5 座，
连座价 80 元①。

在售价上，中华书局特别说明，1931 年五集出齐时
"各书均留纸型，备将来一再重印"，但是对于"此制版
校对之费五十万，绝不思短期收回"，故售价特廉②。五开
本全书仍定价 1200 元，预约价一次缴者 600 元，分十次
缴者 680 元。照预约价，每册仅合二角四分（每叶只合三
厘③），不但"分量倍于木版，若购木版，其价须昂四五倍至
数十倍"，中华书局将这一价格与旧版书籍和新出其他之
书进行了对比，"旧版书籍，每册需数元至数十元者，固不
能与之比拟，即新出之书，其价值亦无如是便宜者"④。为

①《中华书局重印聚珍仿宋版五开大本〈四部备要〉发售预约，展
期两个月至本年六月底截止（只限子丑午三种）》，《申报》1934 年
5 月 6 日，第 1 版。
②《中华书局发售预约重印聚珍仿宋版五开大本〈四部备要〉，由影
印古书改用聚珍仿宋版之经过》，《申报》1934 年 3 月 18 日，第
1 版。
③《中华书局发售预约重印〈四部备要〉聚珍仿宋版五开大本》，
《申报》1934 年 3 月 17 日，第 4 版。
④《中华书局重印〈四部备要〉经过》，《申报》1934 年 3 月 9 日，第
12 版。

方便消费者周转资金,中华书局继续提供分期付款的购书方式。"如一时无巨款,可分十期缴购",子种每月约21元7角,丑种每月约16元7角,寅种每月10元,卯种每月5元[1]。

在具体的售卖上,除了五集全书售卖外,还有其他11种内容的组合,以十二地支命名。内容不同,种数、册数亦不同,价格因组合而异[2]。

表 3-1 《四部备要》五开本线装十二种组合详情表

组合 (种)	内容	种卷册	定价 (元)	预约价
子	《四部备要》全书	351 种 11305 卷 2500 册	1200	一次缴者 600 元,分十次缴者 680 元
丑	除《二十四史》外的《四部备要》全书	327 种 8065 卷 2000 册	920	一次缴者 460 元,分 10 次缴者共 530 元
寅	《四部备要》选 150 种	150 种 4623 卷 1259 册	570	预约一次缴者 285 元,分 10 次缴者共 330 元
卯	《四部备要》选 70 种	70 种 2464 卷 665 册	288	预约一次缴者 144 元,分 5 次缴者共 174 元

---

①《重印聚珍仿宋版五开大本〈四部备要〉中华书局发售预约》,《申报》1934 年 2 月 19 日,第 2 版。

②《重印聚珍仿宋版五开大本〈四部备要〉发售预约,预约日期,民国二十三年一月一日起至四月底止》,《申报》1934 年 1 月 1 日,第 4 版。

续表

组合（种）	内容	种卷册	定价（元）	预约价
辰	阮文达本《十三经注疏》1 种	13 种 416 卷 111 册	46	23 元
巳	清《十三经注疏》	13 种 463 卷 129 册	60	30 元
午	《二十四史》	24 种 3240 卷 500 册	280	预约一次缴者 140 元，分 5 次缴者共 170 元
未	《正续资治通鉴》（附《通鉴目录》及《明纪》）	4 种 604 卷 194 册	80	40 元
申	子书 40 种（附《子略》）	41 种 410 卷 95 册	36	18 元
酉	理学书 14 种	14 种 492 卷 169 册	72	36 元
戌	别集 108 种	108 种 2648 卷 570 册	272	预约一次缴者 136 元，分 5 次缴者共 166 元
亥	总集及诗文评	33 种 1036 卷 208 册	104	52 元

自 1934 年秋季起，每季出书 200 余册，至 1937 年 5 月左右，历时约二年半全部出齐。每种图书的出版时间分配不一，"惟每种部数及册数，皆不一律，且有册数极少者，如申种只有 95 册，辰种只有 110 册，若分为十期付书，每期所得之书仅 10 册，而拖延至三年之久，方可完全，种种手续，双方均感不便。故现拟除子、丑、寅三种册数多者仍分十次出书外，其余各种，有一次出齐者，有五次出齐者，有九次出齐者。一次出齐者有申、亥、未、辰、

巳、酉六种,其间虽有先后之分,但最迟者在第六期,较之延至十期出全者,总为稍早。分五期出书者有午、戌两种,每期出五分之一,较为整齐。分十期出书者,前六期册数较多,后四期册数较少"[①]。

第一期:1934 年秋季出版,共 251 册,种数不详。

第二期:1934 年冬季出版,共 41 种 316 册[②]。

第三期:1935 年春季出版,共 13 种 290 册[③]。

第四期:1935 年夏季出版,共 22 种 221 册。

第五期:1935 年秋季出版,共 172 册,种数不详。

第六期:1935 年冬季出版,共 40 种 290 册[④]。

第七期:1936 年春季出版,共 28 种 214 册[⑤]。

第八期:1936 年秋季出版,共 324 册,种数不详。

第九期:1936 年冬季出版,共 24 种 223 册[⑥]。

[①]《重印聚珍仿宋版五开大本〈四部备要〉准期出版,中华书局印行》,《申报》1934 年 11 月 20 日,第 1 版。

[②]《聚珍仿宋版五开大本〈四部备要〉第二期书准期出版启事》,《申报》1935 年 2 月 7 日,第 8 版。

[③]《聚珍仿宋版五开大本〈四部备要〉第三期书准期出版》,《申报》1935 年 4 月 30 日,第 4 版。

[④]《聚珍仿宋版五开大本〈四部备要〉第六期准期出书》,《申报》1936 年 2 月 23 日,第 4 版。

[⑤]《聚珍仿宋版五开大本〈四部备要〉第七期准期出书》,《申报》1936 年 5 月 10 日,第 4 版。

[⑥]《聚珍仿宋版五开大本〈四部备要〉第九期准期出书》,《申报》1937 年 1 月 16 日,第 7 版。

第十期：1937 年春季出版，共 43 种 199 册[①]。

单行本：1936 年 9 月，发售部分单行本[②]。此前也部分售出单行本，如 1935 年 2 月，在六开本两种纸本早已全部售罄情形下，中华书局曾清理出少数零本，以单行本发售，照价八折[③]。

（五）缩印本洋装《四部备要》全五集

1934 年 10 月五开本《四部备要》全五集（即全五集的重印本）开始发行第一期之际，中华书局同时展开了缩印版线装《四部备要》的预约活动。据其所述，缘起如下：

> 《四部备要》第一、二集单售本，早已告罄。五集合售六开本现亦无有存书。本年春季发售五开本，亦复逾额。而各方读者各地学校及图书馆，纷来要求三点：一则价更求廉，以期易于购买；二则改用洋装，减少册数，以期易于庋藏；三则倘用缩本，字须勿过小。[④]

---

① 《聚珍仿宋版五开大本〈四部备要〉第十期出书，全书出齐》，《申报》1937 年 5 月 17 日，第 5 版。

② 《聚珍版仿宋版〈四部备要〉单行本》，《申报》1936 年 9 月 5 日，第 4 版。

③ 《聚珍仿宋版五开大本〈四部备要〉第二期书准期出版启事》，《申报》1935 年 2 月 7 日，第 8 版。

④ 《中华书局发售预约聚珍仿宋版洋装〈四部备要〉，印有样本，承索即寄》，《申报》1934 年 10 月 26 日，第 1 版。

需要提前说明的是,该预约活动原定 1935 年 1 月 31 日截止,2 月初称将延期至 4 月,并出台了新的预约简章。其中涉及纸张之变与句读的添加(部分图书),预约价格由此整体生变。句读的横空出世,受时代风潮影响颇深:

> 本书预约,原定本年一月底截止,惟迭接各界来函,辞意恳切,要求二点:(一)本书预约截止期,适当新旧两年底,不及筹款,请展缓期限;(二)各书句读无圈点,非国学研究有素者,阅读颇感困难,请加句圈。敝局考虑之下,去岁水旱为灾,金融阻滞,岁暮不及筹款,确系实情。既承雅嘱,敢不遵命? 兹将预约期展至本年四月底截止。[①]

为"初学诵习之书,确以加圈点为便"起见,中华书局最终选经部《四书集注》及《十三经古注》17 种 10 册,史部《二十四史》《资治通鉴》《明纪》《国语》《国策》等计 30 种 68 册,子部周秦四十子及浅近性理书等计 51 种 19 册,集部《楚辞》《文选》《古文辞类纂》等诗文词总集计 28 种 22 册[②],共计为五开本中的 126 种 119 册 8000 余卷图书添加了句读[③],种数上约占总数的 36%,卷数占 71%,册数近占

---

① 《中华书局印行洋装聚珍仿宋版〈四部备要〉,预约展期至四月底截止》,《申报》1935 年 2 月 9 日,第 1 版。

② 《洋装〈四部备要〉点句本发售预约,四月底止》,《申报》1935 年 3 月 23 日,第 3 版。

③ 《中华书局印行聚珍仿宋版洋装〈四部备要〉预约本月底截止,为日无多预约请速》,《申报》1935 年 4 月 23 日,第 4 版。

4.7%。

邵裴子、孙智敏、朱宝莹、钟毓龙、王文濡、朱宝瑜、张相、金兆梓、李庸、吴汝霖、吕陶、丁辅之、高时显诸人，为中华书局所聘添加古籍句读的专家。其中为《二十四史》加点句读者是除王文濡外的所有专家。中华书局自认为为古籍添加标点的出版行为，"实为我国出版界印行古籍之空前创举，亦本书之最称特色者也"[1]。

据中华书局计算，添加句读所费四五万元。除了聘请专家支付的酬薪之外，还包括毁去之前原制版的费用："本书原定本年七月起出书，现因已制成之版，并无句读，只得全部毁去，重行改制。……敝局以此成本损失巨万，不惜牺牲，特别优待。"[2] 这也说明，中华书局添加句读之举，出于临时起意。而意念之动，又出自时代的裹挟，或许无奈多于自愿。以正史为例，揆诸此时市场，《百衲本二十四史》《二十五史》《〈二十五史〉补编》，以及《二十六史》之流，摩肩接踵、源源不断，竞争激烈，市场喧腾。置身彼时炙热的古籍市场，体悟《四部备要》的句读添加之举，那一句"实为我国出版界印行

---

[1]《中华书局发售预约洋装〈四部备要〉全书，洋装〈四部备要〉点句本，洋装大字点句本〈二十四史〉》，《申报》1935年3月15日，第2版；《中华书局印行聚珍仿宋版洋装〈四部备要〉，预约本月底截止，机会不再，预约请速》，《申报》1935年4月12日，第1版。

[2]《中华书局印行聚珍仿宋版洋装〈四部备要〉，预约本月底截止，机会不再，预约请速》，《申报》1935年4月12日，第1版。

古籍之空前创举,亦本书之最称特色者也"就更感同身受了。

此次缩印版全集由专门印刷有价证券的金属版橡皮机影印。中华书局自认影印工作具有极高的质量保障,"橡皮机向来用以精印有价证券,细如毫发,不生变动,且墨色饱满,毫无模糊之弊"①。具体以原五开本四叶合一叶影印,版式分作两层,全书采用十六开本(照中华书局出版之《新中华》杂志版式),依据五开本缩去三分之一。装帧为洋装,分作布面精装和纸面平装两种。"便于插架检取","装订坚牢耐久"②。具体装订又分作布面金字、布面印字和纸面平装三种。每种于书脊上印明册数、书名,以便保存检查。

字体则承袭自五开本全集的聚珍仿宋版字。字号因版式上改用五开大本四叶合一叶分两层缩印,较之原本每行约短十分之三,因而原来的二号字约缩为三号字,原三号字约缩为四号字,原四号字约缩为五号字。用大本两层印,上下左右空白比原本减少,能以一半之纸,得三分之二之用。最初预约时拟用次道林纸,展期预约时拟改用次橡皮纸,最终使用次橡皮纸。对于个中原因,中华书局1935年4月登报曾解释称,原选定的70磅次道

①《聚珍仿宋版精印洋装〈四部备要〉,续售预约千部,额满截止》,《申报》1935年6月1日,第7版。

②《聚珍仿宋版洋装〈四部备要〉发售半价预约》,《申报》1934年12月9日,第2版。

林纸，"爰接待各界来函，均谓次道林纸质地虽颇坚韧，但纸面光滑殊甚，反光较强"。虽然成本增加了三成，但还是改用了"与普通报纸或道林纸不同"[①] 的次橡皮纸，"此种纸洁白无光，不致有损目力；且纸质坚韧，历久不变色"[②]。

全书内容承自五开本《四部备要》全五集，种数、卷数不变，册数因缩印变化较大。布面精装（包括布面金字与布面印字，下表称甲、乙种）100 册，纸面平装（下表称丙种）280 册，每册约五六百页至千余页不等。全集定价，布面金字装 720 元，布面印字装 640 元，纸面平装 560 元；全集预约价，布面金字装 360 元，布面印字装 320 元，纸面平装 280 元。中华书局特地算了一笔账，称"照预约价每卷（11300 余卷）只合洋 2 分 5 厘"，并自称"售价之廉，亘古所无"。又特为经费不足的学校及有志向学的寒士考虑，继续订立了分期缴款办法。"月省十余元，积二三年，即得购买一部"[③]。具体售卖上，全集被划分为"天地玄黄宇宙洪荒"八组发售，划分情形如下表所示。

---

① 《聚珍仿宋版精印洋装〈四部备要〉，续售预约千部，额满截止》，《申报》1935 年 6 月 1 日，第 7 版。
② 《中华书局印行聚珍仿宋版洋装〈四部备要〉，预约本月底截止，机会不再，预约请速》，《申报》1935 年 4 月 12 日，第 1 版。
③ 《洋装〈四部备要〉本月底预约截止》，《申报》1935 年 1 月 9 日，第 11 版。

表 3-2　缩印版洋装《四部备要》预约信息表(甲、乙、丙三种装帧)

组别	天字	地字	玄字	黄字	宇字	宙字	洪字	荒字
内容	全书	全书除《二十四史》	《二十四史》	经部	史部除《二十四史》	子部	别集	总集及诗文评
种数	351	327	24	55	47	82	109	34
卷数	11305	8065	3240	1626	1502	1203	2648	1036
装订册数(甲乙丙)	100册 100册 180册	78册 78册 130册	22册 22册 50册	14册 14册 48册	15册 15册 44册	15册 15册 42册	34册 24册 72册	10册 10册 24册
定价(甲乙丙)	720元 640元 560元	572元 508元 444元	148元 132元 116元	110元 100元 90元	125元 110元 94元	100元 90元 80元	172元 152元 132元	65元 56元 48元
一次缴款预约价(甲乙丙)	380元 340元 300元	302元 270元 238元	78元 70元 62元	58元 53元 48元	66元 58元 50元	53元 48元 43元	91元 81元 71元	34元 30元 26元

　　由于展期预约时对纸张、句读做了调整,总体成本有所增加。不过相比展期前的价格,全书定价保持不变,变化在于预约价。下表为两次预约时的预约价比对情况,从中可窥增加句读的大致成本。

表 3-3　一次缴款预约价对比表(甲、乙、丙三种装帧)

组别	天字	地字	玄字	黄字	宇字	宙字	洪字	荒字
未加句读	360元 320元 280元	286元 254元 222元	74元 66元 58元	55元 50元 45元	63元 55元 47元	50元 45元 40元	86元 76元 66元	32元 28元 24元

续表

组别	天字	地字	玄字	黄字	宇字	宙字	洪字	荒字
加句读	380 元 340 元 300 元	302 元 270 元 238 元	78 元 70 元 62 元	58 元 53 元 48 元	66 元 58 元 50 元	53 元 48 元 43 元	91 元 81 元 71 元	34 元 30 元 26 元
差价	20 元 20 元 20 元	16 元 16 元 16 元	4 元 4 元 4 元	3 元 3 元 3 元	3 元 3 元 3 元	3 元 3 元 3 元	5 元 5 元 5 元	2 元 2 元 2 元

第一次预约时，拟于 1935 年 7 月起，两年内分八次出齐。因聘请专家加点句读，"已制版者完全毁去重制"，不得已延期四个月出版第一期。1935 年 11 月出第一期书，两年内全部出齐①。

二、《古今图书集成》

《古今图书集成》纂辑者为清代陈梦雷，陈氏就自己所藏书及诚亲王允祉协一堂藏书辑为是书。全书系将经史子集分类编成，凡天文、地理、历算、政法、性理、医卜星相、草木禽鱼等详分部类，搜集有关系之学说、事实、文艺，条分缕析，纲举目张，外人有中国百科全书之誉。全书分六汇编三十二典六千余部，凡一万零二十卷，并有铜版精图数千幅。全书正文分订五千册，目录四十卷分订二十册。

①《中华书局发售预约洋装〈四部备要〉全书，洋装〈四部备要〉点句本，洋装大字点句本〈二十四史〉》，《申报》1935 年 3 月 15 日，第 2 版。

中华书局将其再版前,《古今图书集成》共有三个版本存世。雍正四年,内府印成铜活字版 64 部,此为最初的版本(原书)。光绪十年,上海图书集成局印扁字本,讹误不少。光绪十六年,总理各国事务衙门委托同文书局照殿版铜活字本原书影印 100 部,京沪各留若干。留沪之书,不久遭火厄,流传不多。相较之下,仅扁字本流传较广,旧书肆偶有流布,但质量不高。1926 年,中华书局刊行《四部备要》第二集之际,即拟重印《古今图书集成》。设想就图书集成局的扁字本,或影印,或用聚珍仿宋版排印。整理过程中发现,"扁字本脱卷脱叶、脱行讹字者,不可胜数",遂竭力搜求铜活字本,求之多年不得。当世铜活字本原书存书寥寥,中华书局称"就所知者,清故宫存 4 部,日本存 2 部",其中故宫所藏亦缺叶。1933年冬天,中华书局从买办商人陈炳谦处意外得到苦苦寻觅的铜活字本原书一部。该书旧藏于广东的孔氏、叶氏,继藏康有为处,全书 5020 册,其中 62 册为抄配本。藏书家陶湘曾就《古今图书集成》的缺叶问题有所阐述:"同文影印本缺十余叶,以与故宫所藏四部对勘,所缺相符。岂六十四部一律如斯耶?甚可惜也。"一经核对康有为所藏此本,故宫四部通缺的《草木典》中的一叶,"此本居然存在,且确系铜活字本,并非配补,诚人间瑰宝"[1]。大喜过

---

[1]《清初殿版铜活字印〈古今图书集成〉海内珍本,公开展览,即日影印,发售预约》,《申报》1934 年 3 月 31 日,第 4 版。

望之下,迅速启动了再版计划 ①。

　　《古今图书集成》铜活字本的珍贵,促使中华书局在出版工作开始前为其特别开设了展览,向民众免费开放。据其描述,整理影印之际,"近来同志诸君,请观原书者络绎不绝,爰特公开展览一星期,俾研究国学者,获睹庐山真面目"②。展览地点在中华书局总厂编辑所楼下,自1934年3月27日至4月1日,每日下午2时至4时,无须入场券。中华书局特别提醒,参观者如欲特观某典,不得自己动手,需知照招待员检取。有两点值得注意:展览的最后一天,中华书局开启了发售预约活动;而且展览期间,就各大学中国文学系学生这一群体给予了特别对待,将其参观时间特意定为上午9时半至11时半③。以上两点,也昭示出了展览的广告推销意味。

　　针对康藏《古今图书集成》中抄配部分造成的全书字体参差以及校勘问题,中华书局曾于1933年12月末

---

① 为校勘康氏所藏中的抄配页张,中华书局曾为此征求过同文书局的石印本:"现《图书集成》已得殿本五千余册,惟间有抄配,拟觅前清外务部石印本以供参考,有愿出让者,请将前十册挂号寄下,并开明实价,合则商洽,不合原件挂号寄还。"《中华书局影印〈古今图书集成〉〈二十二省通志〉不久发售预约,并征求前清外务部石印本〈古今图书集成〉,各省志最近修刊初印本》,《申报》1933年12月28日,第4版。

② 《上海中华书局清初殿版铜活字印南海康氏(有为)藏〈古今图书集成〉公开展览》,《申报》1934年3月27日,第1版。

③ 《上海中华书局清初殿版铜活字印南海康氏(有为)藏〈古今图书集成〉公开展览》,《申报》1934年3月27日,第1版。

为此登报征寻过同文书局的石印本。从时间上看,应该是 1933 年冬"陈炳谦先生以铜活字本原书见贻"[1]之后不久。"拟觅前清外务部石印本以供参考,有愿出让者,请将前十册挂号寄下,并开明实价,合则商洽,不合原件挂号寄还"[2]的广告登出去后,等到回音已是第二年。1934 年 6 月,中华书局又登报,称从浙江省立图书馆处商借到了文澜阁的同文书局石印本藏本,以助全书字体版式归于一律。此外,同文书局石印本于全书后另附考证二十四卷[3],为殿本所无。中华书局将之一并从浙江省立图书馆处借出,仿之附于书后,达到"两美既合,庶成完璧"[4]的图书整体。

从浙江省立图书馆(下文简称浙馆)商借《古今图书集成》一事,中华书局并非先例。开明书店曾就此做过尝试,但以失败告终。1934 年 4 月 2 日,供职于开明书店的王伯祥提出影印《古今图书集成》建议,底本即拟用浙馆所藏同文书局石印本,"用浙馆委托影印名义,订约借印"。次日即同开明同事夏丏尊一道赴杭晤浙馆馆长陈训慈商借,"谈甚洽,欣然赞同合印《集成》事"。但当陈

① 《清初殿版铜活字印〈古今图书集成〉海内珍本,公开展览,即日影印,发售预约》,《申报》1934 年 3 月 31 日,第 1 版。
② 《中华书局影印〈古今图书集成〉〈二十二省通志〉不久发售预约》,《申报》1933 年 12 月 28 日,第 4 版。
③ 当时系由两江总督刘坤一设局遴员,校勘成书,夙称精审。
④ 《〈古今图书集成〉发售预约》,《申报》1934 年 6 月 3 日,第 4 版。

训慈携夏赴浙江省教育厅见其兄陈布雷（时任浙江省教育厅厅长）商议此事后，情况急转直下。王伯祥日记中记录了夏丏尊的转告，"谓布雷虽赞成其事，但不愿由浙馆出面。且以前途纠纷为言，似成泡影矣"。此次由动议到失败的《古今图书集成》影印计划，前后仅五日。这里不惮细冗，将王伯祥日记抄录如下：

1934 年 4 月 2 日：日间曾谈及影印《图书集成》事，乃与雪村、圣陶、息予、调孚复折往本公司发行所商议。决于明日由丏尊及予赴杭晤叔谅，用浙馆委托影印名义，订约借印。

4 月 3 日：下午三时，携丏尊同赴北站，乘京沪通车往杭州。晚七时半到城站，即驱车往皮市巷访叔谅，晤之。谈甚洽，欣然赞同合印《集成》事。约明日十一时到浙馆细洽之。

4 月 4 日：十一时，径赴叔谅图书馆之约。至则晤鞠侯，亦深赞景印事，谈甚洽。未几，同往湖滨朱恒升午饮，叔谅、鞠侯且介友陈豪楚同席，商此事。……五时许，叔谅、鞠侯再来，丏尊之学生多人亦来。予与鞠侯谈，丏尊则与叔谅往教厅见布雷，直商影印《集成》事，移时归，谓布雷虽赞成其事，但不愿由浙馆出面。且以前途纠纷为言，似成泡影矣。予不禁大失所望。

4 月 5 日：清晨起，匆匆早食，辞丏尊先行，雨中到城站，乘八时十五分开出之京杭通车东归。十二时三十五分到上海北站,仍于雨中电车返家。午饭后略憩,二时三刻到所。当将在杭经过告知同人,或感失望,但为前途障碍及种种纠纷计,决定不再进行此事矣。

4月6日:下午写信谢叔谅、鞠侯,决将景印《图书集成》事放弃不谈矣。但计决未果,事当终阕,因反复申明此意,请缄密之。①

中华书局于6月3日登报称,已借得浙馆藏本,从其印制成品中包括8册考证可见借出一事属实。中华书局的成功,恰好正说明了陈布雷所谓"不愿由浙馆出面"为由拒绝出借开明书店的理由也属实——中华书局仅将借出之本用作校勘参考,以及影印其附属的二十四卷考证,而未以浙馆名义出版(因其自购了初印原本,本身也无必要)。也许正是浙省不愿具名委托出版,致使开明书店商借浙馆藏本失败。中华书局自半年前即登报寻觅同文书局石印本,浙馆藏有一本必为其所知,商借一事比之开明书店也许更早一步登门。这种情形之下,再将之借予开明书店,并以浙馆名义出版,使浙省感觉不妥,以至"不愿由浙馆出面"。不过,站在开明书店立场,既然"不愿由浙馆出面",那么是否可以不以浙馆委托名义而直接署名开明书店出版呢?似乎并非难事,而王伯祥和夏丏尊并

①王伯祥著,张廷银、刘应梅整理:《王伯祥日记》(第四册),中华书局2020年,第1787—1789页。本书注:鞠侯即王勤堉,叔谅即陈训慈。二人彼时均任职浙江省立图书馆。本书对日记中与借印一事不相关处有删减,特此说明。

未提出这一建议，或许其中不免有掠美之嫌，但更为重要的原因则在于陈布雷"不愿由浙馆出面"后所说的下一句话——"以前途纠纷为言"的痛击让他们在杭期间即"痛快"放弃了影印计划，回到上海后，开明书店其他成员也未再就此有所争取，整个影印计划不足三天即告夭折。"前途纠纷"用词很重，预见到了出版业将会出现的竞争风波，这已经不是委婉劝阻开明书店放弃影印了，而是直言其与中华书局就《古今图书集成》竞争未必有胜算。这当然令人气郁，王伯祥用了春秋笔法对此表述得隐晦又简略，初看不明所以，细究之下竟可见一桩胎死腹中的出版公案。开明书店借印败北一事，也正说明这一时期出版机构争相再版古籍风潮的热烈，作为后来者的开明书店，想要向商务印书馆、中华书局这些捷足先登者分一杯羹远非易事。

　　姗姗来迟的开明书店，无形之中为中华书局开辟了得天独厚的出版环境。对于后者而言，谈论胜利为时过早。他们在为《古今图书集成》量身打造成"最廉之价供学子之求矣"的征程上，任重道远。这部"中国唯一的百科全书，比《二十四史》约五倍"[1]规模的大型类书，如照原书缩为六开本，分订五千册，售价须在二千元左右，即便缩为十开本，亦须售千余元。中华书局最终选用了

---

[1]《欲五分钟检查数百种书，惟备〈古今图书集成〉者能之》，《申报》1934 年 5 月 16 日，第 1 版。

"最经济办法",将之以三开本线装影印,以原书九叶合印一叶,字号在四号字与五号字之间(约比四号字略小,比五号字大),分订800册,另附考证24卷8册。定价800元,预约价一次交齐者总价400元,分八次交者共440元。预约期从4月1日至9月末(展期5天至10月5日),6月底前预约者,一次交齐者仅收380元。各册均加印书根,标明书名册数及所属典名,不另取费。另备书箱6只,连座约高四市尺七寸,长五市尺三寸,深一市尺有奇,代制费50元。

需要说明的是,因印刷技术和纸张安排上的变动,中华书局曾为《古今图书集成》调整过价格。1934年7月,影印方式由最初的石印改用金属版后,又将金属版改用"向来印刷有价证券地图等"的橡皮机,中华书局称其"较之石印、金属版印者,其相差不可以道里计",印刷"成绩异常精美"[①]。用纸仍为连史纸(江南制纸公司),但将其克重由二十四市斤加重至三十市斤。成本增加后,价格相应有所调整,但为了吸引更多读者预约购买,调整幅度有限。6月底以前预约者仍照旧价不追,并且8月15日以前预约也不加价,8月16日起则需加价40元。

为增强铜活字本于版本上高人一等的说服力,中华书局在发售广告中一再直言其他两个版本的劣势。称扁

---

① 《〈古今图书集成〉发售预约》,《申报》1934年7月5日,第1版。

字本"不足道",对"我已购备扁字本,足敷应用"的扁字本拥有者直言,"殊不知扁字本脱卷脱叶,脱行讹字,不可胜数。检查之际,偶一不慎,即以讹传讹,旁无稽考,将何以纠正!"①同文书局石印本也劣迹斑斑:

> 光绪石印,系奏准翻印,进呈御览,故书中自雍正以后,于历朝应行避讳之字,悉加改窜。试举一例,如《历象汇编》五百余卷中之"曆"字,光绪本悉改为"歷"字,只此一编,所改之字,已当以万千计,其他可知,未免失雍正本之真。至于雍正本铜活字模之精致美观,远过光绪覆印本,更不俟论矣。②

加上已从浙馆所藏同文书局石印本中影印了二十四卷考证,中华书局自认自家版本"光绪本取其长,于雍正本补其短,两美合并,可云毫发无伤"③。

针对"每一问题,将古今关系之书,汇集一处,一经检阅,不啻遍阅数十百种图书"的这一古代百科全书,中华书局自设规划了十二类读者,以解答"或疑此种巨册,何所用之"之问④。

---

① 《〈古今图书集成〉发售预约》,《申报》1934 年 6 月 3 日,第 4 版。
② 《〈古今图书集成〉之两美合并》,《申报》1934 年 9 月 25 日,第 4 版。
③ 《〈古今图书集成〉之两美合并》,《申报》1934 年 9 月 25 日,第 4 版。
④ 《何人必备〈古今图书集成〉》,《申报》1934 年 5 月 5 日,第 4 版。

表 3-4 十二类读者一览表

读者类别	阅读原因
文官秘书	此书包括天文、地理、政治、经济、官制、人事、选举、铨衡……行政官得之，无论办何事，拟何文，均可得所依据，供其藻饰。
武官参谋	我国军政向鲜专书此，则戎政一典，分三十部，计三百卷，于历代兵制、兵法、兵略、兵饷、屯田、器械……详述靡遗，其职方、山川、边裔各典，亦极有裨于军事。
法官律师	本书祥刑典，分二十六部，一百八十卷，于历代之律令、牢狱、讼吁、听断、刑具……了如指掌，其学行、人事、食货、礼仪各典，亦可供法界参考。
文学家	本书经籍典叙历代图书，文学典述各种文体，字学典叙文字渊源，共九百余卷之多，固直接与文学发生关系，实则全书皆以供文学家之参考活用。
社会科学家	本书在政法、人事、史地各方面，均集社会科学之大成，尤妙者氏族典六百四十卷，计有单姓一千八百余，复姓八百余，均详其历史及人物，为我国空前绝后之作。
自然科学家	我国古书所见鸟兽草木，此书均制绘精图，一洗从来模糊影响之弊，其天文、气象、历法，除述我国历代之方法事实外，兼及西法，尤为昔时所难得。
医学家	此书医部五百二十卷，一病一药，均将历代著作，逐条附丽其中，颇多失传之书，允为国医界唯一之伟著。
农商渔牧星相术数	不但农商渔牧、星相术数，卜筮、堪舆、拆字、射御、投壶、博弈，均各有其专部，古今方法事实，均分类列举，极便阅览。
工艺家	考工典分三类，一为规矩准绳度量权衡，一为宫室建筑，一为工艺制造，大自城池宫苑，小至梳镜磁器，均有其制法及故实。

续表

读者类别	阅读原因
音乐家	我国《乐经》亡已二千年,乐律著作,散见者尚有之,汇为巨帙者,恐仅此书之乐律典一百三十六卷矣。研究音乐者不可不读。
女界	本书闺媛典,三百七十六卷,专述妇女,此外氏族、人事、宫闱、家范诸典,颇多有关妇女者,女界及研究妇女问题者,可于此得充分材料。
青年	本书为常识宝库,学艺津梁,青年有志者,宜人手一编。学行典对于学问品行、言语举动、君子小人,交谊典对于为人择友,所述理论故事等,尤有益于身心。

《古今图书集成》除了第一期(1934年12月出版)、第二期(1935年7月出版)、第五期(1936年12月出版)外,其他各期出版日期不详,仅知各期具体所出书目。另据广告信息,可从数据上探知出版的进度。1936年2月"已出184册,不日续出139册"[1];1936年12月,已出《古今图书集成》各书共计519册[2]。第二期较之原计划,推迟了3个月。中华书局的解释如下:

> 原本经过二百多年,纸张颜色,发生变化,各叶之中,纸色灰黄深浅不一,且墨色有浓淡,笔画有粗细,故原书底子感光力有差异,而不能一次照成,其

---

① 《中华书局新厂建成纪念大廉价两个月,各书照定价对折照特价再打八折特价》,《申报》1936年2月7日,第4版。

② 《〈古今图书集成〉已出书共计五百十九册,惠订时随发》,《申报》1936年12月2日,第2版。

中有非用特殊亮度调节，重照至三四次不可者，比比皆是，故第一期书虽勉力如期出版，而着手第二期书时，不料以上所述照相困难情形，尤其特多，盖职方典地图极多，修润更费工夫。[①]

其中可知影印工作中制版印订工作的复杂艰巨，中华书局将之定为 1936 年底完成的计划，很难完全按照预期进行，复受"八一三"战事影响，时停时续，至 1940 年 2 月最终出齐。

表 3-5 《古今图书集成》各期出版内容及册数表

期数	内容 （每期另附考证 1 册）	册数 （册）	出版时间
第一期	《目录》6 册，《乾象典》8 册，《岁功典》10 册，《历法典》12 册，《庶征典》14 册，《坤舆典》12 册	62	1934 年 12 月
第二期	《职方典》120 册	120	1935 年 7 月（较原计划推迟 3 个月）
第三期	《山川典》26 册，《边裔典》12 册，《皇极典》24 册，《宫闱典》12 册，《官常典》64 册	138	不详
第四期	《家范典》10 册，《交谊典》10 册，《氏族典》44 册，《人事典》10 册，《闺媛典》28 册	102	不详

---

① 《清初殿版铜活字本第二期出书职方典一百二十册（附考论一册）》，《申报》1935 年 7 月 21 日，第 4 版。

续表

期数	内容 （每期另附考证 1 册）	册数 （册）	出版时间
第五期	《艺术典》66 册，《神异典》26 册	92	1936 年 12 月
第六期	《禽虫典》16 册，《草木典》26 册，《经籍典》40 册，《学行典》24 册	106	不详
第七期	《文学典》22 册，《字学典》12 册，《选举典》12 册，《铨衡典》10 册，《食货典》28 册	84	不详
第八期	《礼仪典》26 册，《乐律典》10 册，《戎政典》24 册，《祥刑典》16 册，《考工典》20 册	96	不详

　　1934 年 11 月,《古今图书集成》全本第一期出版前一个月，中华书局开始开启单典分售预约，以供专门研究者随意择要订购，也为助济无力购置全部者。根据来函中"欲分购某编某典者，以医部为最多，方舆汇编及艺术、氏族、闺媛、禽虫、草木、经籍、文学、字学、乐律、戎政、祥刑、考工等典次之"的统计，中华书局"特择需要较殷各典"19 种分售 ①。各单独售卖之典，用纸、开本、版式、印制等方面均与全书无异，价格因典而异。

---

① 《中华书局出版影印清初殿版铜活字本》,《申报》1934 年 11 月 19 日，第 1 版。

第四章　开明书店出版的大型古籍丛书

相比其他综合性的大型出版社,以"新出版业"起家的开明书店进入古籍出版领域较晚。1930 年,一直以经营"新出版业"、做新文化生意示人的开明书店签署了出版《辞通》的合同,支付了作者朱起凤 6000 元稿酬。《辞通》原名《新读书通》,是一部解释古书中异体同义词语的辞书,1896 年草创,1930 年告成,数十年间反复易稿十余次后,全书终成 300 余万字。《辞通》出版之路较为坎坷,此前曾四处碰壁,包括历经商务印书馆的三次拒绝(1918、1926、1928),以及刘承幹、仓圣明智大学、中华书局、中研院历史语言研究所、群学社等各处均以失败告终的出版联络[1]。《辞通》卷帙浩繁又古字[2]迭出,潜在的出版者(或潜在出资者)纷纷在"排印困难"又"收不回成本"

---

[1] 参朱起凤之子吴文祺之《重印前言》,见朱起凤《辞通》,上海古籍出版社 1982 年,第 12 页。

[2] 如群学社就曾因该书"古字太多,排印困难而解约"。吴文祺:《辞通·重印前言》,朱起凤《辞通》,上海古籍出版社 1982 年,第 12 页。

的担忧中望而生畏,但这恰好为《辞通》出版前获致了某种"声名"。《辞通》分作上下两册,于1934年4月和9月分别出版。此前的预售阶段,首期一万张于短短两月内即告售罄,第二期加印数万张后仍供不应求。开明书店倚仗《辞通》的成功,以及同年出版的《十三经索引》,正式踏入了古籍出版领域。同样是1934年,开明书店也展开了《二十五史》的出版筹划与奔波,紧锣密鼓地于年底开始陆续出版,次年又陆续发售了《〈二十五史〉补编》并再版《二十五史》,1936年又出版了《六十种曲》。

　　开明书店古籍出版之路看似一帆风顺,实则暗潮汹涌。作为古籍出版的后来者,开明往往在古籍选题竞争中败下阵来,如在《古今图书集成》的出版上后中华书局一步,《十通》的出版策划也被商务印书馆抢先一步;此后又因时局动荡,《太平御览》在预约样本即将发布之时适逢全面抗战爆发,以至中途夭折。开明书店内部职工之间,围绕古籍出版议题也常常意见相左。如古籍出版的中坚力量王伯祥,与叶圣陶私交甚笃,但叶氏颇反对频密的古籍出版活动,曾化名"秉"发表文章对此展开批判,希望古籍出版热度能够降下来,社会不再年复一年"古书年"[1]。不过有意思的是,叶氏恰恰正是《十三经索引》的编者。从王伯祥日记中可察,其对包括叶圣陶在内的反对同仁们也颇有微词,常以春秋笔法消解心中郁

---

[1] 秉:《为出版业进一言》,《申报》1936年3月26日,第6版。

结。开明书店内部就古籍所生矛盾，于下文《〈二十五史〉补编》一波三折的出版历程中可见细微。开明书店内部相阋，与同仁们各自对出版功能的认知和传统文化价值观不同有关。如叶圣陶就认为"书业亦绝非生意经"，"启蒙"与"生意"相调和才是书业的真昧 ①。从叶圣陶笔端所见，或许在对传统文化持批判态度的普通民众，甚至书业从业者来说，"或则徒矜罕见，无裨实用，化秘本为恒品，破藏家之炫耀，如是而已"的古籍迭出，无非就是为解决出版社的经济困境。这涉及古籍认知观的问题，具体详论可见本书结语。

一、《二十五史》

1934—1935 年间，开明书店出版了《二十五史》，内容包括清代武英殿本《二十四史》和柯劭忞的《新元史》（退耕堂刊本）。1934 年 9 月，开明书店开启了《二十五史》的发售预约。是年年初，因战事阻碍而中断出版两年半的《百衲本二十四史》刚恢复出版活动续出第三期，中华书局则开始推出《四部备要》全五集的重印预约销售。中华书局将此次五开本线装重印分作 12 种方式发售，其中午种为《二十四史》。午种又分五期出齐，是

---

① 叶圣陶：《叶圣陶集》（第 24 卷），江苏教育出版社 2004 年，第 240 页；邱雪松：《启蒙·生意·政治：开明书店史论（1926—1953）》，中华书局 2022 年，第 102 页。

年 10 月出版第一期①。一个月之后，中华书局又开启了
洋装缩印本《四部备要》全五集的发售预约活动，全集
分割为 8 组，其中"玄"组为《二十四史》②。正如时人所
言，"突然在市场上出现三种史书的预约，书业竞争的激
烈，于此可见"③。于开明书店而言，正史市场真可谓龙争
虎斗。前有商务印书馆和中华书局两大劲敌，后有层出
不穷的后继者——书报合作社于同年推出《二十六史》
的预约④，两家因此打上官司⑤。此后，开明书店又推出
《〈二十五史〉补编》，新钟书局出版《〈二十五史〉别篇》。
古籍出版竞争的激烈，对开明书店而言，早在《二十五
史》推出发售计划之前半年就深有体会，毕竟同年 4 月

①《重印聚珍仿宋版五开大本〈四部备要〉准期出版，中华书局印
　行》，《申报》1934 年 11 月 20 日，第 1 版。
②《中华书局发售预约聚珍仿宋版洋装〈四部备要〉，印有样本，承
　索即寄》，《申报》1934 年 10 月 26 日，第 1 版。
③伍德：《〈二十五史〉与〈二十六史〉》，《文化建设》1934 年第 1 卷
　第 2 期，第 120 页。
④《二十四史》加上明代柯维骐的《宋史新编》与清代魏源之《元
　史新编》。
⑤书报合作社《二十六史》中因原计划加入柯劭忞的《新元史》，而
　引发版权所在方开明书店的一纸诉状。从时人的表述中看，开明
　书店与书报合作社就《二十五史》的官司讼案，提升了《二十五
　史》的知名度。"《二十五史》在书还没有和读者见面时，就喧传
　起来。这除了印《二十五史》的开明书店的宣传广告以外，还靠
　了和《二十五史》的讼案及翻印中国古文学（遗产）的风起"。岳
　辞敏：《〈二十五史〉和〈世界文库〉》，《微明》1935 年第 1 卷第 7
　期，第 6 页。

发生的向浙江省立图书馆商借影印《古今图书集成》败
北之事还近在眼前(见前文《古今图书集成》内容)。开
局不利^①之下,正史成为开明书店进入古籍出版市场的
新开端,旗开得胜的祈愿不可谓不强烈。因王伯祥主其
事,本文略引王氏日记中所涉者一二,以窥《二十五史》
出版各项日程,以及其中开明同人殚精竭虑的奔走:

> 1934年6月25日:下午出席编审会议,决定
> 《二十五史》刊行委员会再加圣陶、均正二人,连前丏
> 尊、雪村、调孚、云彬及予凡七人。即日入手计划。

> 7月10日:下午为《二十五史》作样本之书目。

> 7月20日:下午四时出(开明),往来青阁借
> 五洲同文本《二十四史》,寿祺允可,约明日派人往
> 取之。

> 8月18日:《二十五史》样本已出,尚满意,不日
> 可以分送,想或有效也。

> 8月20日:写信分寄颉刚、觉明、昌群、斐云、叔
> 谅、鞠侯、福崇、乃乾,送《二十五史》样本托宣传。

> 9月10日:依时到公司,处理文书分配。为《二
> 十五史》事致柯家函。

---

① 不仅是开局不利,开明书店此后诸多古籍出版计划亦未得实施。
如《十通》《太平御览》《古今图书集成》等均未出版成功。《十
通》被商务印书馆出版;《古今图书集成》被中华书局出版;《太
平御览》虽然出版在即,"预约样本亦弄好矣,七月一日将发布
之",终因抗战爆发,未能全面印行。

10 月 1 日：报见书报合作社有《二十六史》之印行，显与本公司为难，正苦不得立名，而谭禅生之请柬至，谓上午十时行开幕礼，邀予往参加。即晚且约宴于泰和园。以禅生朗攘，去恐多生枝节，遂未往。下午与调孚、均正、雪山参观大同、大陆、华新、金星等四制版所，盖《二十五史》制版须广为招揽承铸也。

10 月 20 日：振铎书来，柯家但求略抽版税，一切好办，当复允之，并送草约托转。一俟签印送回，大事定矣。《〈二十五史〉特刊》亦办好，明日可以登出《申报》。将来尚拟北登《大公报》，南登广州著名日报也。此刊于"二十六史"之妄，不免加遗一矢，想有识者当不致再为所惑。但今日又见该家广告，加印《新元史》及《清史列传》，不知何以不量如此也？（《清史列传》为中华书局之版权，未必容许随便翻印，而《新元史》既有版权贳与开明之契约，恐亦未能予取予求耳）。

12 月 25 日：依时入公司办事，并与圣陶、云彬、芷芬商定《〈二十五史人名〉索引》编次体例。[1]

从王伯祥所记可知，《二十五史》的出版念头应当是成立"《二十五史》刊行委员会"之前不久。从 6 月 25 日开始入手计划，到 9 月初发售预约前的这两月有余时段

---

[1]王伯祥著，王廷银、刘应梅整理：《王伯祥日记》（第四册），中华书局 2020 年，第 1815、1820、1824、1832、1833、1839、1845、1851、1870 页。

内,诸般准备工作即已就绪,包括确定预约所需样本之书目、向来青阁商借影印之底本、印制样本、邀请方家书写题辞以作宣传、取得柯劭忞《新元史》版权等。本打算1935年年初开始的出版进度,也提前于1934年年末展开(如果不是为预售创造时间以吸纳更多订户,也许出版时间会提早更多),而且第一期出版时"闻该店全部制版,已将告竣"[1],全书制版工作的告竣意味着出书日期的提前,开明书店出版效率之高可见一斑。置身彼时激烈的市场竞争环境,也许正是时不我待之感激发了作为古籍出版后来者的开明书店之奋进。

开明书店于预售推广阶段,有自比《十七史》《二十一史》《二十四史》创《二十五史》成"全史最新的结集"之说。他们自矜于《新元史》的这一新选材,认为其"取材广博、定例谨严","跟拉杂凑集的不同"。虽然未指名道姓,但"拉杂凑集"之语无疑在臧否书报合作社"任意扩充延伸"地纳入明柯维骐的《宋史新编》与清魏源的《元史新编》而成《二十六史》之举。同时,还隐晦地批判那些未加入《新元史》的正史丛书,称其遗漏此著,"未免有'时代落伍'之嫌"。在"选材最精当"的自评之下,开明书店认为"在今日编印史集的初步结集,只许有《二十五史》"[2]。这不由得让人联想起商务印书馆于《百衲

---

①《〈二十五史〉出书》,《申报》1934年12月28日,第13版。
②《开明版〈二十五史〉》,《申报》1934年12月8日,第4版。

本二十四史》第三期出书之际(1934年年初),张元济那句"窃谓'百衲本'行而殿本之二十四史可废"的言论[1]。明枪暗箭之下,顿显正史市场剑拔弩张之势。

为推陈出新,内容上除了增加《新元史》外,开明书店还于每史之后编列参考书目,《明史》每卷之后将王颂蔚之《明史考证捃逸》加入,以此成全自家"最完备之正史"的定位。而且为检索便利,开明书店又编制了《〈二十五史〉人名索引》,凡在各史纪事中有专载或附见的人名均列入。自称"一检即得,不啻一部中国人名大辞典,尤为便利无比"。基于参考书目、索引等的加入,开明书店将《二十五史》定位为"研究、检阅,两皆适宜"之书,并将内页中全书页码顺次统排,中缝做标记,以便翻阅、检索[2]。

内容上加增,物质上则尽可能减降。如整体上降低册数,减低价格,最终做到以影印的方式缩印25种史书,成书9册。开明书店特意将彼时通行各正史版本之卷数与册数做了对比图,其中册数最少的横行本也还有114册。从下表悬殊的对比中,确实一目了然可见开明书店的优势——"现在我们的《二十五史》只有九册,可以说是全史最便宜的版本"[3],可谓卷数最多而册数最少:

---

[1]《商务印书馆发行景印善本古书》,《申报》1934年3月13日,第1版。
[2]《开明版〈二十五史〉》,《申报》1934年12月8日,第4版。
[3]《从〈十七史〉到〈二十五史〉》,《申报》1934年9月23日,第2版。

表 4-1 1930 年代通行正史版本册数比较表^①

总称	版本	内容	卷数	分装册数
《十七史》	汲古阁本	《史记》《汉书》《后汉书》《三国志》《晋书》《宋书》《齐书》《梁书》《陈书》《北齐书》《周书》《隋书》《南史》《北史》《新唐书》《新五代史》	1585	182
《二十一史》	南监本	《十七史》加《宋史》《辽史》《金史》《元史》	2542	514
	北监本			502
《二十四史》	殿本	《二十一史》加《旧唐书》《旧五代史》《明史》	3230	688
	广版			850
	五局本			540
	同文本			711
	集成本			400
	竹简斋本			200
	史学会本			400
	横行本			114
《二十五史》	开明版	《二十四史》加《新元史》《明史考证捃逸》《参考书目》《人名索引》	3530	9

　　影印印制技术上,则将原书照相缩小(每面四排)制成锌板后用凸版机印刷,区别于"历来坊间缩小复印之

---

① 有意思的是,为规避竞争,开明书店未提及商务印书馆和中华书局两个版本的正史。

书,均用平板印刷"之惯例,这样一来,即便"印数虽多,决无模糊不清之弊",杜绝"若印数稍多,即易模糊"的平板印刷之弊,也少了铅字排印"校对疏忽的弊病"①。纸张选用了瑞典厚报纸,本国布硬面洋装(平装),每册约900多页。开本原定高市尺八寸半,阔六寸,厚一寸半,版框高市尺六寸九分。但据称读者去信反馈样本不便阅读,于是有了在预约启动后的20多天后,扩大版框、去掉行间阑线的调整声明:

> 我们的刊行计划公布之后,承蒙文化界热烈赞许,说我们这个计划的确开出版事业的新纪元,对于需用图书的人有各种的便利;所感到不很满意的,就是字体未免小了一点。我们为尊重热心爱护我们的诸位先生的意见起见,不惜牺牲,把已经铸成的一部份锌版毁掉,放大重铸。照样本版框高市尺六寸九分,现在放到七寸三分。我们又把行间的阑线去掉,使它显出空白,看起来醒目。经这样的一改良,我们觉得这部书更见得清楚适用了。②

除了出版前的此次调整外,《二十五史》出版第一期后,开明书店又对版式做了一次调整:

> 本书版口,原定高市尺八寸半、阔六寸。后因有人嫌字体小,所以不惜牺牲,把已经铸成的一部份锌

---

① 《开明版〈二十五史〉预约本月底截止》,《申报》1934年10月18日,第4版。
② 《开明书店启事》,《申报》1934年9月23日,第2版。

版毁掉,放大重铸。因此版口放大为高市尺九寸一
分、阔六寸三分;以致原制书籍,不能适用。现在也
已照放大版本重新改制,敬烦已购诸君,即日至原购
处所调换。[1]

从开明书店上述声明和第一期书出版后的表述中
看,预约阶段毁掉了铸成的一些锌版,放大重铸之下的版
式仅调整了版框,整体开本未作变动,并按照如此设计出
版了第一期书。出版后,又有购者反馈还嫌字体小,于是
有了从整体上将开本扩大的变动。如此之下,第一期所
出各书从尺寸上无法和余书适配,于是开明书店不惜将
已出各书重新制版以放大版本,以供调换[2]。

即便如此大动干戈,依然有许多读者嫌其字体太小
有伤目力,不便阅读,称其只适合参考翻检,不可作读本
之用。对于人名索引,则反感其使用的"四角号码",建
议使用"笔画检字法"。又建议参考书目别出单行诸此
种种。虽然意见不少,但对其售价则交口称赞,盛赞其
"篇幅与定价之省,殆罕其匹"[3]。"市上最廉价之《二十四
史》,非四五十元不办。《新元史》及《明史考证捃逸》,更

---

[1]《开明版〈二十五史〉第一期提早出书》,《申报》1934 年 12 月 31
日,第 4 版。
[2]《开明版〈二十五史〉第一期提早出书》,《申报》1934 年 12 月 31
日,第 4 版。
[3]《小字〈二十五史〉之筹印》,《浙江图书馆馆刊》1934 年第 3 卷
第 4 期,第 148 页。

需六七十元以上之价值"①，开明书店对彼时正史市价可
谓知己知彼，最终将"全书三千五百三十卷缩印装成九厚
册，大抵每面四排，约当原书十六面"定价 72 元，预约价
一次付 40 元，十次付每次 5 元总计 50 元，赢得了有口皆
碑的"价值之廉，无出其右"的价格优势。另备书箱、书
架各一种，书箱价 5 元，书架 3 元。开明书店还与中国银
行和交通银行订约，特立"预约《二十五史》书款专户"。
各地预约者如将预约款项交予当地中国银行缴付，即无
须付汇费，亦可省去寄信的麻烦②。10 月末第一轮预约结
束后，第二轮预约开始，预约价格增长为一次付 44 元，十
次付每次付 5.5 元③。第三轮预约时是与《〈二十五史〉补
编》同时进行，二者进行了销售联动，这时虽然价格不变，
但只有购买了《补编》者，才能预约《二十五史》④。

(一) 出版日期

开明书店原定自 1935 年 1 月 15 日起，每月出书一
册。第一期书提前至 1934 年 12 月末出版，此后每期均
提前一月出版。

---

① 《〈二十五史〉预约》，《申报》1934 年 10 月 1 日，第 7 版。
② 《开明版〈二十五史〉》，《申报》1934 年 9 月 1 日，第 3 版。
③ 《开明版〈二十五史〉预约本月底截止(倒计时)》，《申报》1934
　年 10 月 14 日，第 4 版。
④ 《开明版〈二十五史〉第四次发送本提早出书》，《申报》1935 年 3
　月 31 日，第 10 版。

第一期：1934 年 12 月出版，共 5 种 1 册（全书的第二册），内容为《三国志》《晋书》《宋书》《南齐书》《梁书》。对于第一期印制质量，开明书店自称"第一次发送本印装完成，我们自己检阅成绩，觉得印刷的优良、装订的牢固，在国内出版物中可算破天荒的出品了"[1]。但如上文所述，读者对字号不甚满意，以至有了调整整体开本的行动[2]。

第二期：1935 年 1 月出版，共 6 种 1 册（全书的第三册），内容为《陈书》《魏书》《北齐书》《周书》《隋书》《南史》[3]。

第三期：1935 年 2 月出版，共 1 种 1 册（全书的第六册），内容为《宋史》（上）[4]。

第四期：1935 年 3 月出版，共 3 种 1 册（全书的第一册），内容为《史记》《汉书》《后汉书》[5]。

第四期出版时，开明书店推出前四史的单行本，将第一期的《三国志》和第四期甫出的《史记》《汉书》《后汉

---

[1]《开明版〈二十五史〉第一期提早出书》,《申报》1934 年 12 月 31 日,第 4 版。

[2]《开明版〈二十五史〉第一期提早出书》,《申报》1934 年 12 月 31 日,第 4 版。

[3]《开明版〈二十五史〉第二次发送本提早出书》,《申报》1935 年 1 月 26 日,第 4 版。

[4]《开明版〈二十五史〉第四次发送本提早出书》,《申报》1935 年 3 月 31 日,第 10 版。

[5]《开明版〈二十五史〉第四次发送本提早出书》,《申报》1935 年 3 月 31 日,第 10 版。

书》,用瑞典厚报纸合订印成,布面精装,一册定价 8 元,4 月期间特价 4 元①。

第五期:1935 年 4 月出版,共 2 种 1 册(全书的第四册),内容为《北史》《唐书》②。

第六期:1935 年 5 月出版,共 3 种 1 册(全书的第五册),内容为《新唐书》《五代史》《新五代史》③。

第七期:1935 年 6 月出版,共 2 种 1 册(全书的第八册),内容为《元史》《新元史》④。

第八期:1935 年 7 月出版,共 3 种 1 册(全书的第七册),内容为《宋史》(下)《辽史》《金史》⑤。

第九期:1935 年 9 月出版,共 1 种 1 册(全书的第九册),内容为《明史》。

另有原定附《明史》后的《〈二十五史〉人名索引》,因《明史》叶数太多,加附索引后将超出邮局规定寄递重量;而且读者亦多以"索引须随时翻检,附入第九册不免累赘为言",开明书店遂特改其为小本,别装成册。改版需时,

①《开明版四史:研究文史的基本读物》,《申报》1935 年 3 月 31 日,第 10 版。

②《开明版〈二十五史〉第五次发送本提早出书》,《申报》1935 年 4 月 27 日,第 4 版。

③《开明版〈二十五史〉第六次发送本提早出书》,《申报》1935 年 5 月 27 日,第 1 版。

④《开明版〈二十五史〉第七期发送本提早出书》,《申报》1935 年 6 月 28 日,第 4 版。

⑤《开明版〈二十五史〉第八次发送本提早出书》,《申报》1935 年 7 月 25 日,第 1 版。

《明史》之后延缓印成①。

（二）重印本

1935 年 9 月 26 日，全书印竣，重版全书的工作也同时开启。据开明书店自述，自刊行锌板缩印本《二十五史》以来，"因为定价廉，印装精美，携藏便利，承学术界、读书界热烈赞许，竞相订购，致数量超出本店预计之上，预约截止后，要求继续通融之函，仍纷至沓来"②。但其始终未允，直至全书出齐才做重印之举。初印时，因"力求定价低廉，易于购致"，使用了瑞典厚报纸印刷，装帧也只求"朴素坚实，冀便实用"。重印时则改头换面为精装，全书用字典纸（白字典纸）印刷，装订用西洋书面布，真皮脊角烫金③，外加硬纸套，售价 66 元。此外，此次重印还原封不动地再版了初印时的平装本，售价 44 元④。1937 年 6月，《二十五史》与《〈二十五史〉补编》一同发售精装本特价，两书合购 80 元，《二十五史》单售 46 元⑤。

---

①《〈二十五史〉全书九册出齐》，《申报》1935 年 9 月 26 日，第 1 版。
②《〈二十五史〉再版发售预约》，《申报》1935 年 9 月 26 日，第 1 版。
③《两书添印精本预约发卖》，《申报》1935 年 9 月 26 日，第 1 版。
④《开明书店再版〈二十五史〉〈二十五史补编〉发售预约》，《申报》1935 年 10 月 6 日，第 4 版。
⑤《〈二十五史补编〉全书出齐 连同〈二十五史〉发售特价》，《申报》1937 年 6 月 13 日，第 1 版。

开明书店特别订立了优待政府采购的方案,据《教育部公报》载录:

> 开明书店为仰答教育部提倡以最经济方法刊行要籍之至意,特定优待办法:凡各省市县教育厅局在本年底以前(远省宽展半个月),用正式公函向上海开明书店函购科预约《二十五史》者,不论一次付十次付,概照第一期预约价计算,并免除邮包费(即一次付每部只取四十元,十次付每次五元),但每处以一部为限。[①]

上海市教育局曾整体订购60部,分配市立中小学校图书馆等各教育机关。批量决策的下达仰赖时任局长潘公展的"大加赞赏",潘氏还特为题词称"所愿学校社团家庭各置一编,则无论青年学生,或社会长老,以至家庭妇女,都可于此中求吾中华民族发展之过程,虽欲不油然发生爱国之心,将不可得"[②]。

二、《〈二十五史〉补编》

《〈二十五史〉补编》是一部关于历代史书表志的丛书,由开明书店出版。作为史书重要组成部分的"表"

---

① 《开明版〈二十五史〉,教育部通函各省市教育厅局介绍》,《申报》1934年12月13日,第4版。
② 《上海市教育局整批订购开明版〈二十五史〉》,《申报》1934年10月16日,第3版。

和"志",其对典章制度的沿革与人事兴废的变迁具备贯穿综合的作用,不但可与纪传相辅并行,本身也自具独立的地位。读史须重表志,已成治史者定论。历代史书纪传无不备,兼具表志者则寥寥,仅有《史记》齐备;《汉书》《新唐书》《宋史》《辽史》《金史》《元史》《新元史》《明史》等九种则称"书"不称"志";有志而无表的,则有《后汉书》《晋书》《宋书》《南齐书》《魏书》《隋书》《旧唐书》《旧五代史》《新五代史》等九种。其余《三国志》《梁书》《陈书》《北齐书》《北周书》《南史》《北史》等七种,表、志俱无,即便可资覆按的表、志也一概缺失。

补订表志之阙讹自宋始,至清为盛,但皆散见各丛书、单行本和未刊稿本中。清末各省官书局曾刊行史书单行本,尤以广雅书局为多,曾有《史学丛书》之辑,但所辑 90 种左右史书中,表志补订之作仅居其半[1]。开明书店有鉴于此,以王伯祥为总编,联合史家群策群力,搜集各官书局、私人所刻,及所著未刊、刊而未完者,辑为《〈二十五史〉补编》,与《二十五史》相辅而行。

《〈二十五史〉补编》所辑凡 246 种 756 卷[2],书后另附《增订史目表》一卷可查考《〈二十五史〉补编》所收各书之地位。根据 1935 年 3 月的发售预约广告可知,开明

[1]金兆梓:《〈二十五史补编〉题辞》,《申报月刊·二十五史刊行月报》1935 年第 3 期,第 5 页。
[2]《出版消息:〈二十五史补编〉全书出齐》,《大公报》,1937 年 5 月 6 日,第 12 版。

书店最初拟采目录,原仅 170 余种;随后博咨周访之下增加 70 多种,其中尤以未刊稿本居多。开明书店为慎重起见,就全书总目的拟订,曾与各地专家商讨,并经其鉴定后发表。发表后指教者仍源源不断,甚至还有热心者继续代开明书店采访书籍。据 1935 年 4 月不完全统计,《〈二十五史〉补编》总目鉴定诸家包括顾颉刚、顾廷龙、郑振铎、邓之诚、赵万里、贺昌群、章钰、张慕骞、陈训慈、陈乃乾、徐乃昌、徐中舒、柳诒徵、姚光、胡朴安、周予同、吴廷燮、吕思勉、牟润孙、向达、丁锡田等人①。至 1935 年 5 月,书目新增入者达 25 种②,到了 7 月末,又添入清代浙东学派代表人物万斯同未刊稿 15 种③,最终于 8 月统计时增达 70 余种。

　　1935 年 3 月至 6 月间,《〈二十五史〉补编》全书分两次预约,每次持续两月,第二次预约截止后又延期一个月至 7 月结束④。第一次预约时,全书拟辑图书仅 179 种,并拟照开明版《二十五史》形制刊行 5 册,每册 900 页。全书亦拟分作两种方式印制,用原刻本缩制锌板影印者占

①《〈二十五史补编〉鉴定总目诸家及增辑书目》,《申报》1935 年 4 月 14 日,第 7 版。

②《〈二十五史补编〉增辑书目》,《申报》1935 年 5 月 12 日,第 1 版。

③《〈二十五史补编〉最近添入万斯同未刊稿十五种》,《申报月刊·二十五史刊行月报》1935 年第 5 期,第 8 页。至出版时,未刊稿总计达 54 种。

④《〈二十五史补编〉预约展期一月》,《申报》1935 年 7 月 1 日,第 7 版。

全书四分之三，字体与新四号字大小相仿；其余四分之一是稿本（未刊本），用活字排版。全书定价44元，第一次预约价24元，第二次26元。特别优待《二十五史》订者的预约，第一次预约价20元，第二次22元①。自3月发售预约以来，称增入了诸多新内容，但价格保持不变②。第二次预约阶段，又加增精装本一种进行预售。精装本用字画纸（即圣经纸）印，西洋布面，真皮脊角烫金，总计3册，预约价36元③。

1935年9月26日，开明书店鉴于《〈二十五史〉补编》"预约截止后，仍多来函要求展期，只以付印在即，亟须确定印数，无以应命，殊以为歉"，再加上此时《二十五史》全集印竣旋即再版，判断《二十五史》市场"势必同时需要本编"，于是添加《〈二十五史〉补编》的印数，重售预约。嗣经叠次增加，此时全书新增书目达70余种，总计

①《〈二十五史补编〉预约消息》，《申报》1935年3月17日，第2版。
②《〈二十五史补编〉本月内预约省费两元》，《申报》1935年4月21日，第4版；《〈二十五史补编〉增辑书目》，《申报》1935年5月12日，第1版。1935年7月22日《申报》广告中将预约价笔误作24元，次日特登广告澄清，"昨日本报所登《〈二十五史〉补编》预约价误作24元特此更正"。可见，开明在定价上力求物美价廉的小心翼翼。《〈二十五史补编〉预约天数倒计时》，《申报》1935年7月22日，第1版；《〈二十五史补编〉预约价修误》，《申报》1935年7月23日，第3版。
③《〈二十五史补编〉预约广告》，《申报》1935年5月19日，第4版。

达 247 种 775 卷 7000 余页 1200 余万字,内有未刊稿本 58 部 157 卷。成本增加甚重。距离重售预约发售前的一个月,开明书店创始人章锡琛已惊觉成本迭增之下将入不敷出的问题,状况严重程度如总其事者王伯祥日记所载:

> 1935 年 8 月 30 日:午后雪村综检《〈二十五史〉补编》页数,达六千四百余页,超出原定页数五分之二,甚窘。若令定户加价,一无可说,若听其自然,须加装两册,费用不赀,竟大耗蚀矣。事虽不决于予一人,而定议之际,予持之最力,一般责难,其将焉逃,闷损极矣![①]

1935 年 1 月 10 日,王伯祥日记称该日"准备购书,为出刊《〈廿五史〉补编》事"。可见动议之事确实由其而发,且应不晚于 1935 年年初。准备购书后的第八天,王伯祥即"编毕《〈廿五史〉补编》目录",于兹可感其积极推动的态度。孰料 2 月 10 日,章锡琛告王"《〈廿五史〉补编》打消"的计划,"打消"虽然不是章锡琛本人的意思,但出版社内部显然有反对的意见[②]。这令王"闻而大愤,颇萌去念矣"[③]。次日到社力挽狂澜,奋力与"诸人辨《〈廿

---

① 王伯祥著,张廷银、刘应梅整理:《王伯祥日记》(第五册),中华书局 2020 年,第 1978 页。

② 从日记后文判断,王伯祥的开明同事丁晓先(化名韦息予)可能是为首者。

③ 王伯祥著,张廷银、刘应梅整理:《王伯祥日记》(第五册),中华书局 2020 年,第 1908 页。

五史〉补编》不当中辍，就法理，就事实，两皆折之，彼竟无言矣"①。此次据理力争效果明显，两日后，计划照旧复归。王称"只要不再有人作梗，或可早日发售预约也"②。日记中未见"从中作梗"反对的理由，但从前后推断看，可能与经济考量有关。王伯祥于内容上坚持求全求善，但成本问题则一再被其忽略。乃至发起预约后内容一增再增，成本亦随之水涨船高却浑然不觉，直到章锡琛发现全书页数溢量严重。8月30日章锡琛检视时，全书"达六千四百余页，超出原定页数五分之二"，这个数字并不准确，9月5日王自查时实际"已溢出七千页以上"。8月31日，王"致书经协理及三处所主任，为《补编》溢量事引咎自劾"，开明书店于当日专门召开《二十五史》刊行委员会，讨论补救办法。进退维谷之下，议定在不增加已预约各户价格的情形下，改影印为排版，这样可以免铸锌版，一转移间尚可拉平。但因排印增加了校对工作，出版不免延迟③。王随即通函各原订户由影印（原定未刊稿之外者均影印）改排印，通函并非公开通知，而是一一"私函"致信。从公开史料看，不见开明书店关于改换印制技术

---

①王伯祥著，张廷银、刘应梅整理：《王伯祥日记》（第五册），中华书局 2020 年，第 1909 页。

②王伯祥著，张廷银、刘应梅整理：《王伯祥日记》（第五册），中华书局 2020 年，第 1909 页。

③王伯祥著，张廷银、刘应梅整理：《王伯祥日记》（第五册），中华书局 2020 年，第 1978 页。

的公开性的专门声明，其他公开内容中涉及印制各处也多语焉不详或一笔带过，不作过多阐释，规避态度明显。"私函"源自可以预见的反对和质疑，毕竟私函通知后，确实"外间颇有来书反对者"，王对此"殊苦疚心"①。此前《二十五史》的影印即用锌版技术，开明书店一直引之为傲，作为宣传还曾专门登报赞美过这一印制技术②。在"成本几增二分之一"的情形下，开明书店"对于前次预约诸君，谊难请益，只得忍痛赔累"③，对原订户不加价。此种折中对待，也许并不仅仅源于商业信用，更多是一种纾解责难的手段。

需要着重说明的是，改作五号字排印后，《〈二十五史〉补编》最终采取布面精装 6 册（每册仍多达 1200 多页）。虽然此前两次预约订户不加价，但 9 月 26 日的重售，新的预约价增至 36 元以维持成本。为继续维护价廉物美的优势，开明书店特意阐明书价分摊到每一部每一卷的价钱——每部售价约合 1 角 4 分 6 厘，每卷售价 4 分 6 厘④。至 1936 年 4 月出版第二册时，《〈二十五史〉补

---

①王伯祥著，张廷银、刘应梅整理：《王伯祥日记》（第五册），中华书局 2020 年，第 1980 页（1935 年 9 月 5 日日记）、第 1986 页（1935 年 9 月 26 日日记）。
②编者：《现代的印刷术——〈二十五史〉的照相锌版印刷》，《申报·开明版〈二十五史〉特刊》1934 年 10 月 21 日，第 15 版。
③《〈二十五史补编〉重售预约》，《申报》1935 年 9 月 26 日，第 1 版。
④《〈二十五史补编〉发售广告》，《申报》1935 年 10 月 3 日，第 4 版。

编》实价已达 60 元,特价 45 元^①。1937 年 3 月全书出齐时,发售特价 48 元,与《二十五史》合购售价 80 元^②。

《〈二十五史〉补编》出书日期原定紧接《二十五史》,从 1935 年 10 月起,每月 15 日出一本,至 1936 年 2 月 15 日出齐。但实际上出版日期有所延误,全书 6 册直至 1937 年 3 月才出齐^③。第二册出版于 1936 年 4 月,第三册 1936 年 7 月^④,第四册 1936 年 10 月^⑤,第六册 1937 年 3 月。

《二十五史》再版时,适逢《〈二十五史〉补编》结束前两次预约开启重售预约(即上文涨价风波)之时,两书于是被开明书店联合销售,也加入了政府渠道方面的营销。如山东省教育厅曾发布饬令,通令各下辖县区教育局令各省立民众教育馆、图书馆、省立中等学校广为采购。开明书店给予照预约价九折计算的价格优惠^⑥。据公开史料

---

① 《〈二十五史补编〉第二册出书》,《申报》1936 年 5 月 1 日,第 24 版。
② 《〈二十五史补编〉全书出齐发售特价》,《申报》1937 年 4 月 18 日,第 2 版。
③ 《〈二十五史补编〉全书出齐》,《申报》1937 年 3 月 21 日,第 1 版。
④ 《〈二十五史补编〉第三册出书》,《申报》1936 年 7 月 2 日,第 4 版。
⑤ 《〈二十五史补编〉第四册出书》,《申报》1936 年 10 月 20 日,第 6 版。
⑥ 《山东教育行政周报》1934 年第 321 期,又见《云南省政府公报》,1935 年第 302 期。

载,1935年年末,政府拟购者中有安徽教育厅、广西教育厅。前者拟购《二十五史》《〈二十五史〉补编》各50部,广西省教育厅拟购两书各100部,其他各省教育厅亦有大批购买的消息①。

三、《六十种曲》

《六十种曲》是关于明代传奇类戏曲作品的汇编,被誉为"明代传奇之总结"。全书总目分12集60种,分别为子集《双珠记》《寻亲记》《东郭记》《金雀记》《焚香记》;丑集《荆钗记》《霞笺记》《精忠记》《浣纱记》《琵琶记》;寅集《南西厢》《幽闺记》《明珠记》《玉簪记》《红拂记》;卯集《还魂记》《紫钗记》《邯郸记》《南柯记》《北西厢》;辰集《春芜记》《琴心记》《玉镜记》《怀香记》《彩毫记》;巳集《运甓记》《鸾镎记》《玉合记》《金莲记》《四喜记》;午集《三元记》《投梭记》《鸣凤记》《飞丸记》《红梨记》;未集《八义记》《西楼记》《牡丹亭》《绣襦记》《青衫记》;申集《锦笺记》《蕉帕记》《紫箫记》《水浒记》《玉玦记》;酉集《灌园记》《种玉记》《双烈记》《狮吼记》《义侠记》;戌集《千金记》《杀狗记》《玉环记》《龙膏记》《赠书记》;亥集《昙花记》《白兔记》《香囊记》《四贤记》《节侠记》。

---

① 《安徽教厅拟大批购买〈二十五史〉及〈补编〉》,《申报》1935年12月13日,第10版。

《六十种曲》最初为明代毛氏汲古阁所刊,因历年久远,板已漫漶,其后修缮覆印而致叶次倒误,不可卒读;初印原书也已难以搜求,开明书店觅得善本多种后,通过精校断句,将散佚漫漶之集改换新装,用四五号字排印再版。全书用连史纸印成,版式高市尺六寸、阔四寸,线装60 册,分储六布函。全书定价 36 元,预约价 18 元。全书分别于 1935 年 8 月底、10 月底、12 月底分三期出版,每月各出书两函 20 种[1]。

1936 年 11 月,开明书店鉴于连史纸线装排印本"定价稍昂,读者仍有购置匪易之感,兹为普及计"[2],另印洋装本一种,定价 8 元,为线装本的三分之一(此时线装实价 24 元[3]),特价 5 元 6 角[4]。洋装本用厚报纸印成,全书7500 余页,纸面洋装 12 册。具体出版日期不详。

---

① 《断句精校〈六十种曲〉发售预约》,《申报》1935 年 6 月 2 日,第 4 版。

② 《断句精校〈六十种曲〉发售预约》,《申报》1936 年 11 月 1 日,第 18 版。

③ 到了 1945 年,据开在上海三马路上的抱经堂书局登载于《申报》上的广告,此时《六十种曲》连史纸排印本售价为 3 万元。《抱经堂书局十种廉价书》,《申报》1945 年 12 月 24 日,第 4 版。

④ 《欢迎索阅断句精校〈六十种曲〉洋装本》,《申报》1936 年 12 月16 日,第 20 版。

第五章　世界书局出版的大型古籍丛书

　　民国时期,世界书局出版过不少古代典籍,如《十三经注疏(附校勘记)》《经籍籑诂》《说文解字注》《说文通训定声》《资治通鉴(附胡三省辨误、刘恕外纪)》《续资治通鉴》《诸子集成》《昭明文选》《元曲选》,以及《国学名著丛书》和《历代古人诗词专集》等。世界书局比较突出的古籍选题,主要集中于中医药类文献。比较大的项目有《中国药学辞典》《中药标本图谱》《珍本医书集成》《皇汉医学丛书》等。有研究者认为,相比于商务印书馆和开明书店等对中医敬而远之的态度,世界书局对中医药类古籍的出版热情较高;比之中华书局和大东书局等对中医态度较为圆融也乐见出版的书局,世界书局的中医药类古籍文献较多[1]。如该书局20世纪30年代初出版的《世界书局图书目录》中,著录在"中西医药"类目下的医籍中只有7部西医著作,却有《医学南针初集》《医

---

① 杨东方、周明鉴:《民国时期的中医典籍出版》,《中国出版史研究》2016年第4期,第136—138页。

学南针续集》《广注素问灵枢类纂》等近 20 种中医著作。还有为了满足中医界谋衣食之用的入门性质医籍与方书,世界书局出版了《丹方全书》《单方大全》《秘本丹方大全》(后两种以广文书局名义编纂)等。1936 年《中医条例》正式颁布,中医因而获得身份的合法化,世界书局此后相继出版了《珍本医书集成》和《皇汉医学丛书》两部医籍大丛书。值得注意的是,1936 年被当时称作"医书年"①。时人认为,"将吾国古医书分门别类,汇为一编,廉价发售,以期普及者。有之,则自世界书局与大东书局始"。世界书局的两大中医古籍丛书连同大东书局的《中国医学大成》②,共同构成了当时中医古籍出版的短暂高峰。

世界书局出版的古籍大多加上句读断句,即便影印本亦施之圈点。如 1935 年影印出版的清阮元主持校刻的《十三经注疏(附校勘记)》(精装两册)便增加了断句。

①不但 1936 年被称作"医书年",中医期刊在 1937 年 10 月份亦曾迎来一个小的出版高峰,连续 7 种新刊问世,有人提出该月是"中医界出版月"。但因受战争影响,中医典籍与刊物的出版高峰很快消散了。吴去疾:《敬告印行古医书者》,《神州国医学报》1936 年第 4 卷第 10 期,第 1—3 页;寡人:《三十六年十月是中医界出版月?》,《健康医报》1947 年第 41—43 期,第 4 页。

②《中国医学大成》由曹炳章编辑,选目 365 种,分作医经、药物、诊断、方剂、通治、外感病(伤寒、温暑、瘟疫)、内科、外科(外科、伤科、喉科)、妇科、儿科(儿科痘科)、针灸(针灸、按摩)、医案、杂著(医论、医话)等 13 类。因战火原因,《中国医学大成》最终仅出版了 134 种。

作为经部第一要籍,《十三经注疏》使用广泛。为读者降低阅读难度的世界书局版本一出,便成为通行本,不仅对当时的文史学者来说不可或缺,即便后世也对此珍视有加,多有再版。如新中国成立后,中华书局、上海古籍出版社皆曾据此重版。在高手如林的古籍出版活动竞争中,世界书局提升整理程度、提高出版水平的这一策略,不但可圈可点、卓有成效,更整体上为世界书局的古籍出版赢得了长久不衰的美誉。

一、《珍本医书集成》及其续编

世界书局曾引用梁启超"中国学问界,是千年未开的矿穴,矿苗异常丰当,但非我们亲自绞脑筋绞汗水,都开不出来"之语,作为其出版《珍本医书集成》和《皇汉医学丛书》的立论点,并自称其出版二书的行为是在"探一探这丰富的矿穴",而且可"为探矿穴的勇士尽一臂之力"[①]。

《珍本医书集成》主编为裘吉生(中央国医馆理事),收医书 90 种,页数一万余,经校订后加入句读,仿古字排印,洋式精装,由世界书局于 1937 年分装 14 册出版。校雠厘订工作由周毅人、董志仁、沈仲圭、谢诵

---

① 《〈珍本医书集成〉〈皇汉医学丛书〉两部医书征求附印》,《申报》1936 年 4 月 5 日,第 4 版。

穆、包元吉、蔡燮阳、汤士彦、蒋抡元、桂良溥、陆清洁、
刘淡如、马星樵、李锦章、徐志源、裘韵初、裘吟五诸医
士完成。焦易堂、张赞臣、陆彭年、时逸人、沈仲圭、谢
诵穆、周镇、邹趾痕、曹炳章、陈郁、秦伯未、宋爱人、徐
荣斋等人为之作序,焦易堂、彭养光、颜福庆、萧方骏、
龙友甫为之题辞。

据《珍本医书集成》凡例载,裘吉生搜求医书 40 余
年,于所积三千数百种中选定 90 种,辑为《珍本医书
集成》。辑入医书各科皆备,包括医经类 5 种,本草类
5 种,脉学类 3 种,伤寒类 4 种,通治类 8 种,内科类 12
种,外科类 3 种,妇科类 4 种,儿科类 2 种,方书类 17
种,医案类 15 种,杂著类 12 种。所辑各本包括孤本、精
刻本、精钞本、批校本、未刊稿等。据裘氏回忆,"当时因
搜求一书,有费时累年,费银四五百金者,要皆海内不可
多得之书。其中土已佚者,往往从日本求得之"。《珍本
医书集成》编纂前,裘氏先后刻有《医药丛书》(分木刻
与活字两种)《国医百家》《绍兴医报汇编》《三三医书》
等 270 余种医书,"树医学丛书之巨观"①。《珍本医书集
成》间有数种曾收入《三三医书》,但后者以初印不多,是
"四方学者来函要求再版之书";又在坊间或有同样名
目之本数种,收入《珍本医书集成》前皆已重加校订,增

①沈仲圭、谢诵穆:《珍本医书集成》序,裘吉生编《珍本医书集
成》,世界书局 1937 年。

补了关于各书之文字。选辑原则以切合实用与可供参考为主，"为学医者必读之，即不知医者家庭亦可备参考检查之用"。不切实用者，即便版本名贵如《玄珠密语》《子午流注经》《绀珠经》《素女经》等，概未选入。

表 5-1　《珍本医书集成》书目表

类别与种数	书名、卷数、作者（编者）、版本等信息
医经类 5 种	《内经素问校义》1 卷（增刘师培后一篇），胡澍，《三三医书》本重订；《内经博议》4 卷，罗东逸，钞本；《难经古义》2 卷，滕万卿，日本精钞本，原书已佚；《难经正义》6 卷，叶子雨，未刊稿；《古本难经阐注》2 卷，丁锦，精刊本，内容与通行本不同。
本草类 5 种	《神农本草经赞》3 卷（附《月令七十二候赞》1 卷），吴普原本，叶志诜撰赞；《本草择要纲目》2 卷，蒋介繁，稀有本；《本草撮要》10 卷，陈蕙亭，资生堂原版；《本草思辨录》4 卷，周伯度，家刻初成，由裘氏借印百部，余无传者；《食鉴本草》1 卷，费伯雄，精钞本，内容与通行本不同。
脉学类 3 种	《订正太素脉秘诀》2 卷（卷首增有董志仁《太素脉考》一篇），张太素，孤本；《脉诀乳海》6 卷，王邦传，叶子雨订正稿本；《诊脉三十二辨》1 卷，管玉衡，《三三医书》本重订。
伤寒类 4 种	《伤寒括要》2 卷，李士材，精钞本；《伤寒寻源》3 卷，吕茶村，孤本；《伤寒捷诀》1 卷，严则庵，精钞本；《伤寒法祖》2 卷，任越庵，任氏为绍兴任沨波之祖，伤寒专家，此为其原稿。

续表

类别与种数	书名、卷数、作者（编者）、版本等信息
通治类 8 种	《松厓医径》2 卷，程松厓，天启初印本，世少流传；《古今医彻》4 卷，怀抱奇，稀有本，多发明处；《医略十三篇》13 卷（附《人迎辨》《关格考》），蒋宝素，蒋氏为王九峰之高弟子，有潘世恩，阮元序，精刻本；《医经小学》6 卷，刘宗厚，刘氏更有《玉机微义》与此并为难得之书，慈溪耕余楼珍藏本；《通俗内科学》1 卷，张若霞，甚切实用；《杂症会心录》2 卷，汪蕴谷，精钞本；《鸡鸣录》1 卷，王孟英，王氏遗稿未收入他集中；《医学传灯》2 卷，陈德求、程云来评钞本。
内科类 12 种	《增订伤暑全书》2 卷，张凤逵，叶子雨增订，三三医社《国医百家》重订本；《辨疫琐言》1 卷（附《李翁医记》2 卷），李振声，稀有本；《六气感证要义》1 卷，周伯度，周氏为《本草思辨录》之著者；《鼠疫约编》1 卷，郑肖岩，家刻本，多有发明；《湿温时疫治疗法》1 卷，绍兴医学会编，极精湛，无传本；《重订温热经解》1 卷，沈汉卿，稀有本；《温热论笺正》1 卷，陈根儒，印送一次后无传本；《医寄伏阴论》2 卷，田宗汉，精钞本，独具见解；《霍乱燃犀说》2 卷，许起，抄本，多切合实用；《六因条辨》3 卷，陆子贤，孤本；《瘴疟指南》2 卷（附近贤宋爱人君《黑热病诊治指南》一篇），郑灵渚，稀有本；《疯门全书》2 卷（附《疯门辨正》1 卷），萧晓亭，稀有本，皆实验特效方。
外科类 3 种	《外科传薪集》1 卷，马培之，孟河马氏为外科名家，所载皆秘方，世无传本；《外科方外奇方》4 卷，凌晓五，《三三医书》本重订；《伤科方书》1 卷，江考卿，《三三医书》本重订。
妇科类 4 种	《产宝》1 卷，倪凤宾，孤本，切实简要，人人应备之书；《产孕集》2 卷，张曜孙，精刻本；《胎产新书》20 卷，竹林寺秘本，计《女科秘要》8 卷、静光释师考定《女科秘旨》8 卷、轮应禅师纂《女科旨要》4 卷、《雪岩禅师增广》，皆为叶子雨藏本；《女科百问》2 卷，齐仲甫，稀有本。

续表

类别与种数	书名、卷数、作者（编者）、版本等信息
儿科类 2 种	《儿科醒》12 卷，芝屿樵客，精刻本；《麻疹阐注》4 卷，张霞溪，张氏家刻本。
方书类 17 种	《惠直堂经验方》4 卷，陶东亭，精钞本，原版清雍正间已毁；《绛囊撮要》1 卷，云川道人，稀有本，多载秘方；《经验奇方》2 卷，周子芗，原稿，多秘方；《古方汇精》4 卷（附编 1 卷），爱虚老人，选刊本，极精当；《医方简义》6 卷，王馥原，裘氏刻本，王氏为名医潘心如之业师；《回生集》2 卷，陈乐天，湖南二观堂藏版；《不知医必要》4 卷，梁子材，慈善家辑刻；《医便》5 卷，王三才，稀有本，方多验；《春脚集》4 卷，孟文瑞，是书有缺，经徐燕庭在旧京钞全；《外治寿世方》4 卷，邹俪笙，稀有本，百病皆用外治法；《文堂集验方》4 卷，何惠川，稀有本；《疑难急症简方》4 卷，罗越峰，蔡元培署签，绍兴名医先贤辑刻本，搜集极精；《扶寿精方》1 卷，吴近山辑、曹水峪传，孤本明刻；《孙真人海上方》1 卷，孙思邈，王守中就石刻拓得；《鲁府禁方》4 卷，龙廷贤，孤本；《秘传大麻疯方》1 卷，佚名，精钞本，载特效法；《喻选古方试验》4 卷，喻嘉吉，稀有本。
医案类 15 种	《得心集医案》6 卷，谢映庐，清咸丰间家刻本，版久毁；《杏轩医案》初集 1 卷、续集 1 卷、辑录 1 卷，程杏轩，稀有本；《古今医案按选》4 卷，王孟英、杨素园校，董氏初刻，此书只刷样不印行，版久毁，此即样本；《花韵楼医案》1 卷，顾蔓云，顾为吴县妇科名家，此其未刊稿；《王旭高临证医案》4 卷，王旭高，稀有本，王氏为无锡名医，此书仅在锡排印数百部；《丛桂草堂医案》4 卷，袁桂生，精刻本，世少流传；《黄澹翁医案》4 卷，黄澹翁，未刊稿，经无锡周小农手校，后二卷为生平所用验方；《诊余举隅录》2 卷，陈匊生，稀有本，极精湛；《也是山人医案》1 卷，佚名，未刊稿，周小农手校；《龙砂八家医案》1 卷，姜成之，未刊稿；《邵氏医案》1 卷，邵兰荪，未刊稿，裘吉生辑录；《沈氏医案》1 卷，沈鲁珍，未刊稿；

续表

类别与种数	书名、卷数、作者（编者）、版本等信息
	《青霞医案》1卷，沈青霞，未刊稿，周小农精校；《素圃医案》4卷，郑重光，精钞本；《扫叶庄医案》4卷，薛生白，未刊稿。
杂著类12种	《寿世青编》2卷（附《病后调理服食法》1卷），尤乘，订正钞本；《存存斋医话稿》2卷，赵晴初，增刊3卷，并附近贤沈仲圭君《吴山散记》，裘氏补刻本；《医权初编》2卷，王三尊，上卷医论、下卷医案，稀有本，多实用处；《一得集》3卷，心禅，上卷医论、中下卷医案，稀有本，有俞曲园序，论医极精，治案极验；《医医偶录》2卷，陈修园，稀有本，为陈氏晚年教子之作，世传修园全书中无此本；《药症忌宜》1卷，陈三山，藏修书屋珍藏本；《蠢子医》4卷，龙绘堂，孤本，多所发明；《宜麟策》1卷（续1卷），孤本，内容如现在之优生学；《医医小草》1卷（附《游艺志略》1卷），宝辉，孤本；《医门补要》3卷（附《察生死法》1卷），赵竹泉，精刻本，发明甚多；《履霜集》3卷，周小农参校，精钞未刊本；《广嗣要语》1卷，溯洄老人，精钞本。

1936年4月，世界书局开启附印形式的销售，原价60元，附印一次交17元，两次交18元（附印时交8元，出书时交10元）[1]，同年8月出书[2]。征求附印，以一千部为限。据世界书局统计，两书征求附印未及半月，数额已及半数。附印期结束后，按定价出售。1937年8月，《续编》

---

[1]《〈珍本医书集成〉征求附印》，《申报》1936年4月4日，第2版。

[2]《〈珍本医书集成〉〈皇汉医学丛书〉出版为期不远》，《申报》1936年6月14日，第2版。

展期预约广告中,《珍本医书集成》仅售 17 元 5 角^①。1940 年 10 月又推出七折 42 元的特价^②。

1937 年 5 月,世界书局续出裘吉生主编《〈珍本医书集成〉续编》,所辑医书 99 种,精装 14 册,实价 22 元。所收各书"不特为医家之参考,亦为人人所必备之要籍",各书版本悉以罕见善本、仅存孤本、未刊稿本、精钞秘本四种为标准,计分医经类 5 种,本草类 8 种,脉学类 3 种,伤寒类 16 种,通治类 7 种,内科类 12 种,外科类 7 种,妇科类 3 种,儿科类 11 种,方书类 17 种,医案类 5 种,杂著类 5 种^③。已购正编者预约续编七折(同时预约正续编者七折)。原定同年 8 月底出书,后延期至 11 月出版,预约期也延期至 10 月底,延期期间预约价特价仅 15 元 4 角^④。

但据老"世界人"朱联保回忆,全面抗战爆发后,"上半年发售预约的《〈皇汉医学丛书〉续编》《〈珍本医书集成〉续编》,因战事发生,稿件损失,未能出版"^⑤。

---

① 《〈珍本医书集成续编〉〈皇汉医学丛书续编〉特价预约展期》,《申报》1937 年 8 月 2 日,第 5 版。
② 《〈皇汉医学丛书〉〈珍本医书集成〉特价一个月》,《申报》1940 年 10 月 22 日,第 1 版。
③ 《〈珍本医书集成续编〉〈皇汉医学丛书续编〉发售特价预约》,《申报》1937 年 5 月 8 日,第 1 版。
④ 《〈珍本医书集成续编〉〈皇汉医学丛书续编〉特价预约展期》,《申报》1937 年 8 月 2 日,第 5 版。
⑤ 朱联保:《上海世界书局史记》,全国政协文史资料委员会编《文史资料存稿选编》(第 23 辑 : 文化),中国文史出版社 2002 年,第 275 页。

二、《皇汉医学丛书》及其续编

《珍本医书集成》出版时,世界书局曾将整理出版医书形容为探矿中华传统文化,并认为中国医学探矿步骤不外四种——其一,整理医籍,去芜存精,分别类目;其二,公秘方免得孤本成为绝本,佚稿成为亡稿;其三,校刊木板珍本,使之流通;其四,翻译日人研究所得,作为国人学医之参证[①]。《珍本医书集成》的出版完成了前三个步骤,《皇汉医学丛书》的汇辑则完整呈现了以上四个步骤。

日本研究中国医学者称为"皇汉医学",《皇汉医学丛书》因汇集日本人所著中国医药名著而成,故有此称。据编者陈存仁(《中国药学大辞典》编者)自陈,全书以适合实用与可供参考者为择书标准,只就数百种著作中选其最有价值者刊之,凡日本流行之中国医药书籍中转述旧说、无甚发明者,概未收录。全书所辑,一半为距彼时不远的日本汉医勃兴运动中的新刊本,一半为旧刊不易得的珍本。其中数部在日本搜求,编者商之日友使遍谒日本医士访采而得;复有裘吉生所藏珍本数种,慨借录存之。日人汉医书籍中,所制图画,如接骨学之手术图等为国内所鲜见,重加整理后亦附入书中。陈存仁、徐相任、

萧方骏、褚民谊、徐荣斋为之作序,焦易堂、彭养光为之题辞。全书共收医书 73 种,包括总类 9 种,内科 19 种,外科 1 种,女科 3 种,儿科 3 种,眼科 1 种,花柳科 1 种,针灸 4 种,治疗诊断各 1 种,方剂 10 种,医案医话 11 种,药物 8 种,论文 32 篇[1],页数一万余。仿古字排印,洋式精装,分装 14 册,全书定价 50 元。1936 年 4 月,《皇汉医学丛书》与《珍本医书集成》一同开始征求附印[2],附印收 14 元,以一千部为限,额满即止。同年 7 月开始付书[3]。1937 年 8 月,《续编》展期预约广告中,《皇汉医学丛书》仅售价 14 元[4]。1940 年 10 月,世界书局曾从地方分店调运若干部《皇汉医学丛书》,推出 35 元特价,为期一个月。

　　1937 年 5 月,《〈皇汉医学丛书〉续编》与《〈珍本医书集成〉续编》共同发起预约。《〈皇汉医学丛书〉续编》,陈存仁主编,收医书 75 种,精装 14 册,实价 18 元。全书计医经类 6 种,本草类 4 种,针灸类 7 种,伤寒金匮类 5 种,内科类 11 种,外科类 4 种,眼科类 1 种,妇科类 2 种,儿科类 4 种,方书类 21 种,杂著类 10 种。选辑以适于实用为主,间有数种为翻译校订自日本原文。已购正编者

----

[1]《皇汉医学丛书》凡例,陈存仁编《皇汉医学丛书》,世界书局 1937 年。

[2]《〈皇汉医学丛书〉征求附印》,《申报》1936 年 4 月 4 日,第 2 版。

[3]《〈珍本医书集成〉〈皇汉医学丛书〉出版为期不远》,《申报》1936 年 6 月 14 日,第 2 版。

[4]《〈珍本医书集成续编〉〈皇汉医学丛书续编〉特价预约展期》,《申报》1937 年 8 月 2 日,第 5 版。

预约续编七折(同时预约正续编者七折,预约两种续编
照价九折),寄费每部另加 1 元 2 角。原定同年 8 月底出
书,后因预约展期至 10 月底截止,11 月底才出书^①。展期
期间,预约价特价仅 12 元 6 角。但据前文所引朱联保的
回忆,连同《珍本医书集成〉续编》在内,《〈皇汉医学丛
书〉续编》因为全面抗战爆发而未能出版。

①《〈珍本医书集成续编〉〈皇汉医学丛书续编〉发售特价预约》,
《申报》1937 年 5 月 16 日,第 2 版。

中　编
文本的生产与消费

第六章 古书新造：民国时期古籍的再生产逻辑

古籍概念的诞生，一般以政治为标尺，将民国成立前以中华文化为内容、采用中国传统著作方式书写的文献统称为古籍。古籍概念的诞生意味着文化边界的收缩，文化尺度或可将其根基渐失的凋敝之路往前推溯得更久。在鸦片战争后渐成气候的西学东渐的文化坐标中，传统文化始终饱受竞争与质疑，并最终在科举废除后从制度层面丧失了文化统治权，传统文献落入"泯然众书"的境遇。

在凋敝之途中，古籍的生产亦曾三度大放异彩。首先是在太平天国运动后的同治中兴环境下，背负救世重任，经由各地地方官书局之力被大量刊印（经史类典籍）；其次是在19世纪80—90年代，在石印技术驱动下，众多民营书局主导下频密的复制活动。这两次出版活动，一次促发于右文政策的推动，一次则源于民间阅读趣味与出版方利益的共谋，古籍此时依然葆有内生性活力，拥有包括政府、民间、文化制度在内的多方护持。当20世纪20—30年代前半期第三次大规模的复印活动到来时，出版环境早已时移世易。古籍被知识精英待以"打鬼""治病"之遇已长达数十年,"古董""扫入茅坑"之谈更甚嚣尘上,民间在此影响下,对古籍的反感与恶意不遑多让,普遍将之置入文化达尔文主义的论述框架内竭力贬低其价值。国学研究虽经"整理国故"运动的提倡而于20—30年代前半期盛极一时,但研究所据的"文本"更青睐于考古新发掘的新材料、新实物,对"故纸堆"的依赖渐弱①。在科举制度被废、传统文化研究范式更迭、现代文化大兴的时代语境中,古籍丧失了既有功用,其功能层面的"废墟"化彰明昭著。吊诡的是,新一轮的大规模古籍出版活动恰于此时来临。自20世纪20年代的《四部丛刊》《四部备要》《续古逸丛书》②等大型丛书,至30年代的《四库全书》(珍本初集)③《丛书集成》等巨型综合性丛书、《百衲本二十四史》《二十五史》《〈二十五史〉补编》等正史丛书,以及《宋碛砂版大藏经》《六十种曲》《古今碑帖集成》《珍本医书集成》及其续编等宗教、艺

---

① 桑兵:《晚清民国的国学研究》,北京师范大学出版社2014年,第24页。

② 《续古逸丛书》于1919年出版第一种《宋椠大字本孟子》,至1957年出第47种宋刊本《杜工部集》,为商务历史上出版历时最长(38年)的丛书。需要说明的是,由于一般情况下大型古籍丛书出版周期较长,本书出现的古籍丛书,表达或标示的均为其开始出版的日期。

③ 本书所讨论的商务印书馆版《四库全书》,均指选本(即当时所称《四库全书(珍本初集)》),下文将简称其为《四库全书》,特此说明。

术、医学类专题丛书，古籍出版活动蔚然成风，时人常以
"旧书年""古书年""古书潮"[①]等指向古籍出版实践的
词汇去标记和总结年份。这一时期对古籍的关注，进而
由载体而阔延至传统文化层面，引发广泛的文化与思想
论争。

在这一既拒斥传统文化，却又不断复制传统文献的
矛盾中，古籍生产的逻辑指向何处？更进一步的问题在
于：出版主体与传统文化的管理者，如何缝合古籍功能
层面的历史断裂？在功能重构的进程中，古籍的文本性
与物质性关系如何？功能的新建，最终将古籍导向何
处？它的市场在哪，最终存储何处以及如何抵达储所，
究竟谁是它的读者？最终这些问题将汇聚为回答这样一
个核心问题：民国时期古籍的现代出版路径与印刷范式
如何？

一、正典化的远去与建构纪念碑性

传统的形成与文化的选择机制密切相关，那些被
择选下来的特定的核心文献统称为正典。这些正典性
的文献具有扬·阿斯曼（Jan Assman）所说的"卡农"性

---

① 卫术：《旧书年》，《申报》1935年4月10日，第16版；秉：《为出
版业进一言》，《申报》1936年3月26日，第6版；融：《杂志年与
古书潮》，《申报》1934年12月22日，第21版。

质,即既不允许被增加一个字,也不允许被减少一个字,更不允许被修改任何一个字①。经由正典性文本的排他型形塑,特定文化类型呼之而出。自汉代以来,中国传统文化的正典文献基本限定在儒家一学,固定在了有限的图书范围内。到了科举废除、西学冲击的时代,古籍文献正典身份崩塌。如果从大的范围看,则古籍文献整体上的类正典化属性亦全面消退。在被剥离了"原始的"(亦属人为建构)意义结构和功能域后,古籍的文化合法性岌岌可危,急需新的意义空间的再塑。面对正典化功能退场远去的大势,一种宏大的、引人注目的解决之道取而代之——建构古籍的纪念碑性,被迅速提上日程。

如果说正典化的确立,取决于文本层面的内容属性;纪念碑则是具有纪念性和礼仪功能的任何形式之物,不局限于类型学和物质体态方面的判定界限,其本质在于所界定之物具有内在的纪念性和礼仪功能。"纪念碑性"(monumentality)则相当于作为物质的"纪念碑"的内涵所指,两者具有"内容"与"形式"的对应关系。"纪念碑性"和回忆、延续以及政治、种族或宗教义务相关,承担"保存记忆、构建历史"的功能,"力图使某位人物、某个时间或某种制度不朽,总要巩固某种社会关系或某个共

---

① 〔德〕扬·阿斯曼(Jan Assman)著,金寿福、黄晓曼译:《文化记忆:早期高级文化中的文字、回忆和政治身份》,北京大学出版社2019年,第101、176页。

同体的纽带,总要成为界定某个政治活动或礼制行为的中心,总要实现生者与死者的交通,或是现在和未来的联系"①。本章使用"纪念碑性"这一术语,旨在说明民国时期的古籍(尤其大型古籍丛书)经由出版主体的建构,开始剥离同文本的关系,走向同永恒、雄伟与静止等观念相通的物质域。

《四库全书》的出版是作为传统文化管理者的政府和出版机构共谋的产物,也是形塑古籍纪念碑性的典型出版物。民国以来,影印《四库全书》之议凡五次。第一次在 1920 年,时徐世昌当国,适叶恭绰自欧美归国,以国外重视《四库全书》,遂倡此议。曾影印样本一套,分赠海外诸国,卒以耗资甚巨而止。第二次在 1924 年,商务印书馆(下文或简称商务)向政府商借文渊阁本②印行,因曹锟政府索贿未遂而止。第三次在 1925 年,当局拟以文津阁本交商务印书馆印行,适值江浙战起,当局借故又止。第四次在 1928 年,由奉天省政府发起,拟用文渊阁本校印文溯阁本后再版,但仅成《续修总目》及《选印要目》。第五次在 1933 年,南京国民政府令教育部(执行者为尚处筹备中的中央图书馆)与商务印书馆拟订合同,选印库本

---

① 〔美〕巫鸿著,李清泉、郑岩等译:《中国古代艺术与建筑中的"纪念碑性"》,上海人民出版社 2017 年,第 26—28 页。
② 后文将统一以"库本"代替各阁本(民国仅存三部完整《四库全书》,即藏于文渊阁、文津阁、文溯阁的三个版本,以及文澜阁一部残本)之称。

（文渊阁本）。以北平图书馆为首的平津沪学术名流与政府决议相左 ①——前者力主以善本代替库本，两者在选印与全印、库本与善本等规模、版本、命名各方面形成两派势力 ②，立场不同，烽烟四起。

教育部、商务印书馆、图书馆（北平图书馆、中央图书馆）、故宫博物院、学术群体（目录学家、版本学家、藏书家）、域外文化机构、大众媒体、普通民众等力量，构成了1933 年《四库全书》出版之争中难以忽视的话语群落。其中，以教育部、商务印书馆、学术群体为代表的政治、商业、学术三股势力，位居出版活动的斗争中心；商务印书馆则又听命于教育部，《四库全书》的商业属性因而被政治意识形态覆盖以至匿迹。舆论场中政治与学术之争尤为显要。

政治与学术之争，聚焦于是否要"以善本代库本"，即是否在文本内容中保留清廷的错讹。政府明确对外宣告，"四库所收，非尽善本，且有残缺讹误，确属实情，无庸讳言"，在对清廷之于丛书的"文本污染"心知肚明的前提下，坚持认为"影印之书，即有错字，亦不宜改"，因为"影

---

① 以蔡元培、袁同礼为首的北平图书馆，加上如董康、傅增湘、叶恭绰、朱启钤、江瀚、沈士远、朱希祖、李盛铎、沈兼士、陈垣、张允亮、徐鸿宝、马廉、冒广生、马衡、徐乃昌、张之铭、顾燮光、顾颉刚、刘复、汤中、陈寅恪、陶湘、赵尊岳、刘承幹等目录学家、版本学家、藏书家，组成了与政府决议对立的一派。
② 但主要矛盾点聚焦于"库本"与"善本"之争。

印古书，最要是不许失真"①。存真的目的在于"俾世人得窥四库本之真面目"②，那么四库的真面是什么，又为何如此重要？

《四库全书》全书三万六千余册、六千一百余函，规模宏巨，装潢富丽。民国政府将《四库全书》作为一种政治性的遗产进行接收，藏于隶属官方的文化部门，任何复制"国家所藏之《四库全书》"，都必须与政府订立条章，签订繁琐而严厉的出版合同。"吾国之公器"③ 的"国有之物"④，实则是"国之私有"。不但如此，这一文本丛更被凝铸成一具整体性的象征物而存在，成为不可拆解替换的"神圣"之物——不但再版时，全本不能作任何版本的替换，且"若别择古本善本以代之，则不得冠以四库之名"⑤。"钦定"的"四库"二字成为政府使用的专利，民间士人或商人群体的自辑产物，不能同直接取自国家所藏、作为一个整体的文献丛相提并论。更吊诡的是，即便以善本替换被清廷篡改后充满错讹的库本，在政府眼中，此时原属

---

① 陈柱尊：《对于影印〈四库全书（珍本）〉之意见》，《申报》1933 年 9 月 7 日，第 19 版。

② 陈柱尊：《对于影印〈四库全书（珍本）〉之意见》，《申报》1933 年 9 月 7 日，第 19 版。

③ 乘黄：《闻奉天开印〈四库全书〉之联想》，《申报》1929 年 1 月 14 日，第 19 版。

④ 老圃：《北京之大骨董店》，《申报》1922 年 4 月 7 日，第 20 版。

⑤ 陈柱尊：《对于影印〈四库全书（珍本）〉之意见》，《申报》1933 年 9 月 7 日，第 19 版。

于去除文本污染的校订行为,已然成为另一种文本污染行径。可见,政治视角的"存真"实则是存误,其所存之真,是作为物质的真,而非文献学意义上的文本之真。

在政府"存真"执念的主导下,《四库全书》无形中被"剥夺"了内容层面的学术属性。库本到底在学术上价值如何,则出版主体并不以为意。面对舆论中对《四库全书》现代学术价值的诘问,对其影印"无用"之书动机的质疑,政府借助代言人之口承认,"盖库书之价值,虽以不合时代之关系,降至极低限度,然终不失为东方典籍结集之中心,自有其相当之功用"[①]。如果说"以善本代库本",还是停留在传统文献学领域的学术论争,那么对《四库全书》现代学术价值的诘问,则无疑确认了古籍正典化身份的远去,以及其不合时宜的非合法性的再版理由。"自有其相当之功用",这一功用又指向何处?

如果说善本替换和现代学术价值的诘问,共同指向学术与文本;那么锐意保留"库本"真相,则指向政治利益,政治资本的获取依赖库本本身的物质性存真。南京国民政府是"为印《四库全书》而印《四库全书》",不是"为提倡学术而印《四库全书》"[②]。为印而印,保留物质层面的完整性和原真性,必须以牺牲文本内容层面的完整

①郑鹤声:《对于影印〈四库全书〉舆论之评议》,《国风》1933年第3卷第6期,第25页。
②邨:《反对影印〈四库全书〉》,《正论周刊》1933年第28期,第434页。

性与本原性为前提。

　　民国政府在对外交往中，始终不断宣扬和强化《四库全书》作为文献纪念碑的价值，不曰"阐扬文化"（民九《大总统令》），即曰"辅益文治，导扬国光"（民十四《执政令》）；以张学良为首的奉天地方政府更不惜歪曲事实，专门撰写对外通告不无夸张地向外宣称"全书包括中国五千余年所有历史、民族、社会、政治、制度、宗教、天象、地舆、物产、文艺、哲理、美术、医算、农工商矿及百家杂学"①。以至于"此书伟大富丽之观，深入中外人士之脑际"，"莫不认为东方文化上之极大事业"，于是不断有域外之音传入中土，倡议当局制造副本，以播海外。在域外的凝视，以及国内以佛藏和道藏类比《四库全书》为儒藏②，并言"明兴有《永乐大典》之辑，清初有《四库全书》之设，民国既建，鉴于东西各国文化之发达，何不可自成巨观，永垂令典"③的历史凝视下，《四库全书》成为无法自

---

① 《奉天影印〈四库全书〉电》，《申报》1929 年 1 月 4 日，第 11 版。《四库全书》中著录与存目的图书尚不及焚毁之多（著录与存目共 10223 部，焚毁共 13862 部），安得云"五千年所有"之说，时人多为之侧目。董众：《选印文溯阁〈四库全书〉》，转引自卞宗孟：《东北文献丛谭（第一集）》，北平民友图书发行 1934 年，第 23 页。

② 金步瀛：《〈四库全书〉表解》，《浙江图书馆报》1929 年第 3—4 卷第 1 期，第 97 页；商务印书馆：《影印〈四库全书〉（珍本初集）缘起》，《商务印书馆通信录》1934 年第 394 期，第 13 页。

③ 济沧：《对于〈四库全书〉印行之意见》，《申报》1920 年 11 月 15 日，第 11 版。

创"令典"的羸弱政府①,面对压力时的新时代之选。

经由原汁原味地物质性复制存真,再通过不断的展览、交换、赠送等方式②,库本被政府铸造成了一座向域外输出民族与国家形象的外交性、礼仪性的文献纪念碑。商务印书馆不但为政府制造了对外的"令典",还为家庭、教育机构、公共文化组织制造了"古董化""贵族化"的纪念碑性文献景观。价昂而巨构的《四库全书》,"势非富贾大商莫可购藏"。购去之后,供于客厅,"架满琳琅,逢人夸其富有,作如斯观"③。这类买主"购书而能读书者寥寥"④,其"目的是在'珍'而并不在'善',更不在是否能合

①民国政府与清廷相比,缺乏制造新令典的实力。即便复制清廷的旧令典,虽十余年间历次均以政府为主导,但又不得不借助商业出版机构的印刷能力。章士钊作为 1925 年第三次影印计划的策划者与局内人(时执掌教育部),曾化名孤桐发文晒笑北京政府令财政部下设的"官印刷局自为之"之议,"以今库空如洗,少有款即见攫去,财部宁得从容集资办印书耶?"。对于政府而言,"仅影印一事,已视为极艰巨之事业……印刷一事也,在无大规模国立印刷局之前,惟有托商家为之"。政府力量羸弱由此可见一斑。孤桐:《论影印〈四库全书〉不成事》,《国闻周报》1926 年第 3 卷第 33 期,第 8 页;郑鹤声:《对于影印〈四库全书〉舆论之评议》,《国风》1933 年第 3 卷第 6 期,第 20—37 页。

②张学科:《国礼:民国时期〈四库全书〉的新身份》,《图书馆杂志》2020 年第 2 期,第 122—128 页。

③削颖:《记影印〈四库全书〉之搁浅》,《上海画报》1926 年第 193 期,第 2 页。

④董众:《选印文溯阁〈四库全书〉》,转引自卞宗孟:《东北文献丛谭(第一集)》,北平民友图书发行 1934 年版,第 23 页。

于实用的"[①]；更有小学校图书馆亦购之作镇馆之宝[②]，捉襟见肘的地方新建图书馆也在众声反对中斥巨资购买这一"文字欠通俗化，究非大多数人所能阅读，亦非大多数人目前所最急切需要的"巨构[③]；大学图书馆则不惜透支经费购买这一"瞎子戴眼镜摆着罢了"的"无用之书"[④]。不绝于耳的指摘之声，也从侧面进一步说明古籍正典化功能的全面消散——不论是学生，还是社会民众，均对其"不合时宜"感到不解，甚至愤怒；但另一方面，这恰恰也更说明了《四库全书》作为极力被建构出的文献纪念碑之魅力所系——越不合日常实用，则越具有纪念碑性的意义与价值。

　　《四库全书》漫长的再版历程，其出版活动本身即具有景观化的纪念碑性意义。它在出版过程中遇到的"索贿"[⑤]、

[①] 丰之余：《〈四库全书〉珍本》，《申报》1933 年 8 月 31 日，第 19 版。

[②] 北星：《吴兴菱湖镇一角，教育的绿洲》，《申报》1947 年 12 月 31 日，第 5 版。

[③] 樵夫：《县立图书馆订购〈四库全书〉珍本感言》，《云雅》1934 年第 4 期，第 32 页。

[④] 唐锡如：《反对本校当局之贮款待购〈四库全书〉》，《沪江大学月刊》1926 年第 16 卷第 1 期，第 4 页。

[⑤] 曹锟部下李彦青，索贿商务印书馆不成，阻挠库本运沪。允藏：《〈四库全书〉与曹锟》，《孤军》1924 年第 2 卷第 3 期，第 6—7 页；郑鹤声：《影印〈四库全书〉之经过》，《图书评论》1933 年第 2 卷第 2 期，第 72 页。

"抵押"①、"出售"②、"域外的觊觎"③、"外敌的'掠夺'"④、"派

---

① 1920 年代,北京政府教育经费捉襟见肘。教育部职员索薪不成,将库本作为抵押物封锁之。《教育部定期拍卖》,《申报》,1923 年 11 月 13 日,第 4 版;乐:《教育部封锁〈四库全书〉之疑点》,《游艺画报》1926 年第 37 期,第 1 页。

② 1922 年,清室积困,据传无力担负溥仪大婚费用,欲向日本出售库本。北大多名教师联名写信上诉政府,反对清室视之作私物。沈兼士、钱玄同、周作人等:《为清室盗卖〈四库全书〉敬告国人书》,《北京大学日刊(第八分册)》1922 年第 1005 期,第 3 页;国立北京大学研究所国学门委员会:《北大请禁清室盗卖古物》,《申报》,1923 年 9 月 26 日,第 7 版;《清室秘卖奉天〈四库全书〉》,《申报》,1922 年 3 月 28 日,第 7 版。

③《法专使请观藏书》,《申报》1912 年 4 月 25 日,第 6 版;《校印〈四库全书〉之赞助》,《申报》1917 年 1 月 17 日,第 11 版;《传心殿款宴日宾》,《申报》1917 年 11 月 3 日,第 6 版;《陈宝泉有以〈四库全书〉押款说》,《申报》1923 年 8 月 28 日,第 7 版;《马小进质问禁印〈四库全书〉》,《申报》1924 年 4 月 30 日,第 6 版;《美国拟翻印〈四库全书〉,拨庚赔建图书馆,梁启超决赴美磋商》,《申报》1926 年 12 月 31 日,第 7 版;《日本拓相在沈之谈话》,《申报》1929 年 10 月 8 日,第 10 版;《左近司离杭回沪》,《申报》1932 年 11 月 12 日,第 8 版;《服部宇之吉到伪国》,《申报》1933 年 10 月 17 日,第 8 版;《日人亦谋印〈四库全书〉》,《申报》1933 年 10 月 20 日,第 10 版;《日在我东北文化侵略愈急》,《申报》1934 年 9 月 1 日,第 14 版;《日人谋翻印〈清实录〉及〈四库全书〉》,《黑白》1934 年 2 卷第 6 期,第 52 页;《文澜阁〈四库全书〉被敌东运,沈故宫所存文献亦被运走海东,日人以四百万金建孔庙于东京》,《浙江图书馆刊》1935 年第 4 卷第 1 期,第 160 页。

④ "九一八"事变后,多有文溯阁库本被掠至日本之传闻。《沈阳〈四库全书〉全被日人搬走》,《申报》,1931 年 9 月 27 日,第 8 版;《书林厄运——沈阳〈四库全书〉亡,东方图书馆焚》,《武昌文华图书季刊》1932 年第 4 卷第 1 期,第 104 页。

系的攻讦"①、"善本与库本之争"等一系列真真假假的"意外"，充满戏剧性张力。更通过大众媒介的推波助澜，群言蜂起，报章喧腾，构筑起一具庞大的、似乎永不会落幕的系列化新闻景观。单向度的出版活动在此被酿成回环往复又引人注目的社会事件，细密地渗入社会的毛细血管之中，激荡、建构了一代人的集体记忆。新闻景观化和社会事件化，决定了《四库全书》这一出版活动的纪念碑性，盛大又充满狂欢意味。

二、物质性的"在场"与文本性的"缺席"

民国时期商务印书馆出版的众多大型古籍丛书，几乎均秉持非善本不出的原则。这同其庞大又卓有成效的收藏体系，以及机构领袖如张元济等"好古者"的辛勤奔走直接相关。在善本搜集上的孜孜以求以及非善本不出的态度，一度被高度标签化为商务印书馆再版古籍的标志。以至于在影印《四库全书》时，舆论对商务印书馆支持库本一举百思不得其解，甚至以"苟且""敷衍""轻率"之语责难之②。

---

① 全印派、善本派、库本派、不必印行派、续修派等多种不同群体，围绕出版活动各抒己见，充满抵牾。郑鹤声：《影印〈四库全书〉之经过》，《图书评论》1933 年第 2 卷第 2 期，第 86—105 页。

② 见版本学家、目录学家与张元济书信往还，以及部分报刊社论。郑鹤声：《影印〈四库全书〉之经过》，《图书评论》1933 年第 2 卷第 2 期，第 93—95 页；《大公报》社评：《对筹印四库珍本之希望》，《大公报》1933 年 8 月 21 日，第 2 版。

　　《百衲本二十四史》（下文或简称百衲本）是商务印书馆影印善本古籍的出版活动中，较具典型性的一部著作。出版正史丛书，一直是商务印书馆的夙愿。早在1920年代，所出书目摘自《四库全书》的《四部丛刊》，即计划纳入《二十四史》，但苦于"正史未得善本，只得从缺"①。此后坚持网罗珍籍十余年不辍，终于在1930年代实现了还原正史"真相"的素志。在序言中，其自陈执着于善本者，在于清廷编纂是书时，"佚者未补，讹者未正，甚或弥缝缺失，以赝乱真，改善无闻，作伪滋甚"②，以至于"殿本阙文讹字，尤指不胜屈"。为去除文本污染、还原古书原貌，"实不欲重误来学"之故，有宋元本者即竭力求之。如《旧五代史》，原拟用清代殿版原辑的《永乐大典》注本③，但视此为下策——从1930年开始，不断登报重酬访求薛居正旧刻原书④，直至六年后未获而终。对于一些实在无法得诸原刻者，不得不抱恨以次优者替换之，如

――――――――――

① 因为善本搜集未全，"但存其目，书阙如"。《商务印书馆〈古本二十四史〉将售预约》，《申报》1930年3月26日，第16版；《论〈百衲本二十四史〉》，《申报》1930年5月5日，第11版。

② 张元济：《〈百衲本二十四史〉后序》，《百衲本二十四史·史记（第一册）》，商务印书馆1937年。

③ 本书称清代原版《二十四史》为殿版，影印殿版而来的《二十四史》为殿本，以示区别。

④ 《商务印书馆重价征募旧刻原板薛居正〈旧五代史〉》，《申报》1930年5月21日，第1版。

元版《宋史》不全,不得已配以明代成化刊本^①。最终以宋版 15 种、元版 6 种、明初版 1 种^②,构成了《百衲本二十四史》,打破了清季以来"刊《二十四史》必殿版"^③的出版格局。

"收整理善本全史之功"的商务印书馆,起初并不以此自矜,但在该书出版进程中的第四年则开始一反常态地在报刊上宣传"百衲本行而殿本之二十四史可废"之论^④,并不断详列殿本中每部正史文本的错误。如一再被重申的殿本讹误"最甚"之处,包括脱叶、阙行、衍文、错简、注文校语之遗佚、文字之改窜作伪等多宗罪,其他文本谬误亦"盈千累万,不胜缕举"^⑤。毋庸讳言,"摧除"殿本《二十四史》,令百衲本于正史市场中独步江湖,显然是商务印书馆穷力搜集善本正史的重要诉求之一。然则商务印书馆此前的市场宣传则一派祥和之气,只是兀自析解自家版本中的善本书目,伴之对其善本"何善之有"的阐陈,不具攻击性。四年之后骤然开启了对殿本的直接

---

① 《〈百衲本二十四史〉展期三月,全书出版》,《申报》1936 年 12 月 27 日,第 1 版。

② 其余两种:《旧五代史》为明代《永乐大典》版,《明史》为清代殿版。

③ 如广本、五局本、同文本、集成本、竹简斋本、史学会本、横行本等,均翻自殿版。

④ 《商务印书馆发行影印善本古书》,《申报》1934 年 3 月 13 日,第 1 版。

⑤ 《商务印书馆〈百衲本二十四史〉继续征求新定户》,《申报》1934 年 3 月 13 日,第 1 版。

攻伐,文风辞调与宣传策略的转向,对应着另一部殿本正史丛书——开明书店版《二十五史》的面世。

这部出自开明书店的《二十四史》,因于殿版外又新增了1919年被徐世昌政府列为正史的柯劭忞所著《新元史》(退耕堂刊本),故称《二十五史》。《二十五史》采用照相锌版影印①,合殿版九叶为一叶②,全书900多页9册装,为百衲本全书65000页820册(六开本)规模的近十分之一;售价低廉(44—55元不等),仅为百衲本的近十分之一③。面对百衲本这一劲敌,《二十五史》扬长避短,

---

① 照相锌版为凸版一种,影印效果较平版石印好,且比凸版铅印少了排印所需的校对环节,省时省力。开明书店为降低成本,选纸是质地较粗糙的报纸(瑞典厚报纸),而殿版字迹又较细,因而选用了比平版印刷更清晰的凸版印刷。编者:《现代的印刷术——〈二十五史〉的照相锌版印刷》,《申报·开明版〈二十五史〉特刊》1934年10月21日,第15版。

② 《开明版〈二十五史〉第一期提早出书》,《申报》1934年12月31日,第4版。

③ 殿本定价72元,预约期的售价则相对便宜:第一期预约,一次付44元,十次付则合计50元;第二期预约,一次付44元,十次付则合计55元。百衲本于1930年最初预约时,一次付300元,三次付则合计360元;后因成本问题,售价增加。1931年增至420元,1937年增至620元。《开明版〈二十五史〉预约本月底截止》,《申报》1934年10月14日,第4版;《〈百衲本二十四史〉预约只余今明两天》,《申报》1930年8月26日,第4版;《商务印书馆影印〈百衲本二十四史〉第二期出书,开业三十五周年纪念特别优待》,《申报》1931年9月20日,第3版;《〈百衲本二十四史〉续出六种》,《申报》1937年3月21日,第1版。

在市场宣传中一再强调其物质性上的优势——形态上"体积小"，占地有限，移动时则携带便利；阅读舒适度上，因使用了照相锌版缩小影印，"不用平版印刷，没有字迹模糊的弊病；不用铅字排印，没有校对疏忽的弊病"[1]；并随书纳入四角号码检字法，再版时另附新纂的《〈二十五史〉人名索引》，具有十足的"案头参考书/资料书"价值。

一个有"收整理善本全史之功"，一个谋"购买、保存、翻阅、携带的方便，开辟刊行要籍的新途径"[2]之道，商务印书馆和开明书店对各自的优势心知肚明。在对外宣传上，前者聚焦于文本性，后者则集中于物质性。商务印书馆自信认为，"二百年来，徒以囿于当王为贵之习，遂至为所眩瞀。今时代更替，学术演进，敝馆勉竭绵薄，举上下四千年之巨著，光复旧物，幸观厥成，窃愿与读是书者一证之"[3]。可惜最终对殿本的驱逐，不遂人愿，伴随七年[4]出版时光的"读是书者"数量有限，百衲本于战时（1944年）书荒时才迎来再版。相反，开明书店则自1935年1

①《开明版〈二十五史〉预约本月底截止》，《申报》1934年10月18日，第4版。
②《开明版〈二十五史〉第二期预约本日开始年底截止》，《申报》1934年11月1日，第4版。
③《商务印书馆影印宋元明〈百衲本二十四史〉全书业已出齐》，《申报》1937年4月8日，第4版。
④预期自1930—1933年间分四期出齐，但因对善本的孜孜以求，边搜边出，以及"一·二八"事变中日本对制版及善本书的焚毁，终至1937年3月才出齐。《〈百衲本二十四史〉征求阙书》，《申报》1932年11月12日，第4版。

月起每月出书一册,9月出齐后,次月当即再版。

殿版的再度复印及其再版,一方面当然说明百衲本驱逐"劣"版正史的市场预期之失利,另一方面也揭示了正史的版本优劣似乎并不如商务印书馆预想的那么重要。《二十五史》轻巧便携,犹如身体与头脑的外延;而《百衲本二十四史》则庞大笨重,近乎物理空间的装饰物。商务印书馆自建正史古籍权威的失败,实质上来源于旧时代读者的不断远去,以及新时代读者的"抵抗"。除了共同的史部研究者外,百衲本的读者被限定在了藏书家、图书馆、名流大学史地系等有限范畴内①,《二十五史》的读者则广泛指向于各级学校的青年学生、亭子间的穷人、家庭妇女,以及学校、社团、家庭等机构和组织②。前者着迷于满足旧时代的藏书家与新兴的收藏家对"文献古董"的饕餮欲念,致力于为公共文化机构和富贵家庭的巨大空间制造文献景观;后者则为"买得起,放得下,要翻检随时检得到"③的普通读者营造一方翻跹轻盈的阅读世界——他们一个为收藏而来,一个则为阅读而生。

---

① 潘公展:《〈二十五史〉与民族复兴》& 傅东华:《〈二十五史〉题辞》,《申报·开明版〈二十五史〉特刊》1934 年 10 月 21 日,第15 版。

② 《商务〈百衲本二十四史〉预约期满将加价》,《申报》1930 年 8 月 17 日,第 16 版。

③ 林语堂:《〈二十五史〉题辞》,《申报·开明版〈二十五史〉特刊》1934 年 10 月 21 日,第 15 版。

　　商务印书馆苦心经营古籍的文本性，非善本不可，其文本受众却严重流失；开明书店不重文本性建树，结果其文本却大受欢迎。前者再造了文本性的旧善本，而后者则"发明"了物质性的新善本。商务印书馆的善本观具有某种"保守性"，恪守最古、最初的初刻初印原则；而开明书店，连同与商务印书馆就"四部"系列古籍竞争的中华书局（《四部丛刊》与《四部备要》），共同拥有新时代的善本观——他们跳脱历史价值框架，不再拘泥于时间维度，而是积极为新时代制造"新善本"①。新善本讲求"内容完全，雕刻精美、校对审慎、印刷明晰"②，具有某种从文本意义层面"去时间性"的价值转向，力求在物质性上满足读者的阅读需求。古籍出版究竟是以物质性还是文本性为上？这是时代的选择。对于商务印书馆而言，其苦心经营的文本性，却最终驱逐了文本性的在场；而开明书店和中华书局等则善于经营物质性，最终也保持了物质性的持久在场。从出版主体角度审视，古籍出版物的文本性与物质性之间显然存在某种依存悖论。

---

① 李贝贝：《建构新知：中华书局与中国近代知识社会（1912—1949）》，博士学位论文，武汉大学信息管理学院2022年，第87—89页。
② 《空前之精刻万卷善本古籍〈四部备要〉》，《申报》1926年10月13日，第3版。

三、读者的匿名化与收藏的中介化

本文所述的"匿名",并不全然意味着受众的大众化,相反它指向读者身份的模糊与不确定性,以及受众统计的难度。如果以人群为界进行受众划分对比的话,那么在儒学正典化时代,古籍受众的确凿性与稳定性显得更加清晰。在以科举取士为社会上升路径的时代,科举文化系统中的人员(待考者、入仕者、落榜者)构成了古籍的最大受众群落。到了近代,尤其在以纳入西学为学科建制特点的民国时段,古籍的受众呈现出强烈的匿名化倾向。

教育制度的迭代更嬗,直接促发了古籍从功能性尺度的单项垄断,走向多向度的功能再造,以适应新时代的出版市场。出版机构通过大众媒介对潜在读者进行循循善诱的引导,甚至"制造"阅读需求的情况,比比皆是。《四部丛刊》和《丛书集成》等在发行前,商务印书馆专门组织职工召开会议,思考如何进行推销,并苦思冥想"杜撰"答客问,与拟想的读者在答问往还间建构阅读需求[1]。《古今图书集成》的读者则被中华书局拟想得清

---

[1]《缩本〈四部丛刊初编〉答客十问》,《同行月刊》1936年第4卷第2期,第3—4页;《〈丛书集成〉答客问(上)》,《同行月刊》1935年第3卷第6期,第6—9页;《〈丛书集成〉答客问(下)》,《同行月刊》1935年第3卷第7—8期,第2—7页。

清楚楚——文官秘书、武官参谋、法官律师、文学家、社会学家、自然科学家、医学家、农商牧渔星象术数、工艺家、音乐家、女界、青年①。《四部备要》在报刊上露面时，反复被中华书局书写为小学、中学、大学、民众的通用性读物②，扬言可供各类考试参考用书，如为投考高等考试出洋留学者快速建立国学基础③；亦化身为日常交往中的礼赠佳品，如孔祥熙赠予蒋宋的新婚礼物④，绅商赠予家乡作为衣锦还乡的礼品⑤，校友以及学生毕业馈赠母校的集体赠礼⑥等。《各省通志》则被商务印书馆赋值为"欧化东渐史""中西交通史""乡土教材""乡贤人名索引"⑦等现代学术功能。出版主体甚至会为古籍建构具体的阅读场景，制造各类阅读现场，努力与彼时的当下

① 中华书局：《何人必备〈古今图书集成〉》，《申报》1934 年 5 月 5 日，第 4 版。

② 《介绍中华书局重印〈四部备要〉》，《中华教育界》1934 年第 21 卷第 9 期，第 85—87 页。

③ 《投考高等考试出洋留学诸君，快快预备国学》，《申报》1934 年 3 月 7 日，第 4 版。

④ 《蒋介石宋美龄昨日结婚盛况》，《申报》1927 年 12 月 2 日，第 13 版。

⑤ 《绅商购〈四部备要〉捐助故乡》，《申报》1926 年 11 月 17 日，第 15 版。

⑥ 《捐赠〈四部备要〉》，《申报》1926 年 11 月 21 日，第 3 版。

⑦ 《商务印书馆景印〈广东通志〉》，《申报》1934 年 8 月 10 日，第 4 版；《乡土教材之总汇》，《申报》1934 年 9 月 7 日，第 4 版；《商务印书馆景印〈各省通志〉(增附四角号码索引)，本年先出六种发售预约》，《申报》1934 年 7 月 9 日，第 12 版。

产生在地性关联。如《古今图书集成》即因内含"家范"与"学行"二典,而被中华书局置入提倡新生活运动的政治生活图景中,鼓吹《古今图书集成》"最合适新生活运动"①。

　　古籍的制造者们重视并乐于对具体读者进行公开披露,以制造阅读焦虑,招徕买者。如《四部备要》《四部丛刊》《丛书集成》《皇汉医学丛书》等在预约阶段,其各自的出版主体便不厌其烦地登报刊载预约者的私人信息(姓名、家庭住址或工作机构)。但悖论处在于,不论是再造功能的具象化,还是拟想读者、现实购者的具体化,越是清晰,越是强化了功能的漂浮不定特点,加深了读者的不确定性,凸显了其流动不居的本质。在出版主体为古籍"设计"存储空间时,更强化了这种功能与读者层面的双层漂浮性——由于成本和体积的巨大,民国时期大型古籍的大宗买家,主要是各类机构(如政府、教育与文化等机构),其中尤以图书馆蔚为壮观。从古籍丛书的序跋以及广告宣传等副文本考察,则可窥几乎每一部古籍丛书的问世,均指向图书馆这一新型的"消费者"。出版机构与彼时方兴未艾的新图书馆运动和民众教育运动,某种程度上共同改变了近代的古籍出版格局。出版机构不再仅囿于古籍的生产,开始积极参与收藏与阅读管理。

────────

① 中华书局:《家范学行二典适合新生活运动》,《申报》1934年9月27日,第1版。

它们为新创的图书馆策划出版大规模的古籍丛书，一部丛书的入馆即可充实藏书空间，使图书馆成为真正的图书馆，图书馆常常亦因一部丛书而建成，形成"因书建馆"模式；为减轻图书馆初建时的日常管理难度，出版机构亦注重从生产环节为古籍丛书置入如检字法和分类法等信息组织与图书管理的技术。这个持续经年且巨大的文化生产工程显示，广泛的古籍出版实践在推动近代图书阅藏机构的建设上发挥了巨大作用。

出版机构能够顺利实现乘民众教育运动和新图书馆运动的政策东风，行政力量与政治资源在其中发挥了巨大作用。通过政府的斡旋与施令，内政部和教育部等的各附属和下属机关必须购买饬令通购的古籍丛书，以充实中央和地方基层的机关性、公共性与各级学校图书馆的藏书。这说明，在以整理古籍为主要任务的传统文化管理方面，政府以"羸弱"之躯更多地参与了发行工作。

本质上作为一种新型的图书再分配空间，图书馆使少数私人买家外的绝大多数常人同样能够接触到再造的古籍丛书，这样无疑有利于实现知识的民主化分配与获取。但是由于在空间存储层面，公共性接替了私人性，读者与图书的关系从直接的拥有权变成了间接的阅读权，其匿名化倾向也在不断被强化。可以说，在存储空间的机构化与中介化持续作用的情况下，近代古籍的读者匿名化具有了大众化与不确定性并存的特点。

四、域外的目光与展览的奇观化

民国时期对古籍的再版不仅限于国内,国际上也不乏热衷者。以《四库全书》为例,从有迹可循的大众媒体记载来看,自 1912 年以来,便有包括法国商界、政界,英国商界,德国商界,日本政界、军界、商界、学界等势力[1],或出于文化交往而兴趣盎然,或基于文化侵略而虎视眈眈;又不乏借庚子赔款退款为由头,敦促民国政府再版的情况[2]。

域外目光的凝视,为国内带来最直接的刺激与迎合,莫过于对《四库全书》多达五次的影印计划。以第一和第四次为例。一战后,叶恭绰奉命考察欧美,兼参与巴黎

---

[1]《法专使请观藏书》,《申报》1912 年 4 月 25 日,第 6 版;《校印〈四库全书〉之赞助》,《申报》1917 年 1 月 17 日,第 11 版;《传心殿款宴日宾》,《申报》1917 年 11 月 3 日,第 6 版;《陈宝泉有以〈四库全书〉押款说》,《申报》1923 年 8 月 28 日,第 7 版;《服部宇之吉到伪国》,《申报》1933 年 10 月 17 日,第 8 版;《日人亦谋印〈四库全书〉》,《申报》1933 年 10 月 20 日,第 10 版;《日人谋翻印〈清实录〉及〈四库全书〉》,《黑白》1934 年 2 卷第 6 期,第 52 页;《德人巴斯遗产赠与中国,作为保存固有文化之用》,《申报》1932 年 10 月 28 日,第 4 版。

[2]《美国拟翻印〈四库全书〉,拨庚赔建图书馆,梁启超决赴美磋商》,《申报》1926 年 12 月 31 日,第 7 版;《专电(北京):教部已商中法教育基金会,拨庚款抄缮〈四库全书〉》,《申报》1927 年 2 月 16 日,第 10 版。

和议。叶氏"谓西国重东方文化，颇称此书"，提出再版之议。徐世昌政府抓住"其时欧战方终，西方人士，睹物质文明之为害，颇欲引用精神文明以补救之"的机会，对再版计划积极响应，提出每年补助1万法郎于巴黎大学内设中国学院，作外人研究《四库全书》之用；并拟以180万法郎在中国学院内建筑四库图书馆以贮藏全书。1920年，巴大中国学院监督人韩汝甲，为敦促北京政府再版计划的施行，专撰十四条理由为《四库全书》传布海外制造舆论支持，如谓"欧洲十八世纪，百科学术，常引中国哲言，以为佐证，以法之福禄特为最。使我古籍译本日多，虽在今日，势力亦同"，"太平洋岸新进之国，历史方面，苦无可言，或借天时地利之优美，或炫摹仿欧美之精致，用作对外鼓吹，增高国际地位。至于《四库》，实吾文明史略思想精华，一经传播，不啻以无数旧哲喉舌，代作演讲"，相较那些"贪天之功，攘人之美，以为己者，稍高一筹"[①]。十四条中既有对历史记忆的眷顾，也有在中西文化比较中对自我文化优势认知的觉醒。这种来自域外的文化凝视与建基于此的文化想象，重启了民国政府对自我文化的探寻与认知，并将这种优势汇聚于一部丛书之中，期待以其的海外传播恢复并提升中国的国际文化地位、重塑中国形象。

[①] 郑鹤声：《影印〈四库全书〉之经过》，《图书评论》1933年第2卷第2期，第68页。

域外目光里的政治资源价值,不仅是中央政府汲汲再版古籍的重要原因,连地方政府也深谙此道。如由奉天省政府发起的第四次影印《四库全书》计划,以张学良为首的团队,专门用英语与德语撰写出版通告,全程集中精力对外"大事宣传而多言过其实"。如将之夸大为"一部绝大之中国文明史","世界前无古后无今之著作",甚至不惜篡改出版史实,编造清廷编纂时"去其糟粕、取其精华"的论断[①];但是在生产实力上,于人工、设备等方面概不具备[②]。时人为之侧目非议,讥讽其"印书之意何居,岂欲以瓻货骗世界耶"? 这种无诚意、画大饼的行径,"不过以政治关系而著录耳"[③]。

在影印古籍"分对内对外两方面"的时代认知共识中,虽然"对外者对外国宣传中国之文化也"[④]当为其中

①《奉天影印〈四库全书〉电》,《申报》1929 年 1 月 4 日,第 11 版。奉天对清廷编纂事及丛书价值心知肚明,此为故意对外宣传话术。对外通告起草者伦明(目录学家)对此有专门揭露。伦明:《拟印〈四库全书〉之管见》,《国闻周报》1933 年第 10 卷第 35 期,第 1 页。
②沈阳既没有影印工人可用,就近的北平亦"不问优劣,只有十人",与"每日须三百人工作"(以五年为期)差距甚远;照相影印所用器具、药材,亦概不具备。伦明:《拟印〈四库全书〉之管见》,《国闻周报》1933 年第 10 卷第 35 期,第 1 页。
③董众:《选印文溯阁〈四库全书〉》,转引自卞宗孟:《东北文献丛谭(第一集)》,北平民友图书发行 1934 年,第 23 页。
④董众:《选印文溯阁〈四库全书〉》,转引自卞宗孟:《东北文献丛谭(第一集)》,北平民友图书发行 1934 年,第 23 页。

大任和一时潮流,不过,借助域外目光以实现古籍学术内容的合法化者也所在多有,如《珍本医书集成》与《皇汉医学丛书》的出版。这两部中医药古籍丛书,出版于中医药界严峻的冬天即将结束之际——在遭受长达半个多世纪的西医冲击与科学质疑,以及此起彼伏的政治性取缔风波后,中医药界迎来了《中医条例》(立法院1933年通过,1936年颁行)对其合法性身份的确认,两部规模较大、指向学理合法性的行业古籍随之应运而生。

在言辞如晦的诸多出版序言中,有两个于字里行间纵横出入的角色值得注意。"日本武田长兵卫,重价收存中国医籍达数千种;德国达摩城之怡默克药厂、柏林立德大药厂,以及奇喜大药厂,皆有专门陈列中国药之室"[1],日、德两个外来角色研究并发展中医药之事,被中医药界拿来做"未出国都之门之中医中药,竟一跃而为世界化之中医中药"[2]的话语宣传;日、德"往往于验病用西医之科学,于治病则仍用汉医之方剂"[3],这一实践价值则又为其赋值了科学属性,为中医文化的现代化转型与文本合法化推波助澜;"若德若日,以世界数一数二医药自鸣者,其

---

① 张赞臣:《〈珍本医书集成〉序》,裘吉生编《珍本医书集成》,世界书局1936年。
② 宋爱人:《〈珍本医书集成〉续编序》,裘吉生编《〈珍本医书集成〉续编》,世界书局1937年。
③ 萧方骏:《〈皇汉医学丛书〉萧序》,陈存仁编《皇汉医学丛书》,世界书局1936年。

崇拜皇汉医药,正与我国崇拜欧化者同其热诚"①,中医药于此种略具推断的类比中暴露了自身对域外目光的重视与依赖。

迭次见诸笔端的日、德形象,为中医药形塑出了具有科学气息的现代身份。为强化以上作用,更多其他空间的角色也被加入古籍的副文本,参与到中医药古籍的现代形象建构中。如在谈到西方"彼等率用科学方法,证以实验"的现代方式研究中医,使其愈加科学化时,将南洋诸岛拿来做例据——"如暹罗、菲列滨、新加坡、南洋群岛等,向为外医传播之处者,其仰望中医中药,竟如大旱甘霖",以此反观"早以国有之医药,不足生存于今日之国中,在医则只知有外来之医,在药则只知有外来之药"的国内,则中医药"岂真吾人不自爱而人转爱之!"②这声叹息中隐藏了一个尖锐的问题。对中医药的态度转向,难道不是导源于日、德"爱之"的引导之下,令国人"再转爱之"么?对自身新时代身份的自塑,也处处以日、德为标尺和向度,伴随着浓烈的向现代靠齐的模仿意味。由此可见,日、德所表征的西方虽然复燃了中医药界整理并出版医药古籍的自信,但并非自觉主动地生成,它催生于外力的凝视与介入。信心导源的他化,从本质上说明了

①宋爱人:《〈珍本医书集成〉续编序》,裘吉生编《〈珍本医书集成〉续编》,世界书局1937年。
②宋爱人:《〈珍本医书集成〉续编序》,裘吉生编《〈珍本医书集成〉续编》,世界书局1937年。

中医药表征的传统文化对西方话语权势的屈从。很难想象，彼时如果没有日、德之爱，国人是否会自爱之。

为具象化地向外展现文化优势，吸引和维系域外目光，古籍常常以原本，或者样本、复本等原本延生型、替身化的出版物面貌，现身各类劝业会、博览会、陈列所、展览会等公开展示场所，造成某种奇观化的传播效果[①]。如近代展览会中的常客《四库全书》，其文渊阁、文溯阁、文澜阁、文津阁库本（原本），均曾殷勤接待观者，尤其是域外观者。如文渊阁库本，1917 年内务总长汤化龙曾将日本政界访问团接引至故宫文渊阁内参观[②]；日本侵华势力亦曾一再参观沈阳所藏文溯阁库本和杭州文澜阁残本[③]，法、英等国人士亦曾多次观摩文澜阁本；藏于国立北平图书馆的文津阁库本，甚至一度成为外国人旅游观光的必游"景点"。如 1948 年由中国旅行社与美国西北航空公司组织的驻日美军来华观光团，例行的参观节目中除了赏平剧、游长城等外，便还包括观览文津阁库本[④]。通过频繁的自我呈现，《四库全书》俨然被凝铸成了稳固的中国替身。

通过对外交流而声名远播的原本，也为经再生产后

---

① 参见本书第十五章。
② 《传心殿款宴日宾》，《申报》1917 年 11 月 3 日，第 6 版。
③ 《日本拓相在沈之谈话》，《申报》1929 年 10 月 8 日，第 10 版；《左近司离杭回沪》，《申报》1932 年 11 月 12 日，第 8 版。
④ 《美驻日盟总官员将分批来平游览》，《申报》1948 年 7 月 5 日，第 2 版。

所繁殖的复本做了声名层面的遗传传递。两者不但共享了名望,复本诞生后又不断经由各类展览会中的亮相,使这一声名固若金汤;同时通过国内外的图书馆这一长期性、日常化的展览空间,向世界各地的观者敞开怀抱,维持声名的温热与鲜活。

五、余论

在原生的文化、政治以及印刷技术土壤已经全面消散的情况下,民国时期的古籍出版迎来了印刷秩序的重建。技术与受众的脱胎换骨,斩断了古籍出版时间轴的连续性和重复性,稳固的功能价值域出现了历史断裂,一种新的出版范式被引入进来。出版主体(出版机构与政府)积极地尝试为过去和现在之间建立联结,为古籍寻求存在的合法性。

古籍不再仅仅是"自身信息"(文本内容)的载体,它被灌注和赋予了更多其他的"信息",如国家和社会的意志,这使其从较为纯粹的文本载体而成为一种混溶着浓郁政治性和社会性的复合产物。文本性的脱域带来了印刷范式的转移,民国时期的古籍普遍从单行本走向规模化、体系化的大型丛书,这一出版模式为时代构筑了文献纪念碑丛,制造了众多国际性、公共性、私人性的文献景观。纪念碑性的宏大意义体,既使得古籍文本部分脱离了阅读这一功能指标,在国家层面成为一种国际形象的对外宣传工具，在公共和私人层面则成为某种程度上的装饰和摆设；也使其购买主体基本锁定于空间意义上的"贵族化"，即拥有充裕存储处所的公共性文化机构与时代新贵之家。接触者、阅读者与古籍之间横亘着巨大的"空间"，民国古籍传播模式中机构化和中介性的属性极其明显，这也强化了读者的匿名化倾向，加剧了传统文献所有权与阅读权的分离。

以展示和收藏为重的功能理念变迁，也促发了出版主体积极引入更先进的印刷技术以保持古籍原本的灵韵①，古籍物质性的优劣顺理成章进入了出版机构竞争的奥义图谱。其中句读的加入、知识单元化的信息重新组织，更加剧了古籍存储模式和阅读模式的变革。

---

① 橡皮机、照相凸版影印等技术，作为古籍制作上的优势被反复讨论、宣传。如中华书局和开明书店在出版《四部备要》和《二十五史》时对此的商业性宣传。

第七章 "囊书轻到牛无汗":
民国新善本的制造

民国时期,出版机构在古籍丛书的出版策略上,始终存在明显的分殊,1930年代中期两股策略又存在汇流并合的趋势。策略的不同,主要体现在书目、版本与装帧上,由此形成新旧善本观。以商务印书馆为代表的旧善本派,在书目选择上倾向罕见之本,版本上青睐宋元旧椠,装帧上以线装为尚;以中华书局、开明书店等为主的新善本派,则在书目上倒向常见实用之书,版本上求精不求古,装帧上对洋装情有独钟。上述差异不仅构成了观念上出版策略的不同,也造就了实践层面风格迥异的两大出版流派。1930年代中期,以装帧"减重缩页"为显著特征的物质性转折,预示着新旧两派的合流,新善本观渐居主流之位,这也是近代古籍出版实践中整体航向的一次重要转向。

一、古衣翩翩还是洋服楚楚

1935年11月,五开本线装版《四部备要》全五集还未印竣,中华书局就推出了据此本为底本影印的十六开本缩印洋装本全五集。时人称这是中华书局在"模仿开明《二十五史》办法"①,并扬言"本年出版界的倾向,于此可见"。果不其然,日后开明模式不胫而走。

开明书店于 1934 年 12 月至次年 9 月分九期出版《二十五史》,25 种图书被影缩为 9 册洋装,每面四排,每册约 900 多页。开明书店自陈《二十五史》"承学术界、读书界热烈赞许,竞相订购,致数量超出本店预计之上,预约截止后,要求继续通融之函,仍纷至沓来"。《二十五史》印竣的同时,重版的预售工作开启了。从首版甫一出齐即展开重版可知,开明书店所言非虚。没有明确材料可证实中华书局的确受到了开明书店洋装缩印的影响,但市场可见的成功,或许诱发了开明模式的风行。自此之后,"开明《二十五史》办法"风靡一时,市面上出现了大批缩印本洋装样式的古籍丛书。不但开明书店出版的其他古籍丛书,如《〈二十五史〉补编》《六十种曲》(包括线装一种)均使用了洋装,出自其他出版机构的洋装古籍丛书也纷至沓来。1936 年,世界书局开始出版的《珍本医书集成》和《皇汉医学丛书》第一编,两者共计 162 种,字数在千万以上,刻印底本叶数在两万以上。据世界书局自己评估,若"照普通书式,可分装五百册。兹用仿古

---

① 《剧坛·文坛·艺坛》,《大美晚报》1934 年 11 月 5 日,第 4 版。

字版精印,共装成二十八巨册"①。差距之大,有目共睹。世界书局将线装称作"普通书式",一方面可见此前线装装帧的流行,另一方面也可见其普通,以及对洋式平装的推崇。

古籍洋式装帧俱乐部中,转变最巨者当属积以为常出版线装的商务印书馆。商务自1935年以后开始出版的大型古籍丛书,除了《宛委别藏》因与故宫博物院签署的合同所限,不得不保持原貌出版线装外,其余普遍采用了洋式装订。1935年12月开始出版的袖珍版洋装《丛书集成》(初编),于1936年6月开始出版的洋装《〈四部丛刊〉初编》,均属此列。而此前《四部丛刊》初版本及其重版本、《〈四部丛刊〉续编》《〈四部丛刊〉三编》《百衲本二十四史》《四库全书》等,无一例外选择了线装。

需要说明的是,商务印书馆首次将古籍装扮为洋装,并非1935年年末出版的《丛书集成》,开其先河者是1934年8月至12月出版的《各省通志》,时间比之开明书店《二十五史》还要早四个月。但直至一年后《丛书集成》的出版,期间商务再无此种尝试。《二十五史》在激烈的竞争环境下仍能一枝独秀,或许让商务印书馆看到了洋装缩印的巨大优势。开明书店出版《二十五史》前

①世界书局:《〈皇汉医学丛书〉发刊缘起》,世界书局《珍本医书集成·皇汉医学丛书》样书,世界书局1936年。

后,可谓"腹背受敌"。1934年至1935年期间,因战事阻碍而中断出版进程两年半的《百衲本二十四史》恢复出版续出第三期,中华书局则开始相继推出五开本线装《四部备要》全五集和依据该本缩印的洋装本全五集,全五集中的《二十四史》于两种版本中均可作为单独组合独立销售。正如时人所言,"突然在市场上出现三种史书的预约,书业竞争的激烈,于此可见"[1]。开明书店冲出重围的杀手锏,与其册少价廉直接相关。《二十五史》在多出一种图书的前提下,总体上也仅有9册。对比之下,商务印书馆线装《百衲本二十四史》820册,中华书局五开本线装《二十四史》500册,孰"轻"孰"重"一目了然。也许正是为劣势深感不安,中华书局于1934年年末开始发售十六开缩印本洋装《二十四史》(精装、平装两个版本)的预约。此版精装本仅有22册,即便50册平装本也比五开本线装削减了十分之九的册数,但相比《二十五史》的9册,依旧显得庞大。两个月后,中华书局调整了出版规划,为《二十四史》加入了句读。即便册数上不占绝对优势,但独一无二的句读当可令其一骑绝尘。可见洋装带来的装订册数减少这一客观效果,或许是彼时出版机构趋之若鹜的深层缘由。比如作为1920年开始出版的《四部丛刊》第一集(前文称"初版本"者)的再版本,《〈四部

---

[1] 伍德:《〈二十五史〉与〈二十六史〉》,《文化建设》1934年第1卷第2期,第120页。

丛刊〉初编》是《四部丛刊》系列中唯一的非线装本。《初编》分作精装本和平装本两种洋装样式,其中平装本全书 110 册,精装本 410 册,而线装版第一集全书则为 2100册。商务印书馆自陈缩印《四部丛刊》初版本的原因是1932 年"一·二八事变"导致底版毁损,不得不重新制版。再版当然可以重新采用线装,以保持系列书籍的一致性,但《初编》则推陈出新采用了洋式装订,并合册叶,缩印为四开本。平装本单册容载量为原线装的 10 倍,精装本则为 5 倍,优势不言自明。

册数减少后,价格也随之水落船低。中华书局缩印版洋装《四部备要》以五开本为底本四叶合一页影印,精装装订后仅有 100 册,五开本则有 2500 册,两者册数相差 25 倍。预约价也因之相差极大,洋装缩印本布面金字精装本 360 元、布面印字精装本 320 元,五开本线装则售600 元。洋装售价之廉,被中华书局自己评价为"亘古所无","且为经费不充之学校,及有志向学之寒士计,特订分期缴款办法,月省十余元,积二三年,即得购买一部"[1]。开明书店出版的《六十种曲》有两种装帧,在价格上也有明显差距。线装本 60 册,定价 36 元,预约价 18 元;平装本 12 册,定价 18 元,预约价 5.6 元。册数上相差 5 倍的两者,价格也相差颇多。1935 年以后,即便使用线装

---

[1]《洋装〈四部备要〉本月底预约截止》,《申报》1935 年 1 月 9 日,第 11 版。

装订的古籍丛书,也尽可能通过拼页、合页的方式减少页码,再整体上扩大开本,从而削减册数总量。如中华书局影印的三开本《古今图书集成》,为了还原清版原貌而采用了影印并以线装样式装订。即便使用线装,6000余种图书总计也才装订成了800册。若以其大型丛书《四部备要》全五集为例,350种图书,被用线装装订成了2000余册六开本、2500册五开本。《古今图书集成》种数上比之多出近20倍,册数上则比之减为三分之一左右,同样使用连史纸,定价上比之低整整200元[①]。对于需要攒上二三年积余才能购买一部缩印本《四部备要》的"寒士",可谓是价格福音。

出版机构在装订上的煞费苦心,当然与1930年代中期经济萧条带来的消费购买力下降相应。经济低迷之下,出版机构的一折八扣书比比皆是,无需支付版税的古书翻印更是与日俱增。先是文学类古籍,再是历史类与国学类。1920—1937年期间纷纷翻印的古籍,以1934年为分水岭,在装帧和册量方面开始出现泾渭分明的转向——此前普遍青睐版式舒朗开阔的线装,此后则逐渐拼合册页取洋装。"易木版而为新装,减繁重而成缩本"的外观新象,"一时汇为风气,俨然出版界之主潮"[②]。新出之书如此,旧书重印也同样从善如流。出版机构的减重

①《古今图书集成》400元的预约价,与六开本《四部备要》用纸较差的赛宋纸本持平。
②秉：《为出版业进一言》,《申报》1936年3月26日,第6版。

缩本成效有目共睹。一方面是因为价格直线下降,另一方面则在于册量精简缩小了存储空间,避免为读者制造更深层的经济压力,从客观上"制造"了诸多以前不可能成为其读者的读者。毕竟,"如果一切的书都像《二十五史》这样印出来,亭子间里就藏得半个四库"①。正应了时人"因社会组织之变化,庞大之书籍必归淘汰"②之论。与经济休戚相关的线装退潮也意味着,在古籍的生产与消费上崇奉汗牛充栋的时代自此一去不复返。

图书之装帧犹如人之服饰,讲求美感适配与情境合宜。1935 年,鲁迅也注意到了古籍装帧的转向现象。"不但有洋装二十五六史",连一贯古衣翩翩的《四部备要》也"硬领而皮靴了"。鲁迅认为,虽然"洋装书便于插架,便于保存",但是"看洋装书要年富力强,正襟危坐,有严肃的态度。假使你躺着看,那就好像两只手捧着一块大砖头,不多工夫,就两臂酸麻,只好叹一口气,将它放下。所以,我在叹气之后,就去寻线装书"。此时病中的鲁迅,将自己热衷线装书之举调侃为"雅",称"像这样的时候,我赞成中国纸的线装书,这也就是有点儿'雅'起来了的证据"③。鲁迅言语中提到了图书的物质性与阅读情境统一

---

① 傅东华:《〈二十五史〉题辞》,《申报·开明版〈二十五史〉特刊》1934 年 10 月 21 日,第 15 版。

② 陈达哉:《整理古书之希望(续)》,《红茶文艺半月刊》1938 年第5 期,第 41 页。

③ 鲁迅:《病后杂谈》,《文学(上海 1933)》,1935 年第 4 卷第 2 期,第 280 页。

的问题，正襟危坐与休闲躺卧，对读者身体姿态的要求不同，图书的装帧因此不可同日而语。线装轻盈，舒展自如，便于轻松的卧读；洋装则不免笨重，开合不便，适用案头苦读。除了身体与图书的物质性需相得益彰外，情境阅读也对文化生活的美感度有所要求。如当时有读者在关注到古籍出版普遍洋装化的现象后，撰文提到了古籍的阅读美感问题：

> 《四部备要》线装本里，原有一册唐女道士《鱼玄机诗集》，是一本薄薄的仅有十页左右纸张的书，而且还是用特号大铅字排印的，如今换了洋服，充其量者不过三大页。……这其间，颇含有一种滑稽的意味。我想象到一位文绉绉的读书人，颤巍巍的手捧着洋装大本的《四部备要》，在翻读鱼玄机诗；我又想象到另一读者，在绿草如茵的广坪上，卧读线装本的鱼玄机诗；同时，我又想象到他们对于这同一种文学的欣赏，不知将发生若干距离的苦乐之差！ [①]

在这位敏锐的人士眼中，文绉绉的老学究更适合读线装，惯常出入都市摩登空间的现代人则更相宜读洋装。若两者对调，则不免产生"滑稽"之感。这种感官上的怪异无疑源于文化审美上的倒置——颤巍巍的老学究手捧洋装大本古籍吟哦，摩登都市人卧读线装古籍于大草坪这一现代城市公共空间中，不伦不类的审美脱轨实在滑

---

① 《洋服楚楚的国籍》，《大美晚报》1935 年 2 月 12 日，第 5 版。

"文化"之大稽。阅读主体与图书物质性及其阅读环境之间需要达到审美上的统一,以达相映成趣之效。言外之意在于,如果现代人能够在适当的场合以合宜的身体姿态阅读传统文献,那么即便装订为洋式,也未尝不可,绝无"滑稽"之感。这枚审美宽恕的定心丸,为洋装古籍的出版预留了广阔的空间,古籍一时间洋服楚楚,打破了自大规模出版古籍的1920年代以来线装一度垄断古籍出版市场的局面。在此之前,时光即便倒流至不远处的1920年代末,线装依旧是炙手可热的不二之选。如1928年,奉天省政府发起第四次《四库全书》出版计划,印有洋式装订的样本。欧洲国际联盟秘书长艾文诺氏,愿承销多部,及观样本,见为洋式装订,"为之不乐"。艾氏直告张学良,称"西人不喜此种装订"[①]。域外人士对中国文化的刻板印象,某种程度上巩固了线装的安如磐石之位。到了1930年代中期,短短五年有余,线装坚不可摧的位置即遭消解,也许经济因素在其中扮演了至关重要的角色。

虽然洋式装订在审美观念层面"合法化"了,那么它是否会影响古籍的阅读功能呢?正如上述撰稿人于文末发问的:"他们对于这同一种文学的欣赏,不知将发生若干距离的苦乐之差!"洋装的阅读效果究竟如何?以洋

---

① 刘穗九:《东北考察随笔(四)》,《申报》1931年8月28日,第17版。

装扎堆的正史为例,彼时有位热心读者十分细致地对比了三种洋装版正史的阅读效果：

> 还有像《二十四史》那样,不仅是一部参考用书,且是一部研究中国历史文物制度的必读书,值得我们去句读标点,仔细考较。所以像开明书局出版的《二十五史》把《二十四史》加上《新元史》来加以缩印,因为字体太小,尤其是注释,实丧失了第二种的用途。即用作参考,偶尔翻阅,虽然无碍,但欲作研究阅读之用,究未免太费目力了。这是开明版《二十五史》的缺点。不过如图书馆那样,能够置备一部用作阅书者的参考,则因其此外并附有参考书目与人名索引,那倒是很便利的工具。且洋装九册,翻阅也颇方便。

> 至于书报合作社所印的《二十六史》,即《二十四史》加上明柯维骐的《宋史新编》与清魏源之《元史新编》,虽系重排,字体较开明版为大,价亦较廉,但因正文与注释俱用新五号字,致彼此之间,难以区别,实为缺憾。且因重排,校对无论如何精审,必难免仍有错误。用照相缩印,似乎比手工重排,更可信任一些。

> 这个年头,不知以何因缘,中国古书竟大走红运,中华书局的《四部备要》在放大本之后,又出缩印本。其中《二十四史》,并可单独另售。但我觉得形式因系仿宋字,虽比《二十六史》美观,而因《四

部备要》原是重排成功,所以错误仍然不免,且因缩印之故,字体虽比开明版为大,仍是不便阅读。且钉成洋装,既重且大,用之参考则可,用作阅读,未免笨重。还有,如《二十五史》,《二十六史》都有索引,此则无之,于检阅参考上亦有不便。且定价比《二十五史》《二十六史》都贵,分成甲乙丙三种:甲种布面金字二十二册,预约七十四元,乙种布面印字,预约五十元,丙种纸面平装,五十册,四十五元。①

这位"挑剔"的读者,为我们评估民国时期包括正史在内的古籍丛书出版物的阅读效果,提供了鲜活的在地经验。在这位读者眼中,虽然市面上的正史丛书不至于乏善可陈,但是缺乏一个十全十美的版本。开明书店的《二十五史》虽然册页少,不占空间,但是字小,有伤目力,仅适用偶尔翻阅的参考之用,不适合精细化的深度阅读;书报合作社的《二十六史》,字体虽大,但因系排印,错讹难避,而且正文与注释未作字号区分,不便阅读;中华书局的《二十四史》,虽然字体美观,但是缺少索引等辅助阅读的工具性文本,价格也较为昂贵。如果将三种版本的正史优点拼合起来,则大致可勾勒出彼时消费者对完美古籍的出版要求:复制技术最好使用影印,以保真内容;如果排印,则校勘不可不精;添加句读,加强可读性,减少

①伍德:《〈二十五史〉与〈二十六史〉》,《文化建设》1934年第1卷第2期,第119—120页。

阅读阻力；字体需美观；字号适中，不可太小以免有伤目力；正文与注释的字号需做区分；需要编制索引等辅助性文本以方便查检之用；纸张轻便，装订力避笨重；册数少，开本适当，方便庋藏与携带；价格定价需适中。此外，就丛书而言，最好可以拆分零售。如读者往往不缺正史中的前四史，单本售卖可避免重复购置[①]。

读者的意见振聋发聩。但是若达成以上体积小、价格低的要求，必然要降低一些版式上的美观度。饶有兴味于装帧的鲁迅曾撰文表达过对版式缺乏"天地头"的憎恶，称"较好的中国书和西洋书，每本前后总有一两张空白的副页，上下的天地头也很宽。而近来中国的排印的新书则大抵没有副页，天地头又都很短，想要写上一点意见或别的什么，也无地可容，翻开书来，满本是密密层层的黑字；加以油臭扑鼻，使人发生一种压迫和窘促之感，不特很少'读书之乐'，且觉得仿佛人生已没有'余裕'，'不留余地'了"，"在这样'不留余地'空气的围绕里，人们的精神大抵要被挤小的"[②]。《二十五史》密密匝匝的版式，显然不符合鲁迅眼中"较好的中国书"的标准，如果被他捧读，虽然不至于被骂缺乏国民精神，但恐怕至少要被诟病没有"读书之乐"。但是在三十年代多数人眼中，能够买得起、读得上比之"阅读之乐"显然更为重要。

① 杨莲生：《铅印旧书》，《书人》1937年第1卷第3期，第74页。
② 鲁迅：《忽然想到（二）》，《京报副刊》1925年第42期，第8页。

正如曹聚仁站在普通读者角度所认为的,"《二十四史》若不变成案头的《二十四史》,除了做装饰品,别的没有真实的用处。开明本的《二十五史》,比《百衲本二十四史》的影印,更有社会的意义"[1]。于兹体现出的方便读者阅读之真谛,显然是亘古不变的出版法度。如早在 1927 年,某师长在没收王克敏私家藏书时,便在清殿版和同文版《二十四史》中选择了后者私留。此举被同行者暗地里耻笑"武人毕竟眼光浅陋"。到了 1934 年,同行者转换了念头,意识到"点缀书斋,显得堂皇富丰,当然同文本不及殿本;就实用讲,殿本实在不如同文本,武人也自有他自己的选择标准"[2]。

武人的实用标准,成了三十年代中期古籍出版机构的集体圭臬。此前纪念碑性的装饰化倾向遮蔽了阅读的实用主义,但是最终经济原因改变了这一"畸形"出版态势。"贵族"市场和各类图书馆藏书的饱和,加速了古籍出版机构从以装饰为目的的"贵族"向以阅读实用为目的的"寒士"转向,后者成为他们突破经济藩篱的上策。虽然"贵族玩意,是大客厅的装饰,非寒士所能备"[3] 的出

---

① 曹聚仁:《一部〈二十五史〉》,《申报》1934 年 10 月 27 日,第 16 版。
② 曹聚仁:《一部〈二十五史〉》,《申报》1934 年 10 月 27 日,第 16 版。
③ 莪公:《古书之翻印与旧书业的进步》,《古今》1943 年第 14 期,第 28 页。

版形态依旧时有问世，但在经济每况愈下而竞争压力咄
咄逼人的出版情境中，满足不同层级读者之需的"一书多
出"[1]出版策略，成为一时之选。用"很经济很便用的方
法重印"古籍，尤其是那些如《二十四史》《十通》等"比
较有用的'原料书'"，以专门满足"寒士"们的购买力，更
是这一时期出版机构普遍实践的出版法则，毕竟"旧书价
昂，且页多字大"[2]可谓古书重印背后至关重要的原因之
一。据一位消费者的观察，虽然践行后仍有些许缺憾，但
至少为读者们解决了两个问题：其一，册数减少，易于携
带；其二，附有索引，便于查检。而且出版机构从善如流
地为古籍加入句读，尤令读者受益[3]。价格上也出现了较
大的变动，总体趋向"价廉"。商业广告术语中所谓的"贱
中又贱，廉中又廉矣"，保证了读者购买古籍时可"仅拔数

①　当然，时人对"一书多出"多有微词。如舒新城作为资深编辑，
　　曾毫不客气地将之概为"至于我二十三年所说的第一种特
　　征——翻印珍贵书籍——这两年来，还是仍旧保持着。不过珍贵
　　的东西有限，绝不会每年都有《四库珍本》《古今图书集成》《碛
　　砂藏经》可翻印，便只好将不珍的普通旧籍或已经印行过的旧籍
　　再来花样翻新一下，如商务的缩本《四部丛刊》，中华的洋装《四
　　部备要》，世界的《国学名著》等等均是实例"。舒新城：《两年来
　　之出版界》，《中国新论》1937年第4—5期，第327页。
②　荛公：《古书之翻印与旧书业的进步》，《古今》1943年第14期，
　　第27页。
③　骥：《再论古书翻印问题》，《文学（上海）》1935年第4卷第3期，
　　第419页。

毛,不必动圆即足"①。售多利速,何乐而不为?

二、从书目、版本上"替亭子间的朋友设点法"

装帧的变迁,其实是内容和版本上一直热衷实用的古籍出版"派系"的"表里如一",实用派的代表中华书局,此前一直于书目与版本上"求用",后来从装帧上趋从开明书店,倒像是将这种风格从暗流涌动走向了"光明正大"。《二十五史》出版时,诸多人士纷纷视开明书店此举为"为寒士谋福利"。殊不知,自 1920 年代起便始终有如中华书局者的出版机构为亭子间的人设法②,与做"贵族"生意者并道共驰。

(一)书目的求藏与求用

辛亥革命以来,《四库全书》的再版计划屡败屡提,终至 1933 年正式提上出版日程。此时政府机构、商务印书馆、学者(版本学家、目录学家、藏书家等)就出版的多个层面依旧歧见层出,他们舌枪唇剑于善本与库本、全印与选印、选印书目、书名命名、版权归属等众多出版论域,一时间风波四起。

---

① 尧公:《古书之翻印与旧书业的进步》,《古今》1943 年第 14 期,第 28 页。
② 傅东华:《〈二十五史〉题辞》,《申报·开明版〈二十五史〉特刊》1934 年 10 月 21 日,第 15 版。

商务印书馆在 1932 年的"一·二八"事变中损失惨重,总厂被日军轰炸。时隔一年《四库全书》出版活动即拉开序幕,此时商务印书馆尚处恢复期。时艰任重之下,不难理解为何选印提议占据上风并最终付诸实践。但实际上早在 1920 年,张元济就提出过选印之法:"选印系择其未曾刊行或久已失板者……其余常见之书即不印亦无妨碍。"① 一些版本目录学家所见略同。如 1925 年,高步瀛提出选印孤本和罕见之本的主张,因其认为全书半数以上属通行本,缺乏再版价值,据此拟出含括 177 种书目在内的《〈四库全书〉选印书目表》;金梁亦同此意,并编有《〈四库全书〉孤本选目表》。在高、金的垂范之下,学者、藏书家、政府文化机关,或出于个人兴趣,或应他人之邀,或因履职所需,纷纷编制《四库全书》选目②。至 1933

---

① 张有此议,当然与其从经济角度评估全印所耗经费巨大有关,从其 1920 年婉拒徐世昌政府的承印之邀的谢辞可见:"敝公司估计印书百部,需费二三百万,需时一二十年,且本国纸张不敷应用,是以不敢担任。"商务印书馆《影印〈四库全书〉通告》,转引自郑鹤声:《影印〈四库全书〉之经过》,《图书评论》1933 年第 2 卷第 2 期,第 72 页。商务印书馆《〈四库全书〉珍本初集》样书中亦有此记,"依照原式影印,成书一百部,需费两百万,款巨难筹,价昂难销。而本国纸张又供不应求,非二三十年不能卒事"。商务印书馆:《影印〈四库全书珍本初集〉缘起》,商务印书馆《〈四库全书〉珍本初集样本附预约简章》,商务印书馆 1934 年,第 1 页。

② 冷庐主人:《评国立中央图书馆筹备处编〈影印〈四库全书〉未刊本草目〉》,《国闻周报》1933 年第 10 卷第 36 期,第 1—12 页。

年为止,选目数量已多达十数种。政府文化机构所编者如中央图书馆筹备处编纂的《影印〈四库全书〉未刊本草目》,教育部编订的《〈四库全书〉未刊珍本目录》,国学图书馆所编《签注影印〈四库全书〉未刊本草目》;个人如陈垣编《〈四库全书〉罕传本拟目》,傅增湘编《〈四库全书〉孤本选目》,卢慎之编《四库未刊书目》,柳诒徵编《选印四库秘书拟目》,钱基博《选印〈四库全书〉评议"附目"》等。

书目编选者众口一词,弃通行本而选以"孤本""秘本""罕见本""未刊本"等命名的"未曾刊行或久已失板"者,常见之书的出版价值被嗤之以鼻,《四库全书》再版活动追逐收藏为用的出版目的一览无余,从影印结晶命名为《〈四库全书〉珍本初集》一事更可窥此初衷。以收藏为依归的出版理念向来是商务印书馆古籍出版的航向标,从《四部丛刊》到《百衲本二十四史》《宛委别藏》等,概莫如是。不过商务之路并非古籍出版的单行道,以商务为代表的收藏理念始终被"实用"这一劲敌挑战,前者珍视罕见本,后者将前者弃若敝屣的常见之书视同拱璧,民国的古籍市场因之泾渭分明地分化为藏与用两种道路。

两大出版理念的冲突,在商务印书馆的《四部丛刊》与中华书局的《四部备要》的竞争中体现得最为淋漓尽致。二者虽然均属经史子集皆备的大型丛书,但前者重藏,后者重用。"萃海内外藏家善本于一编,照相影

印,不失原有精神,当尤为藏书家所爱购也"①的《四部丛
刊》,是"为搜罗、收藏古书"者而制造。商务印书馆时时
于广告中宣称,"除订购本丛刊外,实难搜求善本至如许
之多",提醒图书馆、学校、学者、国学家、收藏家"凡欲于
最短期间搜罗如许古书,惟有订购本丛刊,可以及早观
成"②;同时商务也积极通过与"各省督军省长暨教育厅"
的交游斡旋,借由行政手段通饬各地图书馆及学校购置
该书③。《四部备要》所选图书则皆为坊间"习见之书",
注重阅读层面的实用性。中华书局自述其书目选择标
准是"为读书而刻书,非读书必需者,虽有名刊孤本概不
羼入,其必须者虽卷帙繁浩亦不删节"。"为读书而刻书"
成为《四部备要》宣传推广活动中的金字招牌,中华书
局据此处处影射出版理念与自家迥异之商务印书馆的
求藏之举:

> 古今刻书,或志在传布良著,或翻刻以保存善
> 本,非为读书者刻书也,有之惟曾文正等创办之官书
> 局。然数十年来,板片漫磨,纸墨日劣,版本笨重,售
> 价昂贵,已非精善适用之书矣。近年石印古书,或志

①《〈四部丛刊〉阳历本月底截止,预约时日无多,订购请速》,《申
　报》1926 年 12 月 5 日,第 4 版。
②《购置古书之绝好机会,只须两年,可得古书二千一百册》,《申
　报》1926 年 12 月 12 日,第 3 版。
③《阴历十月卅日,商务印书馆〈四部丛刊〉预约,准是日截止》,
　《申报》1920 年 11 月 10 日,第 3 版。

在牟利,或注重版本,均非为读书者刻书也。中华书局刊行《四部备要》,系为读书者刻书。内含《十三经古注》《十三经注疏》《十三经清人注疏》《二十四史》《资治通鉴》、诸子理学各书、小学各书、《楚辞》以下别集一百余种、古文诗词选本、总集二十余种、诗文评诗韵词律等十种、经史入门书十余种,国学之重要书籍大略已备。[1]

为强化使用的方便性,增强实用功能,由习见之书汇编而成的《四部备要》,在六开本全五集出版时,又被中华书局划分为"诵读之书"与"阅览之书"。诵读之书正文用二号或三号字,夹注用三号长体,无注则正文用二号长体,阅览之书用三号或四号字。如作为学子必读之书的前四史,因笺注较多,正文用二号字,夹注用三号长体;《晋书》以后注渐减,正文则改用四号字,注用五号字;缩印本洋装全五集出版时,为便利初入国学者阅读,中华书局又为一批"初学诵习之书"加了句读,包括经部《四书集注》及《十三经古注》17 种 10 册、史部《二十四史》《资治通鉴》《明纪》《国语》《国策》等计 30 种 68 册,子部周秦四十子及浅近性理书等计 51 种 19 册,集部《楚辞》《文选》《古文辞类纂》等诗文词总集计 28 种 22 册[2],共

---

[1]《研究国学当读何书》,《申报》1926 年 9 月 12 日,第 3 版。
[2]《洋装〈四部备要〉点句本发售预约,四月底止》,《申报》1935 年 3 月 23 日,第 3 版。

计126种119册8000余卷图书[①]。字号与断句均体现了中华书局以实用为追求的苦心孤诣,也是对这一理念的一以贯之。

揆诸民国古籍丛书的整体历史,大致存在这样一条脉络,即不但书目选择上出现藏用之别,如商务印书馆与中华书局的"四部"选目之歧,在选何种类型的古籍进入再版上亦有此争。30年代中期开始,实用性极强的专科类古籍丛书开始大量涌入出版赛道,扭转了此前大型综合性古籍丛书一统天下的局势。中华书局虽是持"用"的开拓者,但并非独行者,开明书店、世界书局等是其同道中人,他们出版的选题如《二十五史》《〈二十五史〉补编》《珍本医书集成》《皇汉医学丛书》等,均以实用为主导,共同造就了古籍出版的新趋向。从受众的接受角度看,即便他们普遍反感于叠床架屋的古籍丛书大出特出,却显然对以"用"为主的古籍更为宽容。这点从彼时时评中对《四库全书》"不必印行"的反对之声,以及《二十五史》的销售佳绩中,能够得到明显的印证。褪去古籍的装饰性,实现阅读层面的"实际化"和"普遍化",走入千家万户,力避束之高阁,也可以说是出版机构对读者之音的殷切响应。

---

① 《中华书局印行聚珍仿宋版洋装〈四部备要〉预约本月底截止,为日无多预约请速》,《申报》1935年4月23日,第4版。

（二）版本的求古与求精

据中华书局自陈，《四部备要》之所以习见之书为多，一方面是为读者日常所用考虑，另一方面则源于校订文本错讹之需，"愈习见之书，愈为读者所必需，坊本愈多讹谬，刊刻善本愈不可缓。如石印四书'强哉矫'四句均误为'强者矫'，今据善本细加校对，当不致讹误学者也"。可见，中华书局有志为时代生产新的善本。

对于善本的阐释，中华书局自成一格。以商务印书馆为例，他们历次的古籍出版，基本采用了影印技术，版本以宋椠元刊为尚，是传统意义上的善本。中华书局则"发明"了崭新的善本观，试看其对善本的界定：

> 何谓善本？内容完全，雕刻精美，校对审慎，印刷明晰，是为善本。何代善本最多？清代精刻最多，盖校勘之学、刻印之技均最精也。宋代印板初行，颇有善本（惟年代较远，存者无多，所存之宋板书，亦不尽当时之精，印本颇多模糊及缺页不全者）。明代以刻书为标榜，多失之滥（又多未精校且有颠倒错乱及删节之弊），善本较少。若仅以时代先后论之，则不免于盲人道黑白矣。①

于兹可见，在对古代文献品质进行评估时，中华书局反对以时间远近为尺度作善本与否的区分，版本选择

①《空前之精刻万卷善本古书〈四部备要〉》，《申报》1926年10月8日，第3版。

标准为求精不求古 [①]，推崇"后来居上"。据其自陈，这一标准的合理性，一方面源于宋元旧刊"断壁残垣"影响复制。"宋元旧刻，固多尽善尽美，但阅世既久，非印本模糊，即短卷残叶，在收藏家固不以为病，在读书家则反多遗憾" [②]。明代刻书错误又尤多，避之唯恐不及 [③]；另一方面则源于清代刻本在内容质量上的有口皆碑。"清代精刻，不惟刊印精良，而校勘之学，于斯为盛，宋元版优点固均保存，其谬脱之处，无不改正，盖清代精校本，系由专攻某书者，汇宋元以来之善本校勘整理。故读一精校本，胜于遍读无数古本" [④]。

"既不抱残守阙，更不畸轻畸重，与从来刻丛书者，其趣迥异" [⑤] 的选本观，驱动中华书局为《四部备要》所选底本以清代刻本为多，也客观上为彼时的读者生产出了包括《十三经注疏》《清代十三经注疏》《说文解字段注》

[①] 这种选择当然也和善本本不易求，以及中华书局所藏善本量无法与商务印书馆比肩有关，这也意味着他们其实也并非一味排古。《四部备要》所选各本，有以古为贵者，如五经古注依宋代岳珂相台本，《鱼玄机诗集》依北宋本。

[②]《〈四部备要〉，中华书局五集预约》，《申报》1926年12月11日，第3版。

[③]《壹万壹千三百四十四卷古书，〈四部备要〉中华书局印行》，《申报》1926年9月23日，第3版。

[④]《〈四部备要〉，中华书局五集预约》，《申报》1926年12月11日，第3版。

[⑤]《〈四部备要〉，中华书局五集预约》，《申报》1926年12月11日，第3版。

《元丰类稿》《陆放翁全集》，以及宋元理学家周张程朱陆王全集、宋元学案、明儒学案在内的诸多新善本①。这些新善本建基于中华书局上述对古籍新善本的定义基础上，对其所选善本进行复制时，中华书局亦自立标准，认为所出之书必须具备"选择精审、根据善本、校对精审、版式适中、字体适宜、用纸精良"诸般条件②。在实际出版过程中，中华书局采取了排印技术，使用名噪一时的聚珍仿宋字体；校对上"力求审慎"，"每排一书，先由印刷所校三遍，继由校勘部覆校三次，每次由三人轮阅各一遍，共计九遍，再由总校覆勘一二遍，总计校至十三四遍"；除了廉价缩印本使用了洋纸（橡皮纸）外，其他各版本均为号称"永不变色"的国产连史纸、赛送纸、毛边纸；印墨用中华书局自称"顶上"的美国油墨，加松烟调和，"墨色匀厚，冠绝古今"，"体洁无比，永不走油退色"③。

中华书局在践行求精的同时，不忘批判求古者，称其为"讲古董者"，讽刺其"以抱残守缺为职志"④，以此突出

①《壹万壹千三百四十四卷古书，〈四部备要〉中华书局印行》，《申报》1926年9月23日，第3版。

②《中华书局发行聚珍仿宋版精印〈四部备要〉——名〈四部读本〉发售预约》，《申报》1921年12月1日，第3版。

③《中华书局聚珍仿宋版〈四部备要〉》，《申报》1926年9月20日，第1版；《古书之空前进步，独出冠时，〈四部备要〉两大特色》，《申报》1926年11月30日，第2版；《〈四部备要〉之特色》，《申报》1927年1月15日，第3版。

④《空前之精刻万卷善本古书〈四部备要〉》，《申报》1926年10月8日，第3版。

自家的实用主义。"古董"制造者于 30 年代的生意确实
有江河日下之势,此时经济萧条,民众购买力普遍下降。
《百衲本二十四史》出版的滑铁卢是一明证。商务印书馆
穷极数十年搜罗各正史的最善之本,以之替换以"阙文
讹字"著称的清廷殿本。即便致力于去除诸如"佚者未
补,讹者未正,甚或弥缝缺失,以赝乱真,改善无闻,作伪
滋甚"[①] 在内的诸多文本污染,驱逐殿本市场,但《百衲本
二十四史》的总体销量并不尽如人意,反而不如版本原封
不动取自殿版的《二十五史》销量广大。预期与现实的
脱节,以及古善本与清殿本之间销售的悬殊,均极耐人寻
味。新善本派于版本方面的"求精"之举,恐怕部分也是
古善本得之不易之下的退而求其次。求古不得之下,版
本即便不"精",但在宋元旧椠再版本价格不菲的前提下,
价廉也能够在竞争中胜出。绝对的价格优势,也日渐构
成了新善本派与旧善本派同场竞技的核心竞争力。

三、余论

《二十五史》出版之际,开明书店曾招来若干名人为
丛书题辞推广。丁福保所写题辞中,提到了吴稚晖的言
论,他称吴尝言"大板之《廿四史》《十三经注疏》《皇清

---

① 张元济:《〈百衲本二十四史〉后序》,《百衲本二十四史·史记》,
商务印书馆 1937 年。

经解》《九通》《册府元龟》《太平御览》《全唐文》等书，悉为有产阶级之藏书家所必备。但清寒之士既无力购置，又无处安放，最为憾事。若能缩成极小之本，则寒士大感方便矣"①。于丁、吴之言中可见，有产阶级与清寒之士，古籍的购置倾向因购买力的悬殊而大相径庭。"囊书轻到牛无汗"的九册本《二十五史》，一方面当然是为满足寒士之需，另一方面也从侧面透露出开明书店为何要为寒士生产大型丛书——有产阶级家中所藏已然汗牛充栋。"向下"开拓新的古籍丛书消费人群，扭转此前的"贵族化"读者定位，在市场饱和、经济低迷之下，虽属无奈，却也恰逢其时。

经济的不景气，市场的饱和，实用主义的抬头等因素，共同造就了旧善本派的颓势。从内容到装帧均注重实用的新善本派则大行其道，尤其 1930 年代中期以后的古籍市场，大有被林语堂誉为"颇有巾箱战舰意味"②的《二十五史》一派一统天下之势。近代古籍出版的转向于兹可见。

---

① 丁福保：《〈二十五史〉题辞》，《申报·开明版〈二十五史〉特刊》1934 年 10 月 21 日，第 15 页。
② 林语堂：《〈二十五史〉题辞》，《申报·开明版〈二十五史〉特刊》1934 年 10 月 21 日，第 15 页。

第八章　副文本里讨生活：断句、索引与校勘记

一、人人都爱副文本：正文之外有竞争

　　1935年，有读者登报"尽情的揭发"书报合作社出版的《二十六史》，称其错漏百出，并啼笑皆非于出版者的错误之低级。书报合作社的《二十六史》于1934年刊布出版预告时，正值开明书店为《二十五史》的出版殚精竭虑地东奔西走，如与柯劭忞后裔商讨《新元史》版权事。同年底《二十五史》出版第一期，次年《二十六史》出版了《史记》一种。

　　《二十六史》受诟病的原因，不外乎侵犯版权、抄袭同行以及层出不穷的错讹。起先，出版人谭天计划在二十四史基础上再加上《新元史》《清史列传》[①]，构成他们的正史丛书《二十六史》。新入二史版权分属开明书店和中华书局，书报合作社属于未得许可擅自纳入，引发争议。作为丛书第一本的《史记》，于编排、句读、"册数"上

---

① 后来《二十六史》书目调整为在《二十四史》（殿版广本）基础上，加入明代柯维骐的《宋史新编》和清代魏源的《元史新编》。

直接剽窃商务印书馆《万有文库》丛书中所收《史记》,甚至将原书错讹也直接"借用"了过去。《史记》全书被书报合作社分作二十"段",分段无章法,每段页数又各为起讫,全书内容支离破碎。批评者狐疑"谭天根据什么本子将《史记》分成了二十'段'呢? 我们好久都猜不透这个谜",却原来是照猫画虎分作二十册的《万有文库》版《史记》。批评者不无忧心道,"不知编者谭天自己也觉得汗颜否? 不知他曾经想到过广告上的'人名地名索引'的编法否?"行文至此,批评者愤而质问道:"这样错乱不堪的页码,如何可以编索引? 我们相信,他在印刷这本《史记》的时候,根本上是不曾想到如何做索引的——虽然广告上有所谓'索引'的字样。"

更令批评者发指的是,对于行将出版的《汉书》,书报合作社于广告上发文称,"但经发觉殿本讹误甚多",并大书特书二十多条"殿本之脱缺正文与注文者"和"殿本之错误正文与注文者"。这形似的校勘记,"辉辉煌煌,明目张胆的布告于诸读者们之前",实则竟是剽窃张元济之作。张氏之作收于商务印书馆1930年3月发售《百衲本二十四史》预约时所印样本,"不料事隔多年谭天竟代为再登义务广告一次"。批评者不无讽刺地挖苦书报合作社,称商务印书馆《百衲本二十四史》告成有待,《二十六史》又亟待出齐,那么该丛书将如何得到商务还未印出的宋本或元本作为校勘殿本的根据呢?

批评者鄙薄剽窃者堂而皇之的"恬不知耻",更难掩失望于索引与校勘记的无着；或者说，正是对索引与校勘的视同儿戏，激怒了批评者。这一时期，古籍于正文之外附着一众副文本丛，几成定例。副文本的内容、形式多样，既包括序跋、考证、校勘记等对正文进行补充或评述的文本，也包括如索引、句读等方便检索、阅读的工具性文本，以及可扩充正文文本疆域的参考书目等附录。如《百衲本二十四史》诸史各有张元济跋文一通，历举各书优点，以正世本之失 [①]；中华书局影印的殿本《古今图书集成》，又另附同文书局石印本考证二十四卷，达到"两美既合，庶成完璧" [②] 的图书整体；开明书店《二十五史》于每史之后编列参考书目，《明史》每卷之后又将王颂蔚的《明史考证捃逸》加入，以此成全"最完备之正史"的自我定位。为检索便利，开明书店又为《二十五史》编制了《〈二十五史〉人名索引》，凡在各史纪事中有专载或附见的人名均列入，"不啻一部中国人名大辞典"。关于校勘记，尤其正史的系统化校勘记，最为时重，如上述《二十六史》错讹的"揭发者"所言：

> 我们以为忠实的出版家，对于这部浩瀚的"史料"书，倒有一个工作可做。而且现在还留着等待有识力的人去做，那便是做一部忠实的《〈二十四史〉校勘记》，把宋元以来诸本，及明南北监本、汲古阁

① 《〈百衲本廿四史〉优点，即日往购可取书六种》，《申报》1931年10月6日，第12版。
② 《〈古今图书集成〉发售预约》，《申报》1934年6月3日，第4版。

本、清殿本等的异文错简处,都列举出来,或单行出
版,或像日本人校印大藏经般的即将附于本文之下。
这倒不失为一个弘伟的重要的工作。……不知出版
家们有意于此否? 但这却非所语谭天辈也![1]

三年后,此事成真。1934年1月,《百衲本二十四史》
第三期出书之际,张元济"'百衲本'行而殿本之二十四
史可废"言论登出,日后每期发售广告均可见此议,同文
刊登搜集各史善本之经过,以及殿本之误[2]。此前张元济
已孜孜不倦于正史善本的搜集与校勘工作达十数年之
久,商务印书馆1930年成立校史处后,张氏开始带领团
队继续深耕校勘。殿本与各旧本详加雠对之下,积成校
勘记百数十册[3]。全稿繁赜,董理需时,衲史印竣不久全面

---

①骥:《再论古书翻印问题》,《文学(上海)》1935年第4卷第3期,
　第421页。

②《商务印书馆发行景印善本古书》,《申报》1934年3月13日,第
　1版。

③ 张元济的《百衲本二十四史》校勘记内容,覆盖了除《明史》外的
　23部正史。校勘记原稿曾于1960年起被中华书局借用,作为点
　校《二十四史》的校勘参考,此后多有遗失。至1990年归还商务
　印书馆时,仅余《史记》《汉书》《后汉书》《三国志》《宋书》《南
　齐书》《梁书》《陈书》《南史》《魏书》《隋书》《旧唐书》《新唐
　书》《新五代史》《金史》等15种,加之1992年又从仓库中清理
　出的《宋史》1种(缺1册),所余16种从规模上仅占原校勘记的
　三分之二。商务印书馆将之委托曾参加《百衲本二十四史》出版
　工作的王绍曾进行整理,王及其团队成员耗时八年(1993—2000)
　全部整理完工。自1997年至2004年,商务印书馆以丛书面貌
　将之陆续影印出版。该丛书的整理与出版详情可参见(转下页)

抗战爆发，只得提要钩玄，选录出有代表性的 164 则校勘记成《校史随笔》出版。

至于为何重视古籍的校勘，时人常有疑问。他们疑惑于古籍出版主体"为什么不肯苟且塞责，照样翻印便了事呢？为什么必须广搜异本，仔细校勘整理呢？"更何况这"给一般读者们阅读的书何必加以如此的详尽的校勘记呢？这些校勘记对于他们有什么用处呢？"彼时有持论公允者认为，校勘工作"虽然耗费了很多的力量，这整理却并不是无意义的"，因为认真的校勘使读者"得以廉价得到比较可读的本子"，同时，这也"节省了无数读者耗费在'校勘'这个传统的工作之上的时与力"①。包含校勘记在内的副文本的广泛生产，一方面自然属于学问创作，另一方面也透露出时易世变后传统文化习得能力的普遍下降，副文本的加入无疑有利于古籍阅读门槛的降低，客观上能够促进阅读的民主化。

在方便古籍丛书的检索上，出版机构各显神通，包括编制索引、附加四角号码检字法、增置页码等。如出自王云五之手的四角号码检字法，不但商务自用，如《各省通

（接上页）王绍曾《目录版本校勘学论集》中《〈百衲本二十四史校勘记〉整理缘起》《〈百衲本二十四史校勘记〉整理后序》《试论谁敢为天下先的张元济先生——从整理〈百衲本二十四史校勘记〉重新认识〈百衲本二十四史〉的版本价值》《为什么要整理出版〈百衲本二十四史校勘记〉——兼答汪家熔先生》等若干篇章。

① 源：《再论翻印古书》，《文选（上海 1933）》1936 年第 6 卷第 3 期，第 354—355 页。

志》所出六种,即用该法编制索引附诸各志之后;其他出版机构也将之视作检索全文便利之工具,如《〈二十五史〉人名索引》即附四角号码检字法。基于参考书目、索引等的加入,开明书店将《二十五史》定位为"研究、检阅,两皆适宜"之书,并将内页中全书页码顺次统排,中缝做标记,以便翻阅、检索①。

在方便阅读上,不得不提句读。近代出版物为古籍加标点可谓风靡一时。尤其于30年代经济萧条时,上海书贾"感想到生涯之不振,乃异想天开,将所有旧小说,施以标点,大翻其版,此行彼效,互相竞争"②。古籍加标点最初的范围是诸如《红楼梦》《楚辞》《笠翁曲话》《陶庵梦忆》等在内的文学作品,尤以旧小说为流行,如亚东图书馆的系列标点小说;后来明人文集与笔记、词曲,乃至鼓词唱本,如《刘镛私访》《黄爱玉上坟》之类也翻印出来,加入标点大军;再继之以包括历史著作在内的国学图书,也涌入句读俱乐部。1930年代中期,古籍丛书标点事业的如日方中,可谓有迹可循。开其先河者,非中华书局莫属。1935年,中华书局为缩印版六开本《四部备要》全五集中的部分图书添加了句读,包括经部《四书集注》及《十三经古注》17种10册、史部《二十四史》《资治通鉴》《明纪》《国语》《国策》计30种68册、子部周秦四十子

---

① 《开明版〈二十五史〉》,《申报》1934年12月8日,第4版。
② 止观:《旧小说之翻版热》,《天津商报画刊》1934年第11卷第11期,第1页。

及浅近性理书等计 51 种 19 册、集部《楚辞》《文选》《古文辞类纂》等诗文词总集计 28 种 22 册[1]，共计 126 种 119 册 8000 余卷[2]。中华书局此前已经出版过五开本的《四部备要》全五集，此次缩印版六开本全五集预约活动原定 1935 年 1 月 31 日截止，2 月初称将延期至 4 月，并出台了新的预约简章。第一次预约时，未有添加句读的计划，并拟于 1935 年 7 月起出版。因聘请专家加点句读，"已制版者完全毁去重制"，不得已延期 4 个月后才出版第一期[3]。中华书局中途更换出版策略，也许与商务印书馆《丛书集成》有一定关联。《丛书集成》于 1935 年年初发售预约时，便计划全书加入句读，同年年末出版第一期时句读如约而至。而在更早的同年 8 月，开明书店出版了精校断句的《六十种曲》。此后，世界书局出版的《珍本医书集成》亦步亦趋之下也为全书添加了句读。

二、副文本制作百态：作者、制度与生活

关于古籍的校对工作与质量，时人常有议论。从复制技术角度出发，不论排印还是影印，二者均涉及校对工作，

---

① 《洋装〈四部备要〉点句本发售预约，四月底止》，《申报》1935 年 3 月 23 日，第 3 版。

② 《中华书局印行聚珍仿宋版洋装〈四部备要〉预约本月底截止》，《申报》1935 年 4 月 23 日，第 4 版。

③ 《中华书局发售预约洋装〈四部备要〉全书，洋装〈四部备要〉点句本，洋装大字点句本〈二十四史〉》，《申报》1935 年 3 月 15 日，第 2 版。

前者是对内容的校对,后者指向摄影底片的描润;标点加入后,校对工作又增加了检验断句是否正确的工作。标点是否适用古籍,以及适用哪种古籍,则是有关古籍句读存在合理性与否的争议,在此不做讨论。因彼时校对工作往往也含括对标点断句的检验,因而下文将与之合并讨论。

造成内容以及标点错漏百出者,与校对工作制度有密切关系。出版机构采取的校对管理方式主要包括两种:社内自设项目制式的校对处,以及机构外的外包制度。自建项目制式校对处者如商务印书馆,为校勘《百衲本二十四史》,商务于 1930 年成立校史处[①],日常人员达十一二人,主要从事校勘和描润两项工作。张元济制定了严格的工作规范,不但亲自拟定《修润古书程序》《修润要则》《填粉程序》等工作规程,更要求职员每日填写工作日记,当晚检查工作进度,并逐页复校当日底样,次日返回各人手中。校史处职员做"死校",即初步选定一个古本为底本,拍照后印出底样,将之与各个旧本对校内容差异,逐一记录在底样的天头上,所有版本对校完毕后再移录成校勘记,做到"不漏";张元济除逐日复核对校

① 1932 年因"一·二八"事变,校史处不复存在。约在 1932 年秋季,校史处恢复建制,但搬至张元济家中,直至 1937 年 11 月撤销,结束使命。张元济在少数助手协助下,于古稀之年终于完成了其余十九史的校勘与辑印工作。见王绍曾:《商务印书馆校史处的回忆》,王绍曾《目录版本校勘学论集》,上海古籍出版社 2005 年,第 750—751 页。

外，还要"活校"，即定异文是非、判断择定版本的好坏[①]。描润工作及其具体步骤，张元济曾专门撰文《记〈百衲本二十四史〉影印描润始末》总结如次：

> 原书摄影成，先印底样，畀校者校版心卷第叶号。有原书，以原书，不可得，则以别本。对校毕，有阙或颠倒，咸正之。

> 卷叶既定，畀初修者以粉笔洁其版，不许侵及文字。既洁，覆校，粉笔侵及文字者，记之，畀精修者纠正。底样文字，有双影、有黑眼、有搭痕、有溢墨，梳剔之，梳剔以粉笔。有断笔，有缺笔，有花淡笔，弥补之，弥补以朱笔。仍不许动易文字，有疑，阙之，各疏于左右栏外。精修毕，校者覆校之，有过或不及，复畀精修者损益之。

> 再覆校，取武英殿本及南、北监本、汲古阁本，与精修之叶对读，凡原阙或近磨灭之字，精修时未下笔者，或彼此形似疑误者，列为举疑，注某本作某，兼述所见，畀总校。

> 总校以最初未修之叶及各本，与现修之叶互校，复取昔人校本史之书更勘之。既定为某字，其形似之误，实为印墨渐染所致，或仅属点画之讹者，是正之，否则仍其旧。其原阙或近磨灭之字，原版有痕迹

①王绍曾：《商务印书馆校史处的回忆》，王绍曾《目录版本校勘学论集》，上海古籍出版社 2005 年，第 741 页。

可推证者,补之,否则宁阙。阙字较多,审系原版断烂,则据他本写配,于栏外记某行若干字据某某本补。复畀精修者摹写,校者以原书校之,一一如式,总校覆校之。于是描润之事毕。

更取以摄影,摄既,修片;修既,制版;制版清样成,再精校;有误,仍记所疑,畀总校;总校覆勘之,如上例。精校少二遍,多乃至五六遍,定为完善可印。总校于每叶署名,记年月日,送工厂付印。[1]

作为当年校史处校对职员之一的王绍曾,曾对张文上述步骤做过更为详尽的阐述。他认为正是因为"在加工过程中,无意之间,在各个环节中,都容易发生一些新的讹误",比如"以粉笔洁版,可能侵及文字,梳剔溢墨,很可能剔去笔画;精修者损益之间,也很难不出点问题;至于是正点画之误,或填补原缺及近磨灭之字,只要用心不专,或以意为之,都可能发生新的差错"[2],作为总校对的张元济为力避差错,于是在总结实践经验的基础上又制定了《修润古书程序》《修润要则》《填粉程序》,作为指导、优化、考核工作的依据。张元济又从优化阅读、保留版式美观出发,制定了对制版、制线的要求指南。《晋书·纪传》《宋书》《周书》《隋书》《南史》《北史》均订

---

[1] 张元济:《记影印描润始末》,《商务印书馆通信录》1934年第393期,第27页。

[2] 王绍曾:《近代出版家张元济(增订版)》,商务印书馆1995年,第103页。

有《制版须知》，《新唐书》订有《修线要则》。须知与要则，从版框、行线、字形的拼接、粗细、宽窄、肥瘦到墨色的浓淡等方方面面对正史的版面制作进行约束与规范，力求实现文本内容与物质形式之间的统一。

中华书局出版《四部备要》时，为求"一字不误"，花费了不菲的人力、财力。全五集出版第一个版本六开本时，中华书局对外公布了工作人员信息，其中校对人员包括复校者十五人，初校者八人，其中延请到耆宿十余人[1]。每排一书，先由印刷所校三遍，继由校勘部复校三次，每次由三人轮阅各一遍，共计九遍，再由总校复勘一二遍，总计校至十三四遍[2]。此外排、印、订工作者另有两百余人。自1920年筹划以来，《四部备要》作为一项持续有年的出版工程，工作人员的日常规模以十年三百人计，则"三百人工作十年约合一百万工"，每集约须二十万工。

中华书局对自家校对工作信心满满，曾在《四部备要》全五集重印时，宣称全五集自"出版以后，重行磨勘，十八万叶之中，错误不过十数"[3]。从商务印书馆的古籍丛书校对工作中看，要做到中华书局的"一字千金"的程度远非易事。作为校对环节之一的描润，便很容易失误。

---

[1]《空前精印古书〈四部备要〉》，《申报》1926年11月5日，第3版。

[2]《空前之精刻万卷善本古书〈四部备要〉》，《申报》1926年10月8日，第3版。

[3]《中华书局征求〈四部备要〉校勘，正误一字酬银十元》，《申报》1934年3月22日，第4版。

据王绍曾回忆,《百衲本二十四史》校史处"描润的人有时用朱笔描润,不注意将避讳之字,当成缺笔填补,张先生于总校对时与另一份未修之叶对校,一经发现,就谆谆告诫,引起描润者的重视"。然而百密一疏,差错总归难免,王绍曾评价《百衲本二十四史》的错讹称,"描润时间有描错的字,这是校史处工作中的粗心大意造成的,非张先生始料所及"①。张元济竭力避免的错讹,通过制度化的约束依然有漏网之鱼,遑论那些依附外包而展开校点工作的古籍文本。质量堪忧,是当时批评古籍出版物的一大理由。诸如"现在的书贾因为省钱起见,多是不请一个校对员,拉一个小学的学生或学徒就来乱抄"②类说辞并不鲜见,建基于揣测之上的看似牢骚之论,虽然未必属实,倒也揭露了古籍外包点校的工作模式之弊。

包揽出版机构点校工作的小作坊,大多由私人承包,再延揽若干人员共同完成。如1936年有篇以古籍文本为第一人称"我"叙事,以"我"的再生产历程为叙事脉络的社会观察文章所述,句读的添加工作即被包工给了社外人员,这个"工场老板,他从各书坊里兜揽了生意回来,雇着这些标点工人,来把我们标点一番"。古籍文本被承揽句读工作的老板带到家里去,"那个家,毋宁说是一个工场,几只蹩脚的桌子旁,围坐着三五个鸠形鹄面,腰驼

① 王绍曾:《近代出版家张元济(增订本)》,商务印书馆1995年,第202页。
② 邢仪:《古书翻印的探讨》,《民德月刊》1936年第4—5期,第8页。

背曲的人儿。各人手中的一支洋红水笔，不住地在我的
弟兄们的身上点点划划"。句读老板所报工费为六分钱
一千字，旋即被要求降至四分钱一千字，驳返后被雇佣者
指责其既往工作中标点质量不精，错处甚多的事实。句
读老板大言不惭地辩称："这个……其实都是一样。看得
出标点错误的，不加标点也行；非看标点书不可的，不见
得看得出错误。天晓得，六分钱一千，那些通人硕士肯来
做吗？"这种心态折射了当时古籍校对质量问题中句读
作者自我开脱的普遍心理，拿现实中彼时从事过古籍校
对工作的阿英的话来说，虽然他也会为自己制造的错处
心怀内疚，但转念一想，"好在出所藏重印，其目的除生活
外，只是要供给'当行'无书的'通人'，以及古文学的研
究者，错误之处想是看得出。而况即是所谓古本，字句点
逗的错误，亦时时有之"①。在为生活所逼不得不"出卖灵
魂"的校点人，以及甩手掌柜之出版机构二者的助长之
下，标点几乎沦为古籍出版的一个姿态，是在古籍普遍标
点的社会风气中的不得不为。句读的点缀价值，有时不
但不方便阅读，甚至反而阻碍了阅读，最终沦为有害无益
的累赘。因此，在"我"的眼中，工场老板及其员工"一天
还点不到二万字"的断句工作卑贱而廉价，与往昔将之作
为名山事业来比有着云泥之别：

　　　这使我回忆起旧日的光荣：那些通儒硕学，餍

①阿英：《杂谈翻印古书》，《书报展望》1936年第1卷第3期，封1页。

足了皇家的俸禄,在窗明几净的环境中,焚上一炉好香,细细研磨丹铅,不计时日地且点且批,把它当作名山事业看待;不料到了这个末世,竟把我们付给标点工人,作为六分钱一千字的吃饭行业。[①]

再经历了"四角一千的排工,五角一令的印工,三角一万的钉工"的排印和简装后,"我"被带回出版机构接受校对的洗礼。校对工作由"一位二十几岁的青年"完成,这位年纪轻轻的古籍文本校对员,有着"蓬乱的头发,枯黄的脸色,和充满着血丝的眼珠",不但"已完全没有青年人的健旺热烈的气概",还"满怀悲愤",这样的心绪与其杯水车薪的薪资脱不了干系。15元月薪,是其"早晨八点钟来,工作到下午六点钟回去,吃自己的饭,住自己的房子的一个月的代价了"。相比之下,商务印书馆的古籍校对人员,待遇显得极为丰厚。校史处职员的薪资每月50元(工期满一年加10元),每年年终还多发一个月工资,日常食宿免费。住房是商务所租极司菲尔路中振坊两幢三层楼的新建小楼里,办公、住宿一体,"每月房租用银子结算,房租相当高,左邻右舍,不是银行经理,就是有钱的寓公";伙食费每人每月花费12元,午餐、晚餐顿顿七八个菜,荤菜占三分之二[②]。看来,悲愤先生之所以悲愤

---

① 清芬:《一本书的自述》,《申报·自由谈》1936年5月1日,第24版。

② 王绍曾:《商务印书馆校史处的回忆》,王绍曾《目录版本校勘学论集》,上海古籍出版社2005年,第736—737页。

不是没有理由的，入不敷出的生活直接影响了他的工作态度与质量——"我"被这位悲愤的校对先生用着悲愤的心绪，"胡乱地校过两次，随处留着可笑的错误，带着被虐待、被侮辱的印记"。古籍文本的断句与校对之潦草可见一斑，敷衍的背后于"我"的亲身经历中更可见成因。

据"我"描述，上述悲愤的青年，还是这一小型出版机构内唯一专请的校对员工，其他同类型出版机构的校对工作，"大部分的书都是用的五块钱包校十万字的价值，被人抢着去做"。有的出版机构在经由外包的三校后，还会续上四校，作为付型前的最后一个校次，由社内自设的校对部负责。规模稍大的出版机构会"供养着五六位老先生"，专看四校。规模较大的印刷厂，除了承印出版机构的排印工作外，甚至能够将所有的出版工序从小型出版机构手中外包下来，其中的校点工作再由其外包出去，出版机构于此仅负责提供古籍原文即可。这些"寄生"于古籍校点工作的外包"可怜人"，不论受雇于谁，都同样是过着朝不保夕的生活。日后的人民文学出版社编辑王仰晨，于1935年时还是一名初出茅庐的排字学徒，因供职的印刷厂一时承印了大量古籍印制工作，他经常跑外勤帮印刷厂取包工出去的校样，在此期间接触过两位印象深刻的外包校点人员。他们是一对从福建来上海讨生活的年轻兄弟，两人都是大学生，哥哥二十七八岁，弟弟二十四五岁光景。二人住在一处老式弄堂里的三楼亭子间里，四壁泛黄，光线乌黑，空间逼仄。兄弟俩夜以继日地工作,同时为几家印刷厂看校样,从初校做到三校,按所校字数领取报酬。三校既毕,校稿交由来收稿的王仰晨带至印刷厂,由厂内负责四校。厂内的四校,无异于是对三校工作的检视。这些负责最后校次的老先生们,"眼睛特别尖,掌握得也极严格,每错一个字以至一个标点,都要积累后扣罚酬金。遇有错,就以红笔在校样上划出并打一个三角符号",弟兄俩称之为"粽子"。退回的校样一到手,他们就忙不迭地查找吃了几只"粽子",遇"粽"便流露出悔恨和沮丧的神情。这对兄弟显然于校对质量上不敢造次,与上述"我"遇到的那位悲愤的青年不可同日而语。这大概与其未被专请于出版机构之内分不开关系,毕竟声誉不佳则接不到活计,时时面临饭碗不保之虞。王仰晨对其遭遇,报以深深的同情,认为校对先生专挑诸如"亳""毫","刺""剌","挟""侠","壶""壸"等等,"稍一疏忽就极易出错"的字,以及诸如"田"或"一"等排字排倒了,又因校样印制不清而极难分辨的字,来难为两兄弟,"于校对先生来说似乎是有意的恶作剧"①。这出于有意或无意的"恶作剧",虽然确实能从客观上提高古籍文本的质量,但是做得多了,不知不觉间便砸了人家的饭碗,很快两兄弟就搬离了住处不知所踪。

　　遭际如福建兄弟者,恐怕不在少数。商务印书馆鉴

---

① 王仰晨:《文学编辑纪事》,首都师范大学出版社 2010 年,第107—109 页。

于校史处的描润人员储备不足，也曾招聘过临时雇员。1931 年，他们登报雇佣两名拥有高中以上学历、文理兼通、擅长书法者，工作条件是在家办公，计件发薪。结果引来 300 多人报名，最后挑中了两位丹青妙笔。一位来自家徒四壁的五口之家，另一位则居无定所，住在提供"一元铺"的小旅馆，挤在住有十多人的双层通铺房间内，一天当中还不能全时拥有床铺空间，须与另一人平摊十二小时，房内连张桌子也没有。这位可怜的人最终未被录用①。诸如此类穷困潦倒的待业青年，盈千累万地分布在经济萧条的 30 年代。他们拥有相对优渥的学历，却求职无门找不到固定职业，总在等待一份勉强糊口度日的临时性文字工作，这份工作也许永远等不来，等来了也无法长久。他们箪瓢屡空的生活，透过纸背诉说了一部别样的古籍文本生成史。正是这些默默无闻的文字工人，在背后敝裘羸马地做着含括句读在内的副文本工作，古籍才得以顺利出版。但是这一群体于古籍出版活动中又可谓毁誉参半，即便值得报以同情之理解，但客观上确实也为当时的古籍文本带来了诸多质量风险，在断句工作中尤为如此。标点是否有误往往是时人是否支持为古籍断句的关键，毕竟有错之古籍，贻害深远。"无论其是否标点人之错误，姑概以失校论。而能知其错误，固属

---

① 王绍曾：《商务印书馆校史处的回忆》，王绍曾《目录版本校勘学论集》，上海古籍出版社 2005 年，第 745 页。

无妨；若不知其错误，则认此标点而寻文义，宁不引入歧途。故以无句读为较善"[①]。宁缺毋滥观加重了对加点古籍的反感，尤其莫不有标点的一折八扣之出版物，"其书错字之多无论矣，标点之谬误，更不可胜计，对之令人大不快"。以上可谓中肯之评。

---

① 陈达哉：《整理古书之希望（续完）》，《红茶文艺半月刊》1938 年第 5 期，第 41 页。

第九章 从"贵族"到"寒士"：古籍丛书的价格与读者定位

一、书往何处去：富人的客厅与穷人的亭子间

1919年，供职商务印书馆的编辑茅盾，在报纸上看到了北京学生们空前大规模的示威游行，抗议北洋军阀政府的辱华外交。他说自己身边也有一件大事发生——"这件大事便是《四部丛刊》的性质究该如何？"① 所谓的性质，即《四部丛刊》的消费定位指向。《四部丛刊》和五四运动相提并论，意义何在？茅盾将之归结为大事，可能来源于自身的直观感受——商务印书馆整整为这事争论了五六个月。这件事对馆内的重要性不言自明。回视过往，《四部丛刊》不但是商务印书馆出版大型古籍丛书的开山之作，更开启了整个时代整理与出版大型古籍丛书的先河。茅盾把它同五四运动并举列为重要之事，当然有调侃的意味，但也不无道理。

———————————

① 茅盾：《革新〈小说月报〉的前后》，茅盾《茅盾回忆录·上》，华文出版社2013年，第133—134页。

据茅盾描述,《四部丛刊》筹谋之初的争论点在于印制方式的选择,商务印书馆内部据此分化为两派——倡导影印的"善本派"与主张排印的"实用派"。善本派最终占据上风。胜出并非源于派系成员以当权者居多,而是此派"就他们同馆外接触而得的印象"做出的印制预算优于对手。如果用铅活字排印,不但需要重新排字,还要进行校对,而且"合格的校对人员很难找(编译馆中只有编辑《辞源》的一班人可以胜任),即使找到,薪水必高,则《四部丛刊》的成本也将随之增高,也会影响销路"。相比之下,如果影印善本,则"可销一千,那就已经有盈利了"。借由经济算盘,善本派得偿所愿。

善本派的经济账虽然胜出,但并不能等同于古籍丛书的定价不高。茅盾所述的此次策划活动,于1920—1923年间出版了《四部丛刊》系列的第一编(即初版本),全书包含323种2100册图书。连史纸印本定价高达800元,预约价500元,毛边纸定价640元,预约价400元。1927—1930年间该丛书再版,价格不变。同时期,中华书局陆续出版了《四部备要》系列。1922—1923年末,《四部备要》第一集陆续出版,全书48种405册,定价160元,预约价80元;1925—1926年,第二集出版,全书66种405册,定价、预约价与第一集相同;1928—1931年,全五集出版,全书349种2000余册,连史纸印本定价1200元,预约价600元,赛宋纸印本定价800元,预约价400元。揆诸各古籍丛书价格,即便预约价相比定价要低,但从数十元到数百元的价格梯队，依旧引发时人叫苦。相比叫苦，他们更为令人咋舌的价格感到困惑，大呼不解。

1930 年代前期，受世界金融危机的影响，国内经济凋敝。据籍贯湖南溆浦的中华书局编辑舒新城描述，在古籍出版热的 1934 年，内地如湖南、四川乡间维持温饱的生活费用是每月 2 元钱，而彼时单册书价普遍情形则动辄 1 元上下。如以"近年来新出版的科学或文艺书籍"这类普通常见图书为例，"只要略有插图用道林纸印刷（道林纸税额为纸价百分之十七）之四开本，大概要一分钱一页，十万字之书，售价总在一元上下"。从购买可能性上看，"要内地人民费半月粮米买此'饥不可食寒不可衣'之书籍，自然难之又难的事"[1]，何况动辄数十元以上的古籍图书。城市的情形也概莫如此，在米珠薪桂的 30 年代前期，即便长江流域商埠也情形惨淡，时人观察到：

> 在内地，不要说是在农村，就是在都市中，就笔者近日所到的长江流域几个商埠，中产以上的人民都在闹恐慌，化一元买一本书是很少见的事。所以，如在九江、芜湖等处，就是商务、中华等几个大书局的分馆，其日常至要的营业也只见数角数分的买卖，市上所见的无非是一折八扣七扣的东西。[2]

---

[1] 舒新城：《一年来之我国出版事业》，《文化建设》1934 第 1 卷第 3 期，第 101—113 页。

[2] 李衡之：《出版界往何处去》，《申报·出版界》1935 年 8 月 24 日，第 19 版。

上海的购买力也不容乐观。1935年,有人曾调查过自身周边喜欢买书之人的购买力变化。大约1930年前后,他们还能每年为书报花销几十块钱,时过境迁后连几块钱的书也无力购买了,"经济的压迫使他们陷于精神粮食的缺乏"[1]。"小资产阶级是更破产了,连一元钱的书都买不起,降而去买小书、一折书。穷人,自是根本上谈不到买书"[2]。于是令人费解的问题来了,"在这国民经济日渐破产,国民购买力日渐枯竭的今日,居然容许这样空前的大规模的出版古书,这不是一个令人不能解的现象吗?"[3]

时人根据日常所及观察到,出版社应对经济危机的方式是对四类图书趋之若鹜。其一教科书。因为"他们知道只要有学校,总有些销路"。其二旧小说。小说读者广泛,而且大出版社出版单行本小说,相较于之前以旧的石印机构和书摊为主的出版商来说是"大鱼吃小鱼",门槛低,生意好做。图画杂志类出版物情形与此相似。其三消闲类出版物。诸如"怎样种菜""怎样造屋""怎样算账"类书籍。商务的每日新书大体如此,时人评价该类

[1] 大川:《中国出版界之现状及今后应走向的途径》,《申报·出版界》1936年11月12日,第17版。

[2] 阿英:《杂谈翻印古书》,《书报展望》1936年第1卷第3期,封1页。

[3] 李麦麦:《论竞出古书与民族自杀——请四万万同胞照照镜子》,《文化建设》1935年第1卷第11期,第99页。

书"都不过是些基础技术科学的书"，就连用作"儿童书也已过时了"[①]。其四古书。与不得不买的教科书，以及成本低廉又受众广泛的旧小说和消闲类读物相比，古书既不是非买不可的必读书，也不是受众广泛的大众读物，价格又如此昂贵，它究竟为谁而出版呢？这位敏锐的观察者总结说，古书的大规模复制，源于出版机构"知道至少有些图书馆及收藏者还有一些购买力"[②]。可谓一语道破天机。

回到 1919 年筹谋出版《四部丛刊》的商务印书馆。"善本派"虽然是以经济账压下了"实用派"的势头，但本质上这本经济账是由读者定位决定的，也就是两派的分歧实际上在于对新时代古籍读者的认知不同。实用派主张实用，版本采精不采古，只要文本层面更胜宋元旧椠，即便版本近在眼前也来者不拒。实用派以"应该"来表达对自家青睐文本性的决心和原则，如他们认为"《庄子》，便应该采用郭庆藩的《庄子集释》或王先谦的《庄子集解》；《墨子》就应该采用孙诒让的《墨子间诂》等等"，以满足一般读书人的日常实用所需。但善本派依据"他们同馆外接触而得的印象"反对这种实用主义的意见，因为那些需要日常阅读、使用古籍的人群，"他们所需要的

---

①李衡之：《出版界往何处去》，《申报·出版界》1935 年 8 月 24 日，第 19 版。

②李衡之：《出版界往何处去》，《申报·出版界》1935 年 8 月 24 日，第 19 版。

如《庄子集释》之类，通行本很多，他们早已买了木刻原版，不会再来买铅印本"。从善本派的言外之意中推断，这似乎是一趟古籍出版的末班车，古籍的命运不再是生生不息的不断复制，这种古代的正常生命程序已经告终，取而代之的应当是一个以束之高阁为终点的了结，这时就需要给予古籍物质性方面足够的体面。换句话说，古籍最终的命运是物质性的收藏而非文本性的使用。不过问题是，已经拥有"木刻原版"的读者，难道以后就不会迭代更新了么？如果以后新的此类读者出现了，他们又没有"木刻原版"，那么这批读者怎么办？此时的善本派，似乎只是考虑了他们所处当下的情形，或许他们似乎默认以后也不会有人有所需了，古籍已经不再"实用"了。于是以收藏为依归的预设，决定了连同《四部丛刊》在内的古籍的整体购者群落——"附庸风雅的大腹贾、军阀，地主阶级的书香人家，少数几个大学图书馆（那时公立图书馆寥寥可数）"①，那些买不起的"真正做学问的寒士"被排除在外。显然代代有"寒士"。1938 年，有个"寒士"就对商务印书馆这种专出善本古籍的行为表达了不满，他"希望商务之《四部丛刊》改易其最古之标准而为最精"②。此时距《四部丛刊》筹划几逾二十载。1927—1930

---

① 茅盾：《革新〈小说月报〉的前后》，茅盾《茅盾回忆录·上》，华文出版社 2013 年，第 134 页。
② 陈达哉：《整理古书的希望》，《红茶文艺半月刊》1938 年第 4 期，第 31 页。

年,商务印书馆重版了《四部丛刊》初版本,1934—1936年间又出版了《〈四部丛刊〉续编》和《〈四部丛刊〉三编》,1936 年又再版了《四部丛刊》初版本,将之缩印,并易名《〈四部丛刊〉初编》,以区分续编和三编。十数年间,《四部丛刊》始终畅行不衰,而"寒士"也生生不息,"寒士"的心更始终不死。他们以"最古未必即最精。最古者当然可以别存,即最精之解释,亦甚难确定,或互有短长,亦当然可以别存"来呼吁和劝诫商务印书馆不要执迷于古本。

"寒士"的呼吁始终显得无足轻重。以《四部丛刊》为开端,除了《丛书集成》采用了排印技术[①] 外,《四库全书》《百衲本二十四史》《宛委别藏》等古籍丛书无一偏离商务印书馆最初的选择路径。商务印书馆始终奉行不悖地遵循着 1919 年的善本派"求藏"的决策。当然也未对"寒士"之音完全置若罔闻。1930 年代的商务印书馆,为应对时潮,也做出过多种调适。如 1936 年下半年分三期出齐的《〈四部丛刊〉初编》,便是对《四部丛刊》初版本进行缩印的新闻纸(瑞典纸)廉价本,分布面精装本 200元以及纸面平装本 150 元两种预约价[②]。相比于初版时

---

① 基本为排印,仅部分不合排印者影印。

② "先后两版,数逾五千。'一·二八'之变,再版存书大半被毁,所留底版同付劫灰。越今数载,全部者既已售尽,单行者亦几无余。"《缩本〈四部丛刊初编〉,保存善本真相,缩印廉价发行》,《申报》1936 年 2 月 17 日,第 4 版。

500 元的连史纸本价格以及 400 元的毛边纸本价格,低至 150 元确实有些名副其实是"廉价本"了。《丛书集成》于 1935 年发售预约时,商务印书馆也将之分作道林纸和新闻纸两种纸本,前者比后者要贵一半,后者拆分下来每册合七分钱,这显然是顾虑到了"寒士"们的购买力了。不过全书达至 4000 册的规模,合计起来一套的预约价最低也要 280 元[①],又是令人望而却步的数字。普通人家一次付齐如此巨款想必也绝非易事,按照中华书局对"寒士"们购买 360 元缩印本《四部备要》全五集"月省十余元,积二三年"的建议,280 元的价格必定也需要省吃俭用攒上一年半载。于是分期付款的方法被广泛应用到古籍丛书的预约活动之中,但多期合计起来比一次付清要多缴纳数十元不等,又是一笔不小的费用。商务印书馆的调适,连最低廉的品种也远远超乎普通人的购买力。可想而知,与其说这种因纸张而分价的划分是为了"寒士"考虑,毋宁说是为了应付今非昔比缩水了的"贵族"。瘦死的骆驼比马大,寒士化的"贵族"相较之下依然有较为强劲的购买力,是古籍图书消费的常备力量。此"寒士"非彼"寒士",由此可见商务印书馆"顽固"的读者定位。

---

① 《〈丛书集成〉预约售价每册只合七分》,《申报》1935 年 10 月 18 日,第 4 版。何况两个月后,又涨价 20 元。《商务印书馆辑印〈丛书集成〉第一期书准期于本月底出版》,《申报》1935 年 12 月 19 日,第 4 版。

　　古籍丛书动辄上百种上千册的数量，对储藏空间有极大的要求。《四部丛刊》三编合计 866 种 5700 余册，《四部备要》全五集共 350 余种 2100 余册，《百衲本二十四史》24 种 820 册，《〈四库全书〉珍本初集》231 种 1960 册，《古今图书集成》6000 余种 800 册……不以价格为虑，仅从空间上思量，古籍丛书的"贵族化"倾向也已不言而喻。各出版机构为大型古籍丛书配备的书箱、书橱也动辄 35—80 元不等，诸如箱橱 10 只 5 座联排的规模，占地不可谓不多。在时人对古籍读者定位的认识中，诸如"因篇幅浩瀚，定价昂贵的缘故颇使书业脱离了一般的读者阶级，有成为一种装饰风雅的趋向"的看法不乏其数[①]。"脱离了一般的读者阶层"，正说明古籍并非大众读物，也远非普通人所能消费得起。

二、做书不赀：技术、纸张等的成本

　　1921 年，中华书局开始酝酿出版《四部备要》系列。标榜"为读书而刻书"的中华书局，版本选择上以清代刻本为尚，并采用了排印技术。版本与技术上的抉择，均反商务之道而行之，此间缘由当然不无善本难求这一难言之隐。从成本上看，排印确较影印高出一截。排印技术需要对原书重新排字，有排字便需校对。为力避错讹，

---

① 卫术：《旧书年》，《申报·自由谈》1935 年 4 月 10 日，第 16 版。

中华书局延请耆宿十余人,每叶校十三四次[1]。《四部备要》全五集卷帙浩繁,全书350余种2000余册,"排校工程大,欲速则不达,每集须20万工,若影印则什一之工足矣"[2]。如按照10年工期算,仅人工成本则"300人工作10年约合100万工"[3]。按其上述自测,如果影印则大致仅需10万元的花费。

有意思的是,1926年的影印、排印预算之差,放到1935年则乾坤颠倒为影印比排印更贵。1935年上半年,开明书店开始发售《〈二十五史〉补编》的预约,定价44元。此时所辑之书仅170余种,后经博咨周访而增加到247种,"已溢出七千页以上"。在不增加已预约各户价格的情形下,全书"惟一律改排版,免铸锌版。一转移间,尚可拉平,惟出版不免延迟,而校对亦须加工进行耳"[4]。在"成本几增二分之一"的情形下,开明书店力挽狂澜的手段无非是从影印改用了排印,彼时排印成本竟然仅及影印一半上下,成本上一跃而为占据优势的一方。但需要说明的是,开明书店的影印,使用的是照相锌版技术,并非十年前的照相石印。此前《二十五史》便用此法,开明

---

① 《空前精印古书〈四部备要〉》,《申报》1926年11月5日,第3版。
② 《〈四部备要〉大器晚成》,《申报》1927年1月20日,第3版。
③ 《空前精印古书〈四部备要〉》,《申报》1926年11月5日,第3版。
④ 王伯祥著,张廷银、刘应梅整理:《王伯祥日记》(第五册),中华书局2020年,第1978页(1935年8月31日记)。

还专门登报介绍照相锌版印刷的优势，通过宣扬印制手段的先进性凸显图书印制质量的高超[1]。

照相锌版印刷技术属于凸版与平版结合的新型印制技术，也集合了平版与凸版印刷的两种优势。据开明书店描述，照相锌版印刷技术印制工序，需先把原稿用照相方法做成阴版，翻到涂布感光剂的锌版上，通过光线使锌版上显出和原稿相反的文字来，再将不感光部分的感光剂洗去，再用特制药品使感光的部分成为耐酸性，最后再用酸性剂把别的部分腐蚀掉，独剩有耐酸性的部分。与之同属凸版的铅印技术，需将活字一个个组合，由此必须对排字加以校改，"一部字数达四五千万以上的大书，要校对得没有错字，实在不是简短的岁月和少数的人力所能办到"。于是开明书店请来了"精细的照相机去做钞写先生"，通过照相技术将原版原文复写在锌版上，这照相机抄写先生"是负得起绝对无讹的责任的"[2]。

照相锌版相较于平版石印来说，也可避免诸多影印劣势。平版因受墨与不受墨者所处高低相同，纸张在承印时无法如凸版印刷般易与版面密切接触，在较粗或硬性的纸面尤甚，造成石印书籍字迹模糊，且油墨浮泛，阅之犹隔一层云雾。而且，平版全版面都经过墨棍滚过，不

①编者：《现代的印刷术——〈二十五史〉的照相锌版印刷》，《申报·开明〈二十五史〉特刊》1934年10月21日，第15版。
②编者：《现代的印刷术——〈二十五史〉的照相锌版印刷》，《申报·开明版〈二十五史〉特刊》1934年10月21日，第15版。

受墨的部分虽用水可揩洗掉，但难免有残存，以至石印书中常有细黑点；再加上照相落石，石面常不能完全与照相一样清晰，所以须人工描修。有时因为字迹不清，工人随意描写，以致错误踵出；有时原书上的折痕和斑点，也会经照相落石后变成墨点或墨纹，这时也需辨别后用白粉细心涂去。商务印书馆于1919年采用照相石印技术影印《四部丛刊》第一编时，彼时供职商务的茅盾就曾被征召作总校对。先于茅盾专门做这项工作者有两三个人，但因其文化程度不高，"有时会把一个字的点、捺、横，也当做折痕或斑点涂去，造成某些字的缺笔，会与真正避皇帝讳的缺笔混淆不清"，所以茅盾便被征调去做"把修饰过的底片复校一遍"[1]的工作。同样是"捉虫"，铅印捉住后于纸面圈划出来，排版时再以正确的铅字替之即可，石印校勘还需反向书写的能手在照相底版上改正错讹。当时商务的校对工，还必须苦练反向字，"在印石上用小毛笔蘸油墨将字补齐及修得完整，如同出自原书"[2]。商务印书馆缺乏古籍校对人员的事实，从张元济日记所载亦可见茅盾所言非虚。1918年，张元济就认识到馆内校对人才的缺乏，称"可加薪另聘较佳者"[3]，这或可理解为是

---

[1] 茅盾：《革新〈小说月报〉的前后》，茅盾《茅盾回忆录·上》，华文出版社2013年，第135—136页。

[2] 徐志放：《我记忆中的商务印书馆》，商务印书馆编《商务100年》，商务印书馆1998年，第653页。

[3] 张元济：《张元济日记》，河北教育出版社2001年，第468页（1918年2月1日日记）。

为即将展开的《四部丛刊》之影印工作做准备。但直到
1930 年影印《百衲本二十四史》时，商务才形成了比较制
度化的校勘团队。彼时为了校勘《百衲本二十四史》，商
务成立了校史处，由汪诒年、蒋仲茀任负责人，张元济为
幕后总管，日常职员十一二个人，其中包括从无锡国学专
科学校毕业的三位应届生——王绍曾、钱钟夏、赵荣长。
校史处主要从事校勘和描润两大工作，以及解决制版、制
线问题，如果描润、制版都解决不了版面文字内容不清，
则不得不动用摹写技术。摹写主要服务于原书缺叶造成
的内容不齐，在无原叶的情况下补配原书，既要摹写者书
法与原书字迹匹配，又要掌握反手书写的能力，难度较
大。商务职工徐之谦、朱均二人便负责这一工作，书内个
别缺字、模糊字，也由徐、朱二人摹写填补。日后成为著
名版本目录学家的王绍曾评价徐之谦的摹写，称其"简直
可以乱宋本之真"[1]。作为精益求精的丛书主编，张元济更
是对这一以假乱真的高手欣赏有加，曾将他手订的版面
亲笔批注"徐震水制版"，藏于东方图书馆[2]。

上述由照相石印带来的诸般影印弊病，在后来产生
的新的平版影印技术，如金属版（包括锌版、铝版，铅版又
俗称铅皮版）和胶版（又称橡皮版）的护持之下，有所降

---

① 王绍曾：《商务印书馆校史处的回忆》，王绍曾《目录版本校勘学
  论集》，上海古籍出版社 2005 年，第 746 页。
② 徐志放：《我记忆中的商务印书馆》，商务印书馆编《商务 100
  年》，商务印书馆 1998 年，第 653 页。

低。1934—1936年间出版的《四部丛刊》续编、三编，便使用了金属版影印；1936年下半年出版的初编，则使用了胶版影印。1926年，中华书局针对商务印书馆提出的"影印则什一之工足矣"之议，显然指的是《四部丛刊》初版本（即第一编），与上述使用了新影印技术的《四部丛刊》后续系列无涉。此时照相石印技术，确实从技术上不尽如人意，价格上也比排印低一大截。从商务弃用排印选影印，中华于对比中自矜排印的"高贵"可得印证。但是影印技术经迭代后，尤其发展出了开明书店引以为傲的照相锌版凸印后，成本也自然比照相石印要有所提升。因此，从印制技术上评估成本，不能一概而论，需要明确技术的细分。而且，影印并非不需校对，排印更在校对之外亦可能存在添加句读的断句费用，这是需要另外考虑的成本问题。

印制技术的不同，不能全然决定古籍的价格高低。纸张作为图书必不可少的载体，选何种纸张，装订后册页量的多寡，同样对古籍丛书的成本造成重大影响。开明书店在决定出版《二十五史》前夕，便于1934年初先到纸厂参观，三天之内去了两家造纸厂。杨树浦路天章造纸厂制造西式洋纸，曹家渡的江南造纸厂则是中国传统纸张制造商。在"连看天章、江南而中西纸张之不同与造法，居然得其大较"后[1]，开明书店为当年年末开始出版的

---

[1] 王伯祥著，张廷银、刘应梅整理：《王伯祥日记》（第四册），中华书局2020年，第1757页（1934年1月6日日记）、第1758页（1934年1月8日日记）。

《二十五史》配备了一种洋纸，即俗称新闻纸的瑞典厚报纸。开明书店自陈，此纸虽然质地较为粗糙，但好在价格便宜，能降低生产成本；选用瑞典纸的另一原因，在于他们使用了新型的照相锌版影印技术。《二十五史》虽然缩印成了 9 册，版面密密麻麻地布满细小的字块，但印制技术能克服字迹不清的隐忧，用纸如何对此不造成影响，可谓有恃无恐。换句话说，因为设计好了缩印 9 册，便需保证字体细小但清晰的阅读效果，不得不选用了照相锌版，技术的昂贵，使得纸张的用度上不得不做精简。平衡之下，选用价格相对便宜的瑞典纸。但据开明书店自述，技术与纸张的选择逻辑，则是纸张在前，技术在后——"因为《二十五史》为减低成本起见，所用的纸是质地比较粗糙的报纸，而字迹又比较的细，所以用平版印刷，不及用凸版印刷的清晰，这是采用凸版的最大动因"①。从上述表述推测，大概纸张的整体用度要高于技术的费用，在谋利的原则下，先从纸张入手设计图书的出版，再配以相应的技术。

出版机构对纸张的精打细算，多从谨慎选纸和缩印减页两方面考虑。从 1934 年开始，古籍丛书普遍开始选用洋纸，主要包括瑞典纸、道林纸、橡皮纸、字典纸；此前则一致使用传统中式纸张，如连史纸、赛宋纸、毛边纸。

---

① 编者：《现代的印刷术——〈二十五史〉的照相锌版印刷》，《申报·开明版〈二十五史〉特刊》1934 年 10 月 21 日，第 15 版。

中式纸张以旧造手工自制者为佳，但产额过少；机器量产者为次，上海的江南造纸厂是制造机制中式纸的佼佼者，频频现身古籍的再生产中。如1920年，商务印书馆婉拒政府承印《四库全书》之邀的理由之一便是"本国纸张不敷应用"[①]。手工制纸因产量无法保证，屡屡延误出版。如中华书局原定1924年出版《四部备要》第一集的单行本，用纸为产自赣浙的手工毛边纸，但囿于江浙战事导致纸料生产与运输受阻，单行本未能如期出版[②]。为了规避风险，也为了降低生产成本，1933年《四库全书》终于进入出版轨道时，出版合同中被政府指定的便是江南造纸厂的机制毛边纸。时人抨击此纸，称其"色黄而脆，质厚而粗，视皖赣出产之洁白轻细者不侔"，而且"装书百页，其重量过于他种纸之二三百页"。不但视觉与质地不佳，载装上也笨重不轻盈。对于此等"藏书家往往不乐此也"之纸，抨击者连连叹曰："不审当局何以选择及于此厂之纸，又必强承印者以必行，而承印者竟纳其议。"[③]政府对此的解释是，纸张因本国旧造连史纸和毛边纸产额过少，又因遭时艰而制作停工，存货几绝，收买不易，更不易大

① 商务印书馆：《影印〈四库全书〉通告》，转引自郑鹤声：《影印〈四库全书〉之经过·第二次影印之经过——民国十三年》，《图书评论》1933年第2卷第2期，第72页。

② 《〈四部备要〉单行本预约出版展期》，《申报》1924年11月6日，第2版。

③ 陈灨一：《论抽印〈四库全书〉》，《青鹤》1933年第1卷第21期，第3页。

批购得,故择江南造纸厂所出机制毛边纸,于便利印刷之中"寓提倡国货新工业之意"[①]。当然也有"不畏风险"选用中式手工纸者,如使用了手工连史纸的《百衲本二十四史》《宛委别藏》。但从整体的使用频率看,机制中式纸比之手工制纸更为普遍。两种中式纸张,一律以线装形式装订成册。

自 1934 年开始,洋纸的使用蔚然成风,逐渐取代中式纸张成为古籍丛书的主流选择。此时不但新丛书青睐洋纸,如使用了道林纸的《各省通志》,使用了新闻纸的《二十五史》和《六十种曲》(平装版),以及分道林纸和新闻纸两种印本的《丛书集成》等;系列化的丛书也一改中式用纸的常态,改用洋纸。如《四部备要》全五集缩印本使用了橡皮纸,《〈四部丛刊〉初编》使用了瑞典纸。洋纸因成本与质量分三六九等,道林纸次于橡皮纸,但优于新闻纸。缩印本全五集《四部备要》,最初预约时拟用次道林纸,展期预约时改用次橡皮纸。中华书局对此解释称,"爰接待各界来函,均谓次道林纸质地虽颇坚韧,但纸面光滑殊甚,反光较强"。虽然成本增加了三成,但还是改用了"与普通报纸或道林纸不同"[②]的次橡皮纸,"此种

---

① 郑鹤声:《影印〈四库全书〉之经过·第五次影印之经过——民国二十二年》,《图书评论》1933 年第 2 卷第 2 期,第 87 页。
②《聚珍仿宋版精印洋装〈四部备要〉,续售预约千部,额满截止》,《申报》1935 年 6 月 1 日,第 7 版。

纸洁白无光,不致有损目力;且纸质坚韧,历久不变色"①。《丛书集成》出版了两种印本,在内容、册量、字体大小等各方面均无二致,仅用纸不同,道林纸印本比新闻纸印本价格上贵一倍。

随纸变而变的是装帧形制从中式线装走向西式洋装,随洋装而变的则是册页量上的减重缩页。通过或影印时合版拼叶,或排印时缩小字体,再加诸扩大版式,洋装册页量远少于线装。1920 年开始出版的《四部丛刊》初版本,全书 323 种图书,线装 2100 册;1936 年初版本再版,全书图书内容不变,更名为《〈四部丛刊〉初编》,改线装为平装和精装两种洋式装订,平装本 440 册,精装本仅110 册;《丛书集成》全书 4087 种,原底本线装 8000 册,排印洋装后仅 4000 册;开明书店平装版《二十五史》仅9 册,而商务印书馆线装版《百衲本二十四史》多达 820册,中华书局自《四部备要》析出的五开本线装《二十四史》也不遑多让地达至 500 册。"旧式的《二十四史》就使有钱买,也没有地方摆,尤其不便带。像开明书店的《二十五史》这样,摆带都方便。"②册页量减少后,对储存空间的要求降低,平民读者受惠颇深。

开明书店为"亭子间的穷人"所想的办法,最终落脚

①《中华书局印行聚珍仿宋版洋装〈四部备要〉,预约本月底截止,机会不再,预约请速》,《申报》1935 年 4 月 12 日,第 1 版。

②陈望道:《〈二十五史〉题辞》,《申报·开明版〈二十五史〉特刊》1934 年 10 月 21 日,第 15 版。

处便是随洋装减页而来的价格调整,比之1920年代总体下降明显。这一时期,出版机构还总是不厌其烦又乐此不疲地做一道除法题——将丛书总价分摊到每本书中去,甚至还有精确到每卷价格上去者,如《〈二十五史〉补编》被开明书店不但计算出"每部售价约合1角4分6厘",还精确到"每卷售价4分6厘"[1]。通过强调单本书每册几角甚至几分的价格之低,衬托并凸显丛书整体售价的划算,吸引被整部丛书价格吓退的潜在消费者。将丛书拆分成若干小丛书或者直接化整为零地零售单行本的方式也较为流行,如1934年五开本《四部备要》全五集出版,中华书局将之拆分成12种组合方式售卖;1935年开始出版的缩印本《四部备要》全五集则被划分为"天地玄黄宇宙洪荒"8组发售;1934年商务印书馆开始出版《各省通志》,虽然仅出版了五省,但每省均独立售卖。多管齐下的营销新策,一定程度上改善了此前被广泛诟病的"有钱买的人不读""想读的人没钱买"的市场行情。通过合版拼页以减少册页量的方式,古籍丛书的制造者们努力为古籍的市场定位扭转方向,从求"藏"迈向求"用",这也意味着古籍丛书的读者定位也从"贵族"走向了"寒士"。不过如上文所述,"寒士"的购买力远不如出版机构的预期,也最终只是满足了实力大不如前的"贵族",以及新兴的寒士化"贵族"的胃口。

---

[1]《〈二十五史补编〉发售广告》,《申报》1935年10月3日,第4版。

第十章 为谁辛苦为谁甜:古籍丛书消费

在古籍丛书消费主体的描述上,下文将使用"购置者"这一表述,而非"读者"。这源于民国时期的古籍购置者不能完全等同于古籍的读者,谁买了古籍和谁读了古籍间关系复杂。首先,这一时期诸多机构购置了古籍丛书,它们藏在机构所属空间中,向职员或来访者开放,这表明古籍的受众既是固定的也是流动的。封闭式的工作场合,如诸多商业机构每天面对的图书访者大多为其职员,这时读者是固定的;图书馆、劝学馆、教育馆等向公共开放的社会教育类机构购置古籍,则意味着受众是随时流动的,无法计量。其次,以私人名义购置古籍者,他们当然可以自藏自阅,但也不排除购置后转手捐赠他人他处,以及闲置家中附庸风雅做装饰之用,私人购置者究竟读不读所购图书是无法确定的事情。这为探索谁是古籍读者的研究,带来若干困难。对比之下,考察谁购买了古籍丛书则是相对容易的事情。下文各处专门使用了"购置者"这一称谓,至于购置后的具体去向与用途,则不在本章讨论范围之内。

　　不过，彼时时评中对古籍读者则有诸多评判言辞，从中可窥社会层面对古籍读者的诸多想象与偏见。此类时评主要是从反对的立场对古籍读者进行限定。整体上，他们几乎反对全体民众读古籍，尤其众口一词地认定青年人（包括在校学生）不应当成为古籍的读者。除此之外，社会公认的古籍读者，或者说刻板印象里的古籍读者，主要被圈定于遗老、学究、学术化的专门研究者之内。但是这种肯定化的认定，或者说以类似"赦免"的方式赋予这一群体阅读合法权的言辞，不具有鼓励和支持的含义，反而大有攻击其"迂腐"的冷嘲热讽之意。对此的具体阐释和分析，可参见本书结语。

　　需要说明的是，关于古籍丛书购置者的公开史料数量有限，主要来源于出版机构公开于大众报刊和刊登于出版机构内刊中的订户信息，其中前者数量占据多数。由于出版机构发表于公开报刊中的订户信息，具有明显的广告宣传与营销属性，其浓郁的策略性和暂时性特点使得追溯古籍丛书的所有购置者的可能性微乎其微。此外，公之于众的订户信息量也极为有限，私人名义订购者基本上局限于姓名一则，信息量较大者也仅在姓名之外留有收书地址（家庭或工作机构地址）。由于家庭地址信息对于古籍购置者身份基本无法进行任何实质性的有效说明，下文为了力所能及地深入挖掘古籍的受众信息，仅选取留有工作地址的私人购置者纳入研究分析；机构名义订购者，则信息仅止步于机构名称一则。因此，下文对古籍丛书购置者信息统计的行文,限定在留有工作机构信息的私人群体,以及以机构名义购置古籍丛书的各类机构。下表为在此基础上搜集、整理、统计的数据信息结果,借此管窥民国古籍丛书从生产到收藏的流向。

表 10-1　民国时期古籍丛书购置者之机构来源统计与分类表[①]

机构名称		机构名义购置	私人名义购置	总计	各机构占比	各机构排名
政府机构		47	59	106	14.97%	4
教育类机构	学校	114	19	133	18.79%	3
	图书馆	207	0	207	29.24%	1
	教育馆	4	0	4	0.56%	8
	劝学所	4	1	5	0.71%	7
媒体		93	12	105	14.83%	5
商业机构		28	106	134	18.93%	2
社会组织/文化组织		13	1	14	1.98%	6
总计		510	198	708	100%	

[①] 统计数据来源如下:《商务印书馆〈四部丛刊〉定户一览表》,《申报》1920 年 11 月 16 日,第 3 版;《〈四部丛刊〉第二次定户一览表》,《申报》1920 年 12 月 4 日,第 2 版;《复旦大学消息:该校藏书室近由总商会会长聂云台捐〈四部丛刊〉一部》,《申报》1921 年 6 月 10 日,第 11 版;《南京安徽公学近讯》,《申报》1925 年 10 月 23 日,第 7 版;《提倡国学与〈四部丛刊〉》,《申报》1926 年 11 月 9 日,第 3 版;《团体消息:南大图书馆增添书籍》,《申报》1926 年 12 月 20 日,第 21 版;《商业图书馆又添大批书籍》,《申报》1927 年 4 月 11 日,第 11 版;《太平洋国交讨论会代表定期出发》,《申报》1927 年 6 月 23 日,第 10 版;《补购〈四部丛刊〉已到》,(转下页)

（接上页）《安徽省立图书馆季刊》1929 年第 1 卷第 1 期；《附中民二三级毕业生赠送〈四部丛刊〉》,《之江校刊》1934 年第 67—68—69 期,第 28 页；《本校订购商务印书馆出版之〈四库全书珍本初集〉及〈四部丛刊续编〉两书》,《河南大学校刊》1934 年第 19 期,第 1 页；《同行消息》,《同行月刊》1936 年第 4 卷第 9 期,第 24 页；《图书馆消息》,《集美周刊》1936 年第 20 卷第 2—3 期,第 33 页；《奉天教厅预约〈四部备要〉》,《申报》1926 年 11 月 14 日,第 10 版；《绅商购〈四部备要〉捐助故乡》,《申报》1926 年 11 月 17 日,第 15 版；《捐赠〈四部备要〉》,《申报》1926 年 11 月 21 日,第 3 版；《中华书局〈四部备要〉定户一览表(其一 : 奉天省)》,《申报》1926 年 12 月 30 日,第 3 版；《中华书局〈四部备要〉定户一览表(其二 : 江苏省)》,《申报》1927 年 1 月 22 日,第 1 版；《中华书局〈四部备要〉定户一览表(其三 : 直隶省)》,《申报》1927 年 3 月 11 日,第 3 版；《蒋介石宋美龄昨日结婚盛况》,《申报》1927 年 12 月 2 日,第 13 版；《〈四部备要〉第二集已到》,《广东国民大学周报》1929 年第 1 卷第 3 期,第 27 页；《图书馆订购〈四部备要〉已到齐》,《民大校刊》1934 年第 23 卷第 6 期,第 4—6 页；《廉价出让新全〈四部备要〉》,《国立中山大学日报》1936 年第 2197 期,第 8 页；《改进全国图书事业要案》,《申报》1933 年 9 月 3 日,第 20 版；《中央图书馆筹备近讯》,《申报》1934 年 1 月 24 日,第 14 版；《中国合作学社执委会》,《申报》1934 年 3 月 31 日,第 14 版；云雅：《县立图书馆订购〈四库全书珍本〉感言》,《樵夫》1934 年第 4 期,第 32 页；《〈四库全书珍本初集〉本书定户(各地图书馆)之一斑》,《申报》1934 年 4 月 24 日,第 1 版；《世界图书馆展览会今日开幕公开展览,吴稚晖主礼柬邀中外参观》,《申报》1934 年 10 月 10 日,第 20 版；《中央图书馆赠各大学四库珍本》,《申报》1934 年 10 月 27 日,第 13 版；《教部赠送欧洲各国图书〈四库全书〉》,《申报》1934 年 12 月 31 日,第 14 版；《影印〈四库全书珍本〉之分赠国外重要图书馆》,《中国国民党指导下之政治成绩统计》1934 年第 12 期,第 105—106 页；《上海市教育局整批订购开明版〈二十五史〉》,《申报》1934 年 10 月 16 日,第 3 版；《〈四库全书珍本〉赠送之办理》,（转下页）

　　下文将对上表总计 708 例具有明确机构信息的古籍购置者,分作以机构名义购置和私人名义购置两大类进行数据分析与阐释。根据现有数据,机构的划分含括政

　　(接上页)《中国国民党指导下之政治成绩统计》1935 年第5 期,第 45—46 页;《〈四库全书〉精本赠国联图书馆》,《申报》1935 年 5 月 5 日,第 9 版;《法赠东方图书馆书籍昨举行赠受典礼》,《申报》1935 年 6 月 7 日,第 10 版;《教部赠送欧洲各国〈四库全书〉》,《申报》1935 年 6 月 7 日,第 12 版;《〈四库全书〉精本赠国联图》,《中华图书馆协会会报》1935 年第 10 卷第 6 期,第 22 页;《〈四库全书珍本初集〉书籍到齐》,《集美周刊》1935 年第 18 卷第 5 期,第 12 页;《我政府赠苏俄〈四库全书〉》,《民智月报》1936 年第 5 卷第 4 期,第 20 页;戈宝权:《〈四库全书珍本〉与列宁图书馆》,《申报周刊》1936 年第 1 卷第 21 期,第 108—109 页;《工部局一九三九年份图书馆报告》,《申报》1940 年 2 月 11 日,第 13 版;《〈四库珍本初集〉寄赠英美》,《申报》1941 年 11 月 8 日,第 3 版;《〈四库全书珍本〉分赠英图书馆,国外学术团体纷以图书运华》,《申报》1942 年 3 月 6 日,第 8 版;《〈四库全书初集〉我赠与澳大学》,《申报》1946 年 12 月 9 日,第 8 版;《充实图书设备,购买〈四库全书珍本〉》,《华中通讯》1947 年(复员)第 1 卷第 2 期,第 15 页;《安徽教厅拟大批购买〈二十五史〉及〈补编〉》,《申报》1935 年 12 月 13 日,第 10 版;《佛学图书馆购置〈图书集成〉》,《申报》1934 年 7 月 2 日,第 16 版;《青浦图书馆又购新出巨著》,《申报》1934 年 9 月 16 日,第 9 版;《工部局公共图书馆添购华文书籍》,《申报》1939 年 6 月 17 日,第 15 版;《长沙专电:何键影印〈湖南通志〉》,《申报》1934 年 9 月 19 日,第 8 版;《〈丛书集成〉定户踊跃》,《申报》1935 年 6 月 27 日,第 10 版;《同行消息》,《同行月刊》1935 年第 3 卷第 5 期,第 22 页;《〈珍本医书集成〉〈皇汉医学丛书〉第一次披露定户》,《申报》1936 年 5 月 7 日,第 2 版;《〈珍本医书集成〉〈皇汉医学丛书〉第二次披露定户》,《申报》1936 年 5 月 25 日,第 1 版。

府机构、教育类机构、媒体、商业机构和社会组织等几类。政府机构包括中央与地方的行政类职能部门和各类军事部门。教育类机构作为笼统性的概念，在此含括面向制度性的教育机构，如小学、中学、大学等，以及如劝学所、教育馆等社会性的泛教育机构，还有如图书馆这类社会教育的配套设施。媒体分为出版机构、报社（及期刊社）以及书店。需要说明的是，出版机构和书店虽然本质上属于经营性的商业机构，可归入商业机构一类，但考虑到其经营上具有特殊性，本文将其纳入媒体进行划分。书店则因为与出版机构在名称上极难分割，且在整体近代大多数书店既售卖图书也出版图书，出版机构自身也往往集"编印发"为一体，旗下多自设发行所和书店等图书流通部门，因而行文各处对二者不再做分类上的切割，将之共同纳入媒体一类进行讨论。商业机构囊括的类别最为多元，包括制造业、服务业、交通运输业、金融业等。社会组织主要包括文化类社会组织及其之外的其他社会组织。

一、机构名义购置者

如下表所示，从整体上看，机构名义购置者的数量要遥遥领先于私人购置者，这说明机构是彼时主要的古籍丛书消费者。机构购置者数据中，图书馆遥遥领先，学校居其次，一、二名之间相差近乎一半；媒体和政府机构分居三、四之位,相差也近一半;数据上位列第五的商业机构,不但在机构购置者整体上占比较小,也弱于以私人名义购置的商业机构职员数量。社会组织的数据则几乎全部分布在机构购置者中。

表 10-2　古籍丛书的机构购置者数据表

机构名称		数量	占比	排名
政府机构		47	9.22%	4
教育类机构	学校	114	22.35%	2
	图书馆	207	40.59%	1
	教育馆	4	0.78%	7
	劝学所	4	0.78%	7
媒体		93	18.24%	3
商业机构		28	5.49%	5
社会组织		13	2.55%	6
总计		510	100%	

(一)图书馆与学校

机构名义购置者中,图书馆数据为 207,占比 40.59%,高居榜首。古籍买家如此集中于图书馆,与彼时的民众教育运动和新图书馆运动的展开直接相关。南京国民政府建制初期,民众教育运动与新图书馆运动并行展开,全国掀起图书馆建设的热潮。各省市县公共图书馆、巡回图书馆以及民众教育馆、劝学馆等,常常因为一部大丛书而拔地而起。包罗万象的大丛书《万有文库》的诞生便与这股浪潮息息相关，借助社会教育的东风，其销售情况也较为理想。大型古籍丛书也迅速加入由《万有文库》开拓的这一销售模式，以推广文化、下沉教育为游说，推动政府出台面向全国的行政饬令，在政府文化机关和其他相关行政机关中购储大批大型古籍丛书。

当然，除了一时蜂拥而起的地方省市县立公共图书馆（包括巡回图书馆、通俗图书馆），彼时的图书馆名义古籍购置者，也包括中央与地方政府的机关图书馆、学校图书馆、私人图书馆、企业图书馆、纪念类图书馆以及社会组织机构的图书室等类型，其中学校图书馆是从数量上可与地方省市县立公共图书馆比肩的古籍购置群落，数量为 101，占比 48.8%，高达同类数据的近一半。其中高校图书馆又在学校类图书馆中占据比例最大（66），其他依次是中学（34）和小学（1）。

排在第二的学校，包括小学、中学（初级与高级）、大学多种类型。学校通过或自购①或由所属主管单位分配这两种渠道，获得若干古籍丛书；民众教育的开展场所，如教育馆、劝学所等配套设施也常常订购相应的古籍丛书，以开展面向社会民众的知识普及和社会再教育活动。如果考虑到教育馆、劝学所等社会再教育机构和普通学

---

①高校情况较为特殊，整体上学校自购者居多数，也有学校下属的二级院系自购者，购置后储藏于院系藏书室。

校购买大量古籍后的收藏处,极有可能是内设的藏书室、图书室、图书馆或者其他类似收藏空间,再加上图书馆的内部细分也包括学校图书馆,那么将学校、教育馆、劝学所等纳入图书馆数据进行统计也有一定道理。如果照此计算,则图书馆数据队伍将更为庞大,占比达到64.51%。其中学校总体数据为114,各类学校排名依次为高校(74)、中学(29)、小学(11)。高校排在靠前位置并不出人意料,国学研究经"整理国故"运动的提倡而于20—30年代前半期盛极一时,大学尤重国学,著名院校相继设立国学院,专事攻研,古书需求日亟,带动了全国高校的古籍收藏热度;中学则因为教科书中涉及诸多传统文化内容,占比较大也在情理之中——"初中的国文课程里,白话文的地盘只占一半;高中则完全是文言文的势力了",中学基本就是"在古书堆里打圈子"。而且,大学与中学的毕业生进入社会后,于语言与文字的应用上将处于一个极其矛盾的境地——"理论上白话文占胜利是一回事,而现实社会上文言文占优势又是一回事",文字的应用"除纯文艺的写作外,不论机关行文、不论社会交往,都靠文言文作做传达工具",文言文可谓"无孔不入"。为应付在地的环境,年轻人不得不读古书以练习文言文的写作,"读书的首要"也自然是为了"做通文言文"①。代代相继的"非读古书不可"的年轻人,为出版机构开辟并

---

① 白杨:《谈古书今读》,《学苑》1945 年第 9 期,第 1 页。

维持了可观的读者市场。中华书局于 1934 年 3 月刊登的《四部备要》广告，便明显可见为古书召唤年轻人的宣传意图。广告标题"投考高等考试出洋留学诸君，快快预备国学"，于此已然一览无余，广告内容又开门见山地搬出 1933 年的高等文官考试一事，称国文试题出于《孟子》，历史试题与《诗经》《左传》《国语》《国策》《史记》《通鉴》等有关；紧接着又搬出清华大学为预备出洋留学生出考卷事，提示"其中国学常识试题非于经学、史学、小学、古文诗词曾事研究者，无从着笔"；接着再度提醒受众注意，"各种考试，国文国学均占最重要部分"①。情势严峻如此，如何能够不买古书一读呢？相较之下，小学收藏对于小学生来说稍显艰涩的古籍丛书则略显奇怪，彼时也有诸多批评之音。虽然小学购置者数据占比不大，但有限的数据说明购置古籍丛书在学校系统中似乎风靡一时，不亚于下文将提到的其在政府系统中的风行程度。

（二）商业机构和媒体

商业机构中，以机构名义购置古籍者相比于私人名义要少得多，比例为 28∶106，说明商业机构本身并不特别需要古籍，购买者主要分布于商店、布店、纸店、医药

---

① 《投考高等考试出洋留学诸君，快快预备国学》，《申报》1934 年 3 月 7 日，第 4 版。

店、煤号、盐号、银行、在沪外商等。相较之下，在商业机构中工作的人员则比较青睐购藏古籍，且所从事的商业活动较为多元，下文将对此进行具体分析。

需要再次解释和着重强调的是，出版机构、书店和报社本质上也属于商业机构之一种，但之所以将三者划归为"媒体"类单独计量，原因在于出版机构和报社经营的特殊性——出版机构既以做书营生，有些也内设自用的图书收藏空间；书店以销售图书谋利，但有些也兼做出版书籍的生意，与出版机构之间边界模糊，故将之纳入出版机构一并统计。出版机构和书店两者共90家，占媒体总数比例较大。如商务印书馆和中华书局均购买了《皇汉医学丛书》和《珍本医书集成》，中华书局还特意标明购买者身份为"中华书局藏书处"；开明书店也购买了商务印书馆出版的《〈四部丛刊〉续编》，以充实自设的图书室。《〈四部丛刊〉续编》与《〈四库全书〉珍本初集》同时发售，平时注重打理图书室的开明书店重要职员王伯祥看过商务印制的两书目录后，认为"《珍本》无足贵，《续编》则颇有可采"①，仅购置了《〈四部丛刊〉续编》。出版机构自设的图书室、藏书室之藏书，与其主理人的购书倾向息息相关，并非有书必购。报社占额则不大，分别是购置了《四部备要》的《盛京时报》馆奉天日

---

① 王伯祥著，张廷银、刘应梅整理：《王伯祥日记》（第四册），中华书局2020年，第1761页（1934年1月17日日记）。

本站、《泰晤士报》天津站，以及购置了《四部丛刊》的南通报社，总计三家报社。

（三）政府机构

公职人员以个人名义购买的情况和政府机构以公家名义购买的数量差距不大，二者比例为59∶47。47例政府机构购置者中，中央级政府机构12例，地方政府机构35例。政府机构购置者本应为教育类和文化类机关，但是统计数据中除了少量的教育会、教育公所和教育厅外，这两类机构的购买信息寥寥，且大多见诸教育部和内务部要求直属和下属部门购置古籍的政府饬令中，但未见执行复文。不过，从下文对捐赠的分析中可以看出，大众媒介文本中不乏一些地方教育厅对教育部饬令的执行宣传，如其继续向下敦促县级教育主管部门购置古籍，或者是直接批量采购分配所属教育机构（如学校、图书馆、教育馆、劝学馆等）。从古籍最后"落户"的储藏之处来看，社会教育运动和新图书馆运动，以及与之密切相关的上述政府策令，二者相辅相成地共促了古籍经由政府渠道抵达民间的可行性和辐射力度。

统计数据中的古籍购置机关所属职能部门较为分散，包括立法院、司法院、考试院、卫生署、交通部、中央党部、海军部、训练总监部、全国经济委员会、建设委员会、资源委员会等中央机关；也包括如各省县地方公署、市政公所、地方高等审判厅、地方税局、盐务稽核所、盐运公署等地方性职能部门。这说明古籍出版的"风声"在国家整体的政治语境内不胫而走,出版机构通过奔走不只是影响了教育与文化类政府机构的选择,某种程度上甚至介入了对诸多政府机关决策者和其他公职人员个人文化认知的形塑,藏阅古籍一时成为政府系统内的某种文化"时尚",尤其公职人员私下的购置古籍行为更说明了这一倾向的时髦属性[1]。

二、私人购置者

相较于机构名义的古籍购置者,私人名义订购者缺少如图书馆、教育馆这两类机构从业者的身影。在职业人的古籍购置数据中,商业机构职员的数量要远远高于以商业机构名义的购置者,政府公职人员以及学校教职工的数量亦相当可观。

表10-3　以私人名义购置古籍丛书的机构职员数据表

机构名称		数量	占比	排名
政府机构		59	29.8%	2
教育类机构	学校	19	9.6%	3
	劝学所	1	0.51%	5

---

[1] 当然此时也不乏对这一群体大肆购置古籍的行为以"附庸风雅"的指摘与质疑,揣测其如古董般将古籍丛书摆放客厅以自炫于人,阅读则溢出了其购置古籍的意图之外。

续表

机构名称	数量	占比	排名
媒体机构	12	6.06%	4
商业机构	106	53.54%	1
社会组织	1	0.51%	5
总计	198	100%	

如上表所示，在已知的标明工作单位的购者中，商业机构数据最大，占总数的一半以上。其中，在银行系统工作的购置者又占商业机构近一半的数量。在这里要说明的是，之所以使用"银行系统"这一统称，源于彼时中国金融业的中西交互，由于处于向现代管理制度转型之中，既有采用西方现代制度范式的银行，也有如中国古老的钱号、钱铺、银号等传统金融样式，还有与政府机关有若干瓜葛的储蓄会，为避免挂一漏万，故统一以"银行系统"称之。在所有的银行系统数据中，南方的银行系统较为单一，基本采用的是现代的"某某银行"称谓，上文提到的中西交互的多元格局，多发生在北方，尤其是奉天一地——东三省官银号、奉天公济平钱号、奉天储蓄会、东北银行等称谓构成了复杂的银行生态。奉天当地银行职员购买古籍的热情较高，在同类数据中占比高达72.3%。

银行系统而外，商业机构中热衷于购买古籍的金融行业从业者，还包括任职于信托公司、保险公司等现代金融机构类型的员工。此外，造币厂、纸厂、药厂、面粉公司、洋灰公司、纺织公司（纱厂、布厂）等制造业，煤矿、盐业等矿业,交通商轮、邮递公司等交通运输行业,还有包括电话、电报公司在内的现代通讯服务行业,以及在沪的外企如日本三菱公司、住友洋行等,这些商业机构的工作人员均为当时较为常见的古籍购买者。上文将出版机构、书店和报刊社这些特殊的商业机构,专门归入了"媒体"类别中作统计。如果将之归入"商业机构",则其总占比将更为可观。

政府公职人员为居于第二的私人买家。其中,北方的政府公职人员占比59.3%[①]。以公职人员私人身份购置古籍者所属的政府机构,不但包括政府的行政类职能部门,也含括中央与地方的军事组织,如南京政府的海军部,以及地方上的奉天省城军署、奉天海城舰队司令部、福建延平上游防务司令部、安徽蚌埠总司令部,浙江、江西、黑龙江等地的督军署等。公职人员购置者中有13位军队系统人员,占比22%。对于军人的文化素养,向来充满偏见。统计数据中军队系统人员占据公务总员的四分之一,这一比例对于打破军人草莽者的刻板印象有较好的作用,但也可能适得其反地加剧这种印象——他们的客厅可能更加需要古籍来装扮。其他的政府公职人员分布较为广泛,包括中央与地方政府机关公职人员,如北京政府时期中央政府的总统府、国务院、交通部、财政部、内务部等,南京政府时期的中央监察委、立法院、铁道部等

---

① 此处的北方指长江以北的北京、河北、山东、河南、山西等地。

中央直属部门；职能部门也较为分散，涉及教育、法政、路政、财政、交通、运输、矿务、治安等多个部门。若剔除中央政府后按地域划分，则南北地方政府间的差距不大，比例为23∶24。

居于第三的是教育类机构，包括学校和劝学所。学校又含括了大学和中学（包括初级和高级）。以私人名义购买的学校职员，按照从大至小占比排位为高校16∶19、中学3∶19。高校人员数量最大，小学未出现以私人名义订购的古籍购置者，南方学校职员购置的数量要远远高于北方（北京、河北、山西三地），比例为13∶6。

值得一提的是，出版机构中有若干私人购置者为所购古籍的生产者。如购买了《四部备要》的中华书局员工有7人，包括上海总部员工6人和地方分店员工1人。上海总部包括总厂的陆费逵、黄谷梅、戴劼哉3人，编辑所的高欣木1人，印刷所的俞仲还、唐孜权2人[1]；地方分店员工为北京中华书局的职员周支山。《四部丛刊》也有商务印书馆内部人员自购，如经理李宣龚自购了3部，元老张元济自购了2部，编辑庄俞自购了1部[2]。当然也有出版业同行的订购，其中王伯祥两度购买《四部备要》的经历，或可看作出版业从业人员购买古籍丛书的典型代表。

---

[1]《中华书局〈四部备要〉定户一览表(其二：江苏省)》，《申报》1927年1月22日，第1版。

[2]《商务印书馆〈四部丛刊〉定户一览表》，《申报》1920年11月16日，第3版。

　　1926年中华书局发售《四部备要》全五集预约时，彼时供职于商务印书馆的编辑王伯祥便以私人名义订购过一套。这一六开本版本分作连史纸与赛宋纸两款，据中华书局广告中披露的订户信息"王伯祥先生（赛宋纸一部），上海香山路仁余里"[1]看，王订购了赛宋纸版。这一六开版本的全五集《四部备要》直到1931年才全数出齐，第二年即发生了"一·二八"事变。王之所藏悉数毁于战火，不但藏书荡然无存，商务印书馆的编辑工作也因战火、裁员而损失殆尽。王伯祥再置《四部备要》之心，"自被难后，此心渐死"，而自1933年年初正式入编开明书店，甫一安顿后，此心复燃。通过时任中华书局编辑所副所长金兆梓的关系，王得知书已全部售罄的消息，他在1月8日的日记里用"陡如一瓢冷水灌顶，殊触望"来形容自己购而不得的心情。不过4天后又得到了好消息，金告知《四部备要》虽已售罄，但"局方允代收，或可有机会再得也"[2]。从中华书局1926年开始预约《四部备要》

---

[1]《中华书局〈四部备要〉定户一览表（其二：江苏省）》，《申报》1927年1月22日，第1版。

[2] 1934年中华书局重版全五集《四部备要》（即日后的五开本版）时，曾公开过《四部备要》各类版本的售卖数据，计"第一集预约4000部，第二集预约2000部，全五集预约2500部"，而且"一集三版、二集二版、全书一版，均早已售罄"，于是发起全书的重版活动。一再重印是中华书局满足读者对《四部备要》需求的主要手段，此外也兼以循环回收的方式以解购而不得者的燃眉之急。早在1929年，中华书局就开通了代收的服务，斡旋于有书欲售和无书欲购两种需求之间。《中华书局征求〈四部备要〉校勘，（转下页）

六开本全五集的广告可知,连史纸定价1200元,预约价600元;赛宋纸定价800元,预约价400元①。王此时正式任职开明书店不久,每月150元的薪酬虽然不低②,不过因子女众多,国难之下手头拮据加剧。不论购买哪一种,对王伯祥来说均意味着巨大的经济压力。囊中羞涩显然阻挡不了王购书的决心,他通过开明书店预支了《中学生丛书》两部稿费300元后,即到中华书局与金兆梓接洽交款,全程冒雨来回,心情不可谓不迫切。交款次日,即唤匠人在所租房屋中作仿壁大的书架,预备庋置《四部备要》。接下来的1月19日、1月21日、2月25日,以及次年的9月8日,王分别收到《四部备要》的前三集、第四集、第五集上半、第五集下半。书齐的次日,王一早就起床,"携梯整理架书,将昨日送来之《四部备要》一一打开,连同前存之帙,彻底搬动,然后分别部居,从新排列,自朝迄午后三时,上下数十次"。虽然连连抱怨"背酸腰

（接上页）正误一字酬银十元》,《申报》1934年3月22日,第4版;《图书馆及文明家庭公鉴》,《申报》1934年3月25日,第4版;《征求〈四部备要〉一、二集》,《申报》1929年12月12日,第3版。

①《中华书局聚珍仿宋版〈四部备要〉》,《申报》1926年9月20日,第1版。

②王伯祥著,张廷银、刘应梅整理:《王伯祥日记》(第四册),中华书局2020年,第1538页。

痛极矣"①,但是愉悦之情跃然纸上。

如王伯祥般勤于记载个人生活史,并留有文名的人
实属凤毛麟角。登载于大众媒介上的公开资料中,古籍
的私人购置者信息最全者也只留有姓名与地址(亦偶有
职位与职务信息),更多的情形是仅有姓名,这为深入考
察古籍购置或最终的阅读带来相当大的难度。凭借以上
史料,一般只能确定购书者的工作信息,至于诸般购者的
身份、兴趣、学养等均不可考。不过,从目之所及的购置
者姓名中,也能发现一些熟悉的人物。如报人张季鸾便
购买过《四部丛刊》②,马叙伦也曾通过商务印书馆北京分
馆经理孙壮购买过《四部丛刊》不少单行本,如《华阳国
志》《象山全集》《老子》《毛诗》《管子》《墨子》《吕氏
春秋》《论衡》《静修文集》《太平乐府》等单本③。梁启超
购买过一部赛宋纸版的《四部备要》(一集)④,赵元任也

①王伯祥购买《四部备要》的记载,分别见诸 1933 年 1 月 8 日、
1 月 12 日、1 月 15 日、1 月 16 日、1 月 17 日、1 月 19 日、1 月 21
日,以及 1934 年 2 月 25 日、9 月 7 日、9 月 8 日、9 月 9 日、9 月
10 日的个人日记。王伯祥著,张廷银、刘应梅整理:《王伯祥日
记》(第四册),中华书局 2020 年,第 1590、1591、1592、1592—
1593、1593、1593、1594、1775、1838、1839、1839、1873 页。

②《商务印书馆〈四部丛刊〉定户一览表》,《申报》1920 年 11 月 16
日,第 3 版。

③姜德明:《贩书者日记》,商务印书馆编《商务印书馆一百年》,商
务印书馆 1998 年,第 364 页。

④《商务印书馆〈四部丛刊〉定户一览表》,《申报》1920 年 11 月 16
日,第 3 版。

是《四部备要》的订购者，他购买了一、二集全集 ①。政界人物潘公展则不但以私人名义购买了《四部备要》和《皇汉医学丛书》②，其在上海市教育局局长任上时，还拨款采购了 60 部《二十五史》分发市立中小学校图书馆等各教育机关 ③，潘氏推动的公购行为应当与其个人自购后的良好收藏与阅读体验有直接关系。不只是潘公展，政界人物对古籍的兴趣颇浓，似乎是官场里的某种风气使然。从上文的统计数据来看，公职人员的确人数众多，位列私人名义购置数据的第二。

三、海外市场

各家出版机构在进行古籍图书的广告宣传时，以上海为本埠自居，面向全国各省市招揽订购者。除了国内市场外，也大多会将目光投向海外。除了本身通过赠送交换方式履行文献外交角色的《四库全书》外，像《四部丛刊》《四部备要》《丛书集成》《百衲本二十四史》等古籍丛书在预售阶段和发售时期，均积极开拓国外市场。

---

① 《中华书局〈四部备要〉定户一览表(其二：江苏省)》，《申报》1927 年 1 月 22 日，第 1 版。
② 《中华书局〈四部备要〉定户一览表(其二：江苏省)》，《申报》1927 年 1 月 22 日，第 1 版；《〈珍本医书集成〉〈皇汉医学丛书〉第一次披露定户》，《申报》1936 年 5 月 7 日，第 2 版。
③ 《上海市教育局整批订购开明版〈二十五史〉》，《申报》1934 年 10 月 16 日，第 3 版。

如较早出版的《四部备要》,在大众媒介上投放第一集的预约广告时,即明确声明"邮费国内共六元,蒙古新疆及日本朝鲜等均十二元,各国及香港等廿四元,须一次缴足"[①];开始预售第二集时,"邮费国内十元,蒙古新疆四十元,日本朝鲜十三元,各国及香港等均廿九元,须一次缴足"[②];到了1926年全五集齐发预约时,邮费则是"各行省及日本三十元,邮会各国八十五元"[③]。逐渐变化的价格,对应着书籍册数的增加,邮费也水涨船高;但同时,对发售区域也有了一定的限定,如到了全五集预约时,专门聚焦了各行省(普通省份)和日本,以往其他特别说明的地区,如朝鲜、香港和其他各国以及国内的蒙古新疆等,均未再出现。这可能说明,根据以往的预约结果看,除了蒙古新疆外各普通行省以及日本是买者较为集中所在,中华书局或许已不打算耕耘以上二者之外的市场。

不过需要说明的是,对海外市场的关注与开拓在20年代并不具有普遍性,到了30年代才畅行一时。这从作为《四部备要》竞争者的《四部丛刊》的市场空间变化中明显可见。从1920年开始刊登预约信息到1933年为止,《四部丛刊》的众多广告均只提及"国内各行省"字

---

① 《中华书局发行聚珍仿宋版精印〈四部备要〉,一名〈四部读本〉发售预约》,《申报》1921年12月1日,第3版。
② 《〈四部备要〉第二集预约》,《申报》1925年1月14日,第3版。
③ 《空前精刻之万卷古书〈四部备要〉》,《申报》1926年10月13日,第3版。

样，其他地区一概未论。自 1934 年启动续编预约时，广告中便开始增加并特别提及新疆、蒙古、西藏几省以及香港与澳门两地，还有日本等各国的邮费。如"各行省及日本，十四元；蒙古、新疆、西藏及邮会各国，九十元；香港、澳门，四十元" [①]；到了 1936 年再版初编时，邮费中删除了其他特别提及的地区，仅将日本与国内并置，"国内及日本十元" [②]，特别提及日本的情况可能和《四部备要》类似。需要说明的是，这并非商务印书馆海外市场开拓的初次试验，早在 1930 年《百衲本二十四史》刊发预约广告时，便在邮费一项中特意标明国内各省邮寄价位以及同海外邮寄费用的区别，"邮费：各行省及日本十六元，蒙古、西藏、新疆及邮会各国六十元，一次清" [③]。1935 年，商务印书馆启动《丛书集成》的预约工作时，亦在邮费信息中特别标明海外的情况，"邮运及包扎费：各行省及日本六十四元，新疆蒙藏及邮会各国五百七十元，香港澳门二百五十六元" [④]。这说明，到了 1930 年代，包括商务印书馆在内的众多大型出版机构在进行古籍市场宣传时，对

---

① 《〈四部丛刊续编〉发售预约》，《同行月刊》1934 年第 2 卷第 1 期，第 21 页。

② 《商务印书馆印行〈四部丛刊初编〉》，《申报》1936 年 2 月 17 日，第 4 版。

③ 《上海商务印书馆影印宋元明清〈百衲本二十四史〉发货预约》，《申报》1930 年 4 月 1 日，第 1 版。

④ 《馆事纪要·临时消息（五月六日）：〈丛书集成〉于本日发售预约》，《商务印书馆通信录》1935 年第 409 期，第 4 页。

海外书籍购买者的关注已经非常普遍。在书籍尚处筹划时,出版机构已有意识地将海外纳入市场行列。如1935年10月,《〈二十五史〉补编》尚处筹备阶段,主事者王伯祥便主动与商务印书馆的前同事贺昌群联系,托他抄写"国外学术机关名称地址,盖将以《二十五史》及《补编》向国际推广也"①。借助供职商务印书馆的贺昌群来获取国外学术机关信息的行为背后透露出,商务印书馆对海外市场的探索或许已经形成固定的工作机制。而且对一些并不向海外行销的古籍图书,出版机构也特别注明不包括国内特殊地区和海外某些地区。如《古今图书集成》的邮费说明中即明确表示,"除向上海总店取费者外,无论直接邮寄或向分局经理处取书,均加收邮费二十三元,须一次性缴清(指国内除新疆蒙古等及日本朝鲜)"②。对一些不开放国外邮寄的图书加以特别标示,这说明30年代默认的市场范围自动含括国外。自此以后,即便受战争影响,新版古籍行销海外也一直是一种常态。如1941年北平图书馆善本为避战祸选择运美暂存,为避人耳目,当时装箱出海关时便以"中国书报社"的名义开具发票

---

① 王伯祥著,张廷银、刘应梅整理:《王伯祥日记》(第四册),中华书局2020年,第1993页(1935年10月15日日记)。
② 参见中华书局于1934年4月—6月所有《古今图书集成》广告,均对此有相同说明。一例如下:《中华书局发售两大预约》,《申报》1934年4月15日,第2版;4月26日,第1版;5月13日,第1版;5月27日,第1版;6月8日,第1版。

报关，"作为代美国各图书馆购买的新书。发单上开明的都是《四部丛刊》《四部备要》《图书集成》等大部新书，但箱内所藏，却全是善本"①。一百余箱善本古籍能够借此方法安然无虞地顺利出关，于此可见新版古籍出海已然司空见惯。

从诸多大型古籍丛书的广告文本中可见，海外市场起初辐射较广——近邻日本、朝鲜，以及指向广远的"邮会各国"。但过了一定阶段后，基本会限定在"日本"一国。但也有例外，如开明书店在开展《〈二十五史〉补编》的预约时，还开拓了比之商务印书馆和中华书局更广大的国外市场范围——"邮包费：普通省区及日本一元六角，蒙古、新疆十五元，香港、澳门五元，欧美、南洋十二元"②，南洋和欧美各国赫然在列。但总体上，公开数据中的海外市场主要集中于亚洲和北美两大地区，其中亚洲又是主要的海外市场。广告中对日本市场的特别关注，当然对应着现实中日本购书者的热忱，以及实际买家中日本买者数量上的遥遥领先。从下表的统计数据（仅以目前公开可搜索到的《四库全书》《四部备要》《四部丛刊》三大古籍丛书的海外购者数据为例）看，日籍购古籍者的数量比之其他海外国家和地区一直独占鳌头。

---

① 钱存训：《留美杂忆：六十年来美国生活的回顾》，黄山书社2008年，第19页。
② 《〈二十五史补编〉预约消息》，《申报》1935年3月17日，第2版。

表 10-4　古籍丛书的海外购置者数据表

	日本	美国	菲律宾	朝鲜	缅甸	加拿大
《四部备要》	8	2	3	2	1	1
《四部丛刊》	5	0	0	0	0	0
《四库全书》	0	2	0	0	0	0
总计	13	4	3	2	1	1

海外购书者中,分为以私人名义以及机构名义订购两种情况。总体上,机构与私人的比例为4:7,私人明显比机构数量大。机构数据中,北美国家占总数的一半,而机构类型中图书馆与学校(大中小)无出其右,这同国内的情况基本类似。以美国为例,从目前公开的数据看,仅有的4例中有3例均是机构买家,分别是购买了《四部丛刊》《四库全书》的华盛顿图书馆,以及购买了《四库全书》的哈佛大学图书馆。日本则相反,13例中则有11例为私人买家。余下的情况,除了加拿大(坎拿大华侨公立小学)、菲律宾(菲列滨华侨中学)、朝鲜(朝鲜京城帝国大学)3处以机构名义购买外,其余均以私人名义订购。这从某种程度可以说明,即便囿于价格,古籍对亚洲地区个人的吸引力要远远高于其他地区,对日本来说情形更甚。

除了海外国家外,彼时被英国殖民的香港,其对古籍的兴趣也不逊日本。仅以目前能够检索到的公开数据为例,香港订购《四部丛刊》和《四库全书》者共计11例,其中6例私人,5例机构,机构皆为图书馆。香港的图书馆主要包括社会组织类(香港华商总会图书馆)、纪念类图书馆（香港景堂图书馆）以及学校图书馆（香港大学平山图书馆、香港汉文中学图书馆、香港养中女校图书馆）三大类。

需要补充的是，海外收藏的古籍丛书中有一种具有发行与流通上的去经济化属性——《四库全书》在其生产之前便已被归之于赠送各海外国家和国内各大图书馆一途。海外图书馆、大学和政府机构中收藏的《四库全书》，多数出自中国政府的赠送[①]。当然除了出版后无偿给予政府作上述赠送活动外，余数（政府与商务印书馆签订的合同中对此限定数量上限为1500部[②]）则或通过政府的统一采购进入全国各地的图书馆及各大学、中学校园内，或者通过正常的市场售卖方式进入寻常百姓之家。

四、捐赠活动

大型古籍丛书的最终藏有者（或可称所属者），其获取图书的途径，大致分作如下几种：对于私人来说，较为普遍的获取方式来自自购和受赠两种，其中前者更为常见；对于机构来说，常见的获取途径与私人相似，一是主要来源于运行经费的日常购置程序，二是私人或者机构

---

① 相关统计与研究参见张学科：《国礼：民国时期〈四库全书〉的新身份》，《图书馆杂志》2020年第2期，第127页。
② 郑鹤声：《影印〈四库全书〉之经过·第五次影印之经过——民国二十二年》，《图书评论》1933年第2卷第2期，第88页。

的捐赠,其中自购居于多数。

私人自购详情常不可考,目前的公开史料通常仅显示购者信息,至于购买之后的去向则语焉不详。但也有例外,这些例外便构成了判断为是否赠送的依据。如1927年11月29日,孔祥熙、宋霭龄夫妇到中华书局总店订购了《四部备要》全集,并由陆费逵接洽将书局特制的柚木书箱四只(五集共装十箱)奉让以增礼重。此时《四部备要》的第一、二集印订工作尚未告竣,中华书局连夜请书法家唐驼在已出的八百余册(余书以"预约券一纸"附后)书根上刻款以增纪念意义。次日送达时,距离12月1日的蒋宋婚礼仅余一日①。孔宋夫妇为何仓促择礼不得而知,但事到临头对《四部备要》青睐有加则是值得玩味的选择。这一时期,将《四部备要》作礼馈赠他者,事例不少。尤其在京津沪粤各埠士绅商圈以及各地旅沪商学界,购置赠送家乡的情形颇为常见②。比如江浙地区著名绅商徐乾麟(余姚)、陆宗舆(杭州)、周肇甫(无锡)等,因为"故乡学校图书馆藏书太少,有此一书,可抵数万金购置五六千册古书,故特订购预约,捐助故乡学校图书馆"③等类似事迹常见报端。与士绅的独资不同,大学与

①《蒋介石宋美龄昨日结婚盛况》,《申报》1927年12月2日,第13版。
②《捐赠〈四部备要〉》,《申报》1926年11月21日,第3版。
③《绅商购〈四部备要〉捐助故乡》,《申报》1926年11月17日,第15版。

中学学校校友则主要通过集资的方式购赠母校。出版机构通过大众媒介的类似报道，建构了包括《四部备要》在内的大型古籍偏向文化社交的消费特性。为提升捐赠的纪念意义，出版机构还特别提供一些特殊的服务，如"捐赠之书如加购书箱，可于箱上刻捐赠人姓名，不另加费"[1]，以及在书籍上刻款，以示郑重，同时彰显自家标记。

赠礼当然并非中华书局一家擅长的营销策略，放眼当时众多的古籍广告，情形大体相似。出版机构的礼物自塑，吸引了多元而活跃的捐赠者，使其具有某种新型的政治交往与社会互动的文化密码意味。商务印书馆出版的《四部丛刊》之捐赠者，比之报道中的《四部备要》显得更为多元。既包括校友，如杭州的之江大学附中所藏，即由毕业生集体捐赠[2]；也包括士绅，如复旦大学藏书室所藏便来自于总商会会长聂云台的捐赠[3]；除此之外，也不乏一些机构受赠于古籍的生产者，如美国檀香山大学中国文学科，便于1927年第二届太平洋国交讨论会期间收到了一部由商务印书馆赠送的《四部丛刊》[4]。政界人物以私人名义公开捐赠的消息相比之下更为常见，如1925

①《捐赠〈四部备要〉》，《申报》1926年11月21日，第3版。
②《附中民二三级毕业生赠送〈四部丛刊〉》，《之江校刊》1934年第67—68—69期，第28页。
③《复旦大学消息：该校藏书室近由总商会会长聂云台捐〈四部丛刊〉一部》，《申报》1921年6月10日，第11版。
④《太平洋国交讨论会代表定期出发》，《申报》1927年6月23日，第10版。

年,时任安徽省长的吴镜潭因往安庆取道南京,顺道莅临校址设在南京的安徽公学视察,良感"该校办理认真"而捐款慨助该校图书馆购置全套《四部丛刊》以资鼓励[①]。政界人物对作为赠礼的古籍,中意的图书当然因人而异。如时任湖南省政府主席的何键,便慷慨解囊向商务印书馆订购过 300 部《湖南通志》,"分送各图书馆与中央各要人"[②],并以专电形式在《申报》上登载。这说明彼时以古籍为赠礼已经是相当普遍的文化现象,即便有"雅贿"之嫌,也并不在意,反而大肆宣扬,透露出古籍的"雅"似乎超越或者说掩盖了"贿"的可耻,成了可供炫耀的君子美行。

政界人物对古籍的热衷,部分原因可能出自于出版机构对政府的文化宣传与推销游说之浸染。通过出版机构的公关与游说,大部分大型古籍丛书的发行十分依赖政府渠道的采购。政府一般通过政治饬令要求直属机关和下属文化、教育机构动用财政经费购买古籍丛书,或者直接统一批量采购后分发所属,以充实政府机关和地方公共图书馆的藏书。二三十年代,内政部和教育部发布的诸多购置各种古籍丛书的饬令,同大众媒介中的广告一道,常伴古籍出版活动左右,构建了政府与民间双重的古籍发行轨道。面对中央的号令,地方政府给予了积极

①《南京安徽公学近讯》,《申报》1925 年 10 月 23 日,第 7 版。
②《长沙专电:何键影印〈湖南通志〉》,《申报》1934 年 9 月 19 日,第 8 版。

的响应。如 1924 年《四部备要》刊行第一集时，奉天教育厅即以省款购置了 50 部分颁省立各学校。两年后《四部备要》五集全预约，奉省教育厅又以省款购置了 50 部，但考虑到实业学校图书馆尚多，又再添经费另外购置了42 部，前后共计采购百部之多①。开明书店发行《二十五史》和《〈二十五史〉补编》时，安徽省教育厅采购二书 50部，广西省教育厅则采购了 100 部②。特殊地市也不甘人后，如上海市教育局便订购了《二十五史》60 部分配市立中小学校图书馆等各教育机关③。政治的介入，为政府的古籍购置活动打造了一具以权力支配文化资源分配的框架，形塑了二三十年代古籍流通活动别具一格的特点。需要补充和强调的是，《四库全书》的赠送则是政府以国家名义面向海外进行的文化外交活动，具有较强的政治属性，相较于上述各捐赠和分配行为有其特殊性。

五、余论

《四部丛刊》筹谋之初，商务印书馆便对其未来的购者进行了锚定——"《四部丛刊》的购置者将是附庸风雅

①《奉天教厅预约〈四部备要〉》，《申报》1926 年 11 月 14 日，第10 版。

②《安徽教厅拟大批购买〈二十五史〉及〈补编〉》，《申报》1935 年12 月 13 日，第 10 版。

③《上海市教育局整批订购开明版〈二十五史〉》，《申报》1934 年10 月 16 日，第 3 版。

的大腹贾、军阀,地主阶级的书香人家,少数几个大学图
书馆(那时公立图书馆寥寥可数)。至于真正做学问的寒
士是买不起的"①。加之日后随新图书馆运动而起的公立
图书馆,以及其他各机构类购置者,商务印书馆对其所出
版的第一部古籍丛书的主流购者群体设定,基本与上文
根据购买史料分析得出的结论相符。这说明,生产者对
古籍市场行情的预估大体准确,商务印书馆的判断也引
领了民国大型古籍丛书市场的总体航向。

出版机构的购者设定当然不为民众所察,但当构想
变成现实,买卖的实际流向开始引发民间诸多不满:"从
买书方面说,《四部丛刊》等,虽然内容广博、卷帙浩繁,究
竟是贵族玩意,是大客厅的装饰,非寒士所能备。"②民众
的嗅觉极为灵敏,他们从古籍数量规模及其高昂的定价
上精准判断出古籍的购者,对此颇有微词。有人对1935
年图书市场中"价值在十元以上至数百元的丛书"推断
称,"富翁、暴发户、银行家、公共图书机关"是其购买者,
又评价说这其中"只有图书馆是由于它的必要"③。部头
大、价格高,意味着购者必须兼具相当的储存空间和经济

---

①茅盾:《革新〈小说月报〉的前后》,茅盾《茅盾回忆录·上》,华文
出版社2013年版,第134页。
②莪公:《古书之翻印与旧书业的进步》,《古今》1943年第14期,
第28页。
③阿英:《杂谈翻印古书》,《书报展望》1936年第1卷第3期,封
1页。

实力，如果是持有以上特征的私人购买了这偌大的图书丛林，则显然加剧了古籍的"贵族化"倾向，而如果是机构类尤其公立图书馆购藏，则某种意义上释放出传统文化的"民主化"信号。民众显然更支持后者的购置，认为其有其必要和合理性；对前者则不免冷嘲热讽，用"附庸风雅""摆设""古董"等评语来宣泄情绪。民众对于购书不公，有其切身体会——"小资产阶级是更破产了，连一元钱的书都买不起，降而去买小书、一折书。穷人，自是根本上谈不到买书"[①]。相比之下，古籍的贵族化就更为惹人不快。

从上文统计的数据结果看，机构名义购置者的数量要遥遥领先于私人购置者，机构（尤其各类图书馆）是彼时主要的古籍丛书消费者。虽然从购藏层面看，大型古籍丛书和普通民众的关联度有限，但从阅读和接触上看，则两者的连接显然是存在可能性的。不过至于亭子间的文人寒士是否通过公共所藏大量阅读到了古籍，以及古籍的出版是否从实践层面真正促进了传统知识的民主化，则是需要另外讨论的问题了。

---

① 阿英：《杂谈翻印古书》，《书报展望》1936 年第 1 卷第 3 期，封 1 页。

下 编
传统知识的再造与致用

第十一章　古籍出版的现代尺度：以《四库全书》出版舆论为中心的考察（1920—1933）

一、漫长的出版活动与庞大的舆论场

　　作为近代古籍出版活动中举足轻重的作品，《四库全书》历经十数年中的五次出版计划后方才再版面世。在复杂的出版历程中，参与各方鏖战新闻沙场各抒己见，制造了一场非同寻常且绝无仅有的出版舆论战，更首次促成了近代印刷文化中出版业与新闻业的联结实践。这既是一次重要的出版活动——广泛应用新闻手段，新闻文本与图书文本共构组成了出版物的新整体；也是一场盛大的新闻舆论活动——新闻业促发了古籍出版物的文本"增值"，舆论中生产出来的关乎出版物的政治文本、学术文本和生意文本等衍生性文本丛，不但呈现出古籍文献出版活动的复杂性，也创制了一种在反传统的文化氛围中进行传统文化再生产的新模式。

　　从1920年代到1930年代初期，《四库全书》历经五次再版计划终于出版成功，13年间舆论拉锯战轮番上演，喧腾不息。在中国近代历史中，从没有一部书像《四库全书》那样，雄踞新闻业视野长达十余年之久；也从没有一场出版活动，在如此长的时间跨度内如同连续剧般不断上演舆论战役，最终将自身铸成了一道长盛不衰的新闻景观。报刊围绕再版与不再版之争、全印与选印之争、善本与库本之争、阁本之争、选目之争、书名之争、版权之争、出版物的再分配之争等多个议题，就《四库全书》的所属权、身份重塑、功能结构等多个议题展开激烈论战。

这场规模巨大、历时绵长的出版物舆论拉锯战，网罗了数不清的人/群体、观念、思想与利益，使得一场看似普通的出版活动，上升为引人注目的社会事件、政治事件，甚至是外交事件。究竟谁会对一部故旧丛书的再版充满兴趣，又是什么原因驱动着他们在大众媒介上展开笔战，他们各自想要达成何种诉求？在这个庞大的舆论场里，是否通过舆论争辩，使得争端背后的人/群体围绕一部古籍文献而产生的认知和利益终于达成共识？

历来对《四库全书》的研究，主要集中于文献学领域的目录与版本视角，探讨编纂、续修等清廷初版时的情况；为数不多的出版学视角的研究，则聚焦于清代的出版以及近代再版历程，尤其着力于民国再版时期的功能新塑与再造、发行与传播等问题。但同时我们也应该注意，出版活动绝不是孤立的、简单的社会实践，它如同一个个交流圈，紧密牵涉社会各方，容纳着包括出版机构、文化管理者与读者，以及学术群体、收藏家等在内的庞杂力量。若牵涉到对出版活动中各个具象主体的古籍观念以及由它们汇聚、建构而出的时代认知时，则现今研究往往语焉不详。下文通过对民国时期各类报刊资料中关于《四库全书》再生产活动内容的搜集、整理与分析，意在透过这一重要的古籍出版个案，尝试回答如下具体的问题：对深涉出版活动的各方来说，古籍文献究竟意味着什么，他们如何看待和对待古籍？态度和行动的背后折射出时代对传统文化的何种意志，以及何种古籍保护观？换句话说，"旧"文献的"新"意义是什么？

二、失败的四次再版计划：
   分裂的使用观与身份再界定

《四库全书》的成书情况已详前文。清廷希望通过编纂《四库全书》达到的"古今数千年，宇宙数万里，其间所有之书虽夥，都不出四库之目"的目标，形塑了其日后"俾古今图籍，荟萃无遗，永昭艺林盛轨"的文化意义。相较制造出来的文化意义，大型古籍聚敛政治资源的功能在《四库全书》上则体现得更为明显。《四库全书》在包括搜集、编纂、校订、复制、存储等在内的出版过程中，皆以国家工程形象示人。如在编纂、抄写、校订中调用了近4000 人，前期的图书征集更是直接动用了国家机器施以行政手段，后期的藏用则又于南北建立管理森严的七阁以藏储，在图书的流通上近乎"束之高阁"，以高居云霄的姿态与民间保持距离。在出版、流通与藏阅等方面表现出来的远离尘嚣的高蹈,说明清廷对其的出版远超文本性追求。通过对政治资源贯穿始终的占用与调配,清廷为这部巨型丛书制造出了庞大的符号化象征意义,并在日后被不断强化和利用,其在民国时期的国家建设和外交活动中即起到了建构国家形象的功能,释放出强烈的政治文化效能。

(一)古董论:民间对《四库全书》认知的再物化

1922 年,溥仪大婚。积困的清室为筹经费,以至欲以120 万价将原存奉天的《四库全书》(1914 年征调入储故宫太和殿,1925 年回奉)售予日方的消息,于坊间不胫而走。这条未加证实的短消息,引发了时人对《四库全书》的莫大关注与讨论。这场基于认知的大众媒介讨论,越过了文化,直抵物化层面的所属权问题。舆论认为,包括《四库全书》在内的"禁城宫殿及所藏之图书古物,皆系历代相传国家公共之产",为"本国有之物,非清室之私物也","清室负保管之责",出售行径等于"盗窃公产"[1],"论其盗卖之罪实不减于卖路卖矿"[2]。舆论话语中,清室的"罪责"已经上升至国家主权和经济卖国程度。而且,"毁

[1]沈兼士、沈士远、单不庵、马裕藻、朱希祖、马衡、钱玄同、周作人:《为清室盗卖〈四库全书〉敬告国人书》,《北京大学日刊(第八分册)》1922 年第 1005 期,第 3 页。
[2]老圃:《北京之大骨董店》,《申报》1922 年 4 月 7 日,第 20 版。

弃卖书贻民国之耻辱,抑且倒卖公产","务须向盗卖主明者,向法庭提起诉讼,科以应得之罪"。尚在酝酿的出售计划,已然被报章口诛笔伐要求法律介入清算。

由朝堂主导的规模宏巨的文化工程身份,纵然令《四库全书》于民间深具某种国家文化宏富的符号印象,然而成书后长达百余年的隔绝管理,终归使《四库全书》在民间的存在,动辄予人海市蜃楼之感,亦真亦幻——作为一种深锁七阁的意象,《四库全书》被禁锢的实体连同文本内容,始终疏离于普通民众,不为其所查和所能查,同民众的日常勾连微乎其微,这种关系在民国依旧未得化解。1933年,围绕《四库全书》第五次影印而生发的舆论战遍布大大小小各类报刊。中央图书馆筹备处处长蒋复璁,作为再版活动执行方的政府代表,被攻击得最为颜面尽失。蒋为配合教育部联合商务印书馆的影印壮举,连续在多个媒体发文宣传,称"《四库全书》珍本,计有文津、文渊、文溯、文源、文汇、文宗、文澜七部。前四部均朝廷宫苑所藏,谓之内廷本……;后三部为民本,系民间庶人所珍藏……"[1] 这句常识性的介绍语,旋即被舆论揪住批驳。除对"文渊"一阁予以绝对的指正外,对"内廷本"和"民本"更是语带讥讽,称自《四库全书》出,只有"北阁本""南阁本"之称,从"没有'民本'这个名词,亦不知

---

① 王和:《谈谈所谓四库珍本的选目》,《申报》,1933年7月19日,第17版。

道'南三阁'原来是'民间庶人所珍藏'"。并猜测,"大概蒋君见过阮元的《浙江四库提要跋》有'士林传布,家有一编'的话",便作《四库提要》为《四库全书》的"贻笑大方的妄谈"①。"完全无稽"的"蒋君所谈",在当时恐怕并非孤例。以当时蒋复璁的"图书馆专家"身份,竟出如此"普通常识还没有完备"②的言论,可想而知普通民众的常识储备层次。甚至各类报章于此的措辞,亦常有常识性的疏漏。《四库全书》在当时市井中的认知堪忧由此可见一斑,这也正从侧面印证了《四库全书》通行民间的仅仅是一种文化符号意象,民众与其的关系始终徘徊在"知其然,不知其所以然"的状态。

这也可解释为何到了民国,当听闻清室对《四库全书》的"盗卖"计划,民众的激愤心理竟不是来自于文教层面上可能会带来的文化劫难,而是痛惜于物质层面即将造成的经济损失。舆论中的认知共识,一致将《四库全书》"古董化",同"路权"和"矿权"相提并论。这当然涵揽程度之重的意味,指向问题的严重程度;但这同时也说明了民众对其的认知饥荒因长期的无人理会,已然溢出了文本范畴,只能转向物权层面。

---

① 王和:《谈谈所谓四库珍本的选目》,《申报》,1933 年 7 月 19 日,第 17 版。
② 蒋复璁据此郑重发文,对外声明解释称,所谓错讹为记者笔误,而非自己无知。袁同礼:《来函照登》,《申报》1933 年 8 月 7 日,第 19 版。

无独有偶,到了1923年,又一场风波来临了。北京政府财政遇困,教育部职员索薪无着之下,舆论盛传职员"将教育部所有公产一律拍卖",隶属教育部管辖的《四库全书》亦被视作财产抵押品[①]。这场薪资丑闻说明,不但在民间,政府方面也不乏将《四库全书》简单压缩折叠为徒具经济价值之物品的认知倾向。这种物化古籍文献的认知,在《四库全书》存储机构的管理态度中亦表现得很明显。1924年第二次再版计划,功败垂成于曹锟政府的索贿行为。当文渊阁本《四库全书》已查点装箱三分之一,马上起运上海时,曹锟部下李彦青据此向商务印书馆索贿六万元,这一行径无非也是强将《四库全书》视作实体财物以置换利益。1925年第三次再版计划时,政府内部阋墙,反对方为阻拦计划的施行,将原定文渊阁本作底本承印的决定,最后关头以羊易牛,以文津阁本易之。此举挑起两方矛盾——作为文津阁本存储方的京师图书馆,日常凭借"各方以四库中类多孤本,因之委托该馆抄录者颇众,收入尚丰",文津阁本"若经运沪,即蒙影响"[②],再版带来的经济损失为其所不悦;政府又以调入故宫所藏

---

① 《教育部定期拍卖》,《申报》1923年11月13日,第4版;乐:《教育部封锁〈四库全书〉之疑点》,《游艺画报》1926年第37期,第1页。

② 张崟:《文澜阁〈四库全书〉史稿》,《文澜学报》1935年第1期,第49页;《文渊阁〈四库全书〉开始检查,计四部共缺三十卷》,《申报》1925年9月24日,第7版。

文渊阁本的承诺,补偿京师图书馆的文津阁本调离之失。清室善后委员会对此极为不满,以"接收故宫时宫内物件不得移出宫外之原则",力予反对①。可见在两所文化机构的管理理念中,均将《四库全书》视作具有收藏属性和创收价值的经济产物。到了1933年第五次再版计划施行时,又以故宫博物院和国立北平图书馆(前身为京师图书馆,后文或简称平馆)反对最甚。前者认为,以文渊阁本作底本影印,理应由其持有版权,而非早先即对文津阁本虎视眈眈欲得之而后快的中央图书馆,力逼教育部改了出版合同取而代之②;后者则因文津阁本未入选,反复于报章中造势宣传其优于文渊阁本处,极力自荐替取之,以争夺再版版权。

《四库全书》在反复的计划与变动中,被铸造成一宗金光闪闪的宝物。包括政府职能部门在内,当时的社会普遍对《四库全书》持有一种物质主义的经济想象。这当然不乏可喜之处,虽然文本内容依旧与民众远离,但物权层面的认知带动了《四库全书》同民众关系的改善,使其摆脱了深陷意象性存在的抽象身份。民众在《四库全书》上发现了"国有"的色彩,"国有之物""吾国之公器""国家公有物""国家固有之资"等比比皆是的民主

---

① 张崟:《文澜阁〈四库全书〉史稿》,《文澜学报》1935年第1期,第50页。

② 袁同礼、向达:《选印〈四库全书〉平议》,《国风》1933年第3卷第4期,第10页。

认知话语，充斥报端舆论①。《四库全书》为全民所共有，而非一朝天子所持私物的身份界定，在如火如荼的现代国家建构进程中倚借报章舆论而不断被普及和强化。

（二）无处不在的他者：文化遗产中的政治想象

在民间关于清室擅卖原书（或称真本）的传闻中，《四库全书》的国有身份被形塑出来，其代表国家尊严与权益的意识也混溶在这一物化认知中。将一部丛书视同于"国家"概念的现代意识，体现出《四库全书》的新时代价值与意义。社会对此的判断与认知，在舆论的传播中被广泛认可和接受，推动《四库全书》远离封建时代不食人间烟火的高邈形象。

《四库全书》的首次再版决议，由一场重要的外交活动促成。一战后的巴黎和会上，中国代表团成员叶恭绰积极宣传中国文化，引起此前即对《四库全书》感兴趣的西方人的瞩目。一战过后，欧洲人目睹物质文明的不堪一击而观念震荡，将目光投向遥远的东方古国，"颇欲引用精神文明以补救之"。西方观念新变中的东方文化想象，与提倡文化自居的徐世昌政府一拍即合，由此将《四库全书》的再版提上日程。

---

① 乘黄：《闻奉天开印〈四库全书〉之联想》，《申报》1929年1月14日，第19版；《杭州快信》，《申报》1923年9月6日，第10版；孤桐：《论影印〈四库全书〉不成事》，《国闻周报》1926年第3卷第23期，第8页。

　　在中国依然存有三部半真本的情形下,政府为何要再版《四库全书》? 政治视角的复制心理,可从如下内外两个角度探知一二。其一,以文化管理者的身份忧惧《四库全书》重蹈《永乐大典》覆辙。明代《永乐大典》写成三部,虽至清代乾隆时期已有残阙,但尚余两万多卷。庚子一役,或化灰烬,或流落民间海外,政府仅存数十册。"萃于一隅,漫藏可虑"的《四库全书》,于此时恰恰亦仅存三部全本。"以此方彼,能无寒心"之虑,引发政府"今影印此书,以防真本散失,免蹈《永乐大典》之覆辙"的期盼[1]。至于"广布全国以供研究,似非当务之最急",显然不在考虑范围。对以《四库全书》为代表的传统文化远去的忧思与焦虑,本质上或许来源于"文化恐惧症"(Angst des Vergessens)的折磨。"每当历史处在转折点的时候,人们就喜欢以汇集的形式对已有的文献进行整理,此时,担心自己会遗失继承物的恐惧远远超过了有所创新的冲动。"[2] 近代以来,西学强劲而持续的东渐,由此带来的文化结构和教育制度的变动,褫夺了传统文献的正典性身份。正处于现代国家建制关键期的民国,在这一历史转折期,无疑被遗忘恐惧症攫住了咽喉。这股强劲的恐惧

[1] 商务印书馆:《影印〈四库全书珍本初集〉缘起》,《国立北平图书馆馆刊》1934 年第 7 卷第 5 期,第 111 页。
[2] Kees Hermann.*Der Götterglaube im alten Ägypten*.Leipzig,1941,P.415. 转引自〔德〕扬·阿斯曼(Jan Assman)著,金寿福、黄晓晨译:《文化记忆:早期高级文化中的文字、回忆和政治身份》,北京大学出版社 2015 年,第 195 页。

驱动着深陷中西文化竞争泥淖中的中国,开始从国家机器层面调动力量进行对传统文化的救赎。《四库全书》作为一个庞大而完整的文献丛,恰恰又是离历史最近的中国古文献集大成者,具有景观化的纪念碑性意义。在国家已无可能自创或整理新时代令典的情形之下,若不重版《四库》,又能选择谁呢? 因此与其说政府是忧惧于《四库全书》的灰飞烟灭,不如说是惧怕传统文化的不辞而别。

其二,符号繁殖的需要。第一次再版计划中的域外目光并非孤例,《四库全书》的五次计划,均与西方密切相关。大众媒介连篇累牍的"泰西中国文明观"报道,形塑了传统文化出版物的某种生产思维定式,报章中但凡提到《四库全书》,动辄引入域外的赞誉,以至后期引起舆论反弹,批驳此举心理卑弱。西方对中国文明的期许中自然充满猎奇,"因(泰西)各国自有历史以来,无此巨籍,吾国独有,已属奇异。且编缮此书时,录事之众,页数之多,历年之久,更为闻所未闻。故欧美各国学界,欲得此书以偿其好奇之心"[①],此类的域外话语于彼时并不新奇。中

---

① 韩汝甲:《上书外交、财政、交通、教育四部:请酌拨甲种〈四库全书〉十五部于各国中国学院》,转引自郑鹤声:《影印〈四库全书〉之经过·第三次影印之经过——民国十四年》,《图书评论》1933年第2卷第2期,第75—76页。郑鹤声为中央编译馆公职人员,颇为关注《四库全书》的第五次影印计划,为此写作多篇长文梳理复杂的出版过程,此篇为其中的代表作。因职务之便,档案、报章等关乎此次出版的各类资料对其来说如探囊取物,且因事件近在眼前,郑文因而综述性和权威性兼而有之,本书多有对此篇洋洋四万言之长文的引用。

国则在这种文化想象的错位中重建自我与他者的认知坐标,积极借助传统文化宝库再建优越感,重拾文化自信。在听说法国政界有意号召并联合世界各地高等学府建立中国学院以研究和传播中国文化时,徐世昌政府豪掷千金允诺拨款扶植此项计划。文化并非空中楼阁,必然需要倚仗出版物实体。在传统文化的素材库里,最耀眼的明珠《四库全书》成为最适合传达中国优越感、重塑中国国际形象的文献。然而有口皆碑的中国文化符号的物质实体当然不可假借于人,只能通过繁殖复本实现外交目标。借助文化媒介对外沟通对话,传递良好的国际形象,提升中国的国际地位,从政治角度而言,兹为传统文化出版活动能够抵达的终极意义之一;更是作为政治实体的政府,在近代中国锲而不舍地再版《四库全书》中一以贯之的理念。

三、驱逐读者的出版活动:
舆论场里的政治、学术与生意

《四库全书》在前四场再版计划及其舆论场域中,从庙堂来到了江湖,呈现出某种公共性知识文本的特性。政治看似在远去,实则从未远离,甚至靠得更近。第五场计划中,政治视角贯穿始终,读者则从未被纳入。

这场舆论争辩,比之前四场的总和加起来还要复杂而庞大。失败的四次计划均未涉及再版的具体实施便戛然而止，而第五场则大有势在必行之势。文溯阁本在"九一八"事变后被日本占为己有的传闻愈演愈烈，时任教育部部长的朱家骅嗅到了一丝危机，1933 年初委派筹备中的中央图书馆到平沪（文渊阁本已随故宫古物抵沪）两地查点《四库全书》一应数据，并指示其迅速与商务印书馆接洽，再续前缘[①]。无处不在的他者，此时尽显双重面目，释放着危险的信号——日本的觊觎与抢掠，在迎合域外的中国口味面前尽显狰狞可怕，它既打破了单纯向世界展示自我、赢得尊重的童话之梦，也凸显并强化了这一建构国际形象以展示自我的必要程度。争取时间尽快复制成功，以完成既往的外交之梦，是为政府在第五次计划中强劲的驱动力。这从打破全印，而选择选印的决定中得到印证。

（一）学术与政治之争：
善本与库本里的两种真相与整体观

在覆盖着层层叠叠、曲尽其态的利益诉求的史料中，奔涌着政治与学术之争的暗流。南京政府表示，通过影印活动呈现《四库全书》的"真相"是其矢的；学术性的群体与个人则表示，追逐《四库全书》的"真相"亦是其抱

①《令国立中央图书馆筹备处据呈影印四库未刊珍本合同草案，经部长提出行政院第一〇七次会议修正通过仰遵照》，教育部编《教育部二十二年六月份工作报告》，国民政府教育部 1933 年，第15—16 页。

负。前者的真相建基于影印库本的整体,后者的真相则
倚仗学术的本原。

在民国的出版语境中,库本指的是由清廷抄写出的
七部《四库全书》,亦称阁本、抄本;善本则指的是每部库
本图书对应的原始版本,即未经清廷编辑"污染"过的版
本,或称古本、底本、刻本。政府于前四次的再版计划中,
均默认要全盘影印库本全部图书,为与时间赛跑以免夜
长梦多,第五次再版时则退而选印部分库本①。但为了保
持整体性,政府在出版合同中明确规定,不允许商务印书
馆单独抽印《四库全书》中任意一本图书,选印的库本亦
必须以整体的面貌发行,不得单本销售②。学术性的群体
与个人,则对库本表示出了难以掩饰的鄙薄,坚持溯源库
本的原始版本,意欲通过影印手段还原经篡改而面目不
堪的文本原貌,呈现出文本意义上的学术真相。杜绝原
版的变体、找寻"最善"的文本,学术性的完整与真相构
成了善本派的诉求。

相比之下,政府的真相则与之风牛马不相及。面对
铺天盖地指责政府执迷被清廷污染的库本,质疑其出版
动机的舆论情势下,政府自陈,"自来主景印四库者,皆欲
以明四库之真相,见其得失,非不知其有讹误也",在默认

①当然围绕全印还是选印,则又是另一番争论;围绕选印哪些、不
　选印哪些,则再是另一番论争。
②《文化史上一件大事:影印〈四库全书〉合同》,《申报》1933 年 6
　月 22 日,第 14 版。

日人已夺文溯本《四库全书》前提下,声明这"旧存两部,倘非从速影印,四库真相,未有表曝,或竟不免而永此沉沦也"[1]。政府的真相在于物质意义上的存真,将《四库全书》视作一个文献丛的完成式,珍视其政治意义上的纪念碑性。善本派则认为变体需清理,以填补学术意义上的完整性。善本派这种源自文本污染观的未完成式认知,以及对库本价值的否定,与政治视角的认知大异其趣,构成了舆论的巨大张力。

为了降低"影照《四库》原本,匪特有'开倒车'之讥,而尤误贻后人,真所谓'刻书而书亡'"[2]这一舆论内容的影响力,杜绝善本派的穷追不舍,政府于舆论中强调三点,竭力加强库本影印的合法性与价值。第一,"以牙还牙"地从学术角度强调库本存真的重要性。如以孟森和高步瀛为首的学者拥护政府决议,认为"库本深藏,一般人士,莫由知其蕴底,一经刊行,则不但清代毁书公案,将因此而大显,而库书真面目,亦得于此与世相见,其有助于文献者,岂浅鲜耶?"[3]"四库书之弱点,非刊本盛行,不能明

---

[1] 见 1933 年 8 月 25 日教部复函董康、傅增湘等 25 人(于 8 月 11 日致函教部王世杰)信笺。转引自郑鹤声:《影印〈四库全书〉之经过·第五次影印之经过——民国二十二年》,《图书评论》1933 年第 2 卷第 2 期,第 92 页。

[2] 郑鹤声:《影印〈四库全书〉之经过·第五次影印之经过——民国二十二年》,《图书评论》1933 年第 2 卷第 2 期,第 89 页。

[3] 高步瀛:《高步瀛等检点库书报告呈文》,转引自郑鹤声:《对于影印〈四库全书〉与舆论之评议》,《国风》1933 年第 3 卷第 6 期,第 28 页。

了;正当听将来国内外人之定评,以破二百年来四库之神秘。"①第二,特从出版角度搬出实践警示——"善本难遇,乞借尤难"②,追索无日,观成无期。第三,提议"另编善本丛刊付印,不与影印库本之事相混"③,以分割善本辑印与库本影印的意义域,强调政治与学术之别。政府解构辑录善本的编纂活动为"民间行为",称其不得冠以"四库"之名,将其与库本影印划清界限,意欲杜绝善本派对库本整体与真相的"侵犯",从政治维度捍卫四库文献景观的原貌。合作方的幕后灵魂人物张元济特别从出版角度评估两者,认为分之两利,合之两妨,仅从出版角度亦宜作分割。

(二)尴尬的"生意":去经济属性的出版活动

如果将《四库全书》的民国出版活动,理解为一笔生意的话,则它始终是政治的生意,而非经济的生意。

民间的舆论话语,往往理所当然地将出版视作文化生意,前四次舆论中形成并不断固化的古董观和物质认知,

① 孟森:《选印〈四库全书〉平议》,《北晨学园》1933 年 8 月 28 日,第 5 版。
② 张元济、袁同礼:《影印〈四库全书〉往来笺》,《青鹤》1933 年第 1 卷第 20 期,第 2 页。
③ 见 1933 年 8 月 25 日教部复函董康、傅增湘等 25 人(于 8 月 11 日致函教部王世杰)信笺。转引自郑鹤声:《影印〈四库全书〉之经过·第五次影印之经过——民国二十二年》,《图书评论》1933 年第 2 卷第 2 期,第 92 页。

令《四库全书》俨然成为商务印书馆发财致富的工具。然而，对于深陷其中十余年的商务印书馆，这场漫长的出版活动始终是笔有苦难言的生意。从 1920 年被政府征召承印百部全印工作，拒绝领命开始——"敝公司估计印书百部，需费二三百万，需时一二十年，且本国纸张不敷应用，是以不敢担任"[1]，商务印书馆便深晓其中利害。第二次计划则为预备店庆三十周年，加诸文化夙愿，勉力承担。到了第三次时，教育部和交通部联手三番五次催邀承印，商务印书馆始终犹疑不决[2]。等到了第五次，则彻底成了蒋复璁（时任中央图书馆筹备处主任）向政府述职报告言语中的"该馆不过为一承印者"的身份。第五次的出版合同规定，版权归属于作为政府代表的中央图书馆，"一切印刷费用，概归该馆负担，盈亏与中央图书馆无涉"[3]；印成后需无偿赠出总数的十分之一，以作政府与其他国家或赠送或交换之用；印刷过程中，用纸、印量等均由政府划定，不得抽印和单本销售，且仅有一次印刷权，重印需再订合约……合同之苛刻绝无仅有，呈现出一目了然的去经济化特征，而作为商业机构的商务印书馆则基本处于失声状态。这

---

[1] 商务印书馆：《影印四库全书通告》，转引自郑鹤声：《影印〈四库全书〉之经过·第二次影印之经过——民国十三年》，《图书评论》1933 年第 2 卷第 2 期，第 72 页。

[2] 郑鹤声：《影印〈四库全书〉之经过·第三次影印之经过——民国十四年》，《图书评论》1933 年第 2 卷第 2 期，第 74 页。

[3]《文化史上一件大事：影印〈四库全书〉合同》，《申报》1933 年 6 月 22 日，第 14 版。

场为政治和外交生意而生的出版活动,受众的非市场化指向明确,内定的外国政府机关、国家机关、图书馆、藏书家等"读者",造成《四库全书》的广告与出版消息少之又少,迥异于商务印书馆所生产的任何其他古籍图书。

作为政府的"生意",执行方中央图书馆于此受惠颇深。1933 年 2 月,朱家骅命蒋复璁赴平沪两地调研《四库全书》时,便明确告知此书付印后"将来可与外国图书馆交换图书,以为国立中央图书馆创办之根基"[①]。新建南京国民政府的这股"私心",激惹了北平的文化机关,国立北平图书馆和故宫博物院对这笔文化政治生意的旁落尤为不满。政府文化机关争夺文化政治权力的斗争迅速拉开序幕。争斗虽属官方内部的资源分配不均问题,但由于当事主体善于利用媒介制造声势、左右舆论,客观上方便了 1933 年及日后的看客借助报刊一览无余其中的不平、失落与愤怒。

故宫博物院新任院长马衡,带领故宫图书馆正副馆长江瀚、袁坤礼,联手反对由中央图书馆代表教育部与商务印书馆所签合同,尤其其中关于版权归中央图书馆、赠送图书亦交其分配这两项事关利益分配,尤为令其恼怒。故宫博物院以文渊阁《四库全书》为该院所有之故,认为教育部应征得己方同意,方可影印。经交涉后,合同中事

---

① 郑鹤声:《影印〈四库全书〉之经过·第五次影印之经过——民国二十二年》,《图书评论》1933 年第 2 卷第 2 期,第 87 页。

关故宫博物院利益处修改如下：（一）教育部需声明，影印文渊阁本为受故宫博物院之委托；（二）版权归故宫博物院所有；（三）商务赠送十分之一与中央图书馆，改为赠送故宫博物院。除自存两部外，其余交教育部作国际间的文化赠与或交换[①]。

　　同样围绕版权，北平图书馆出手反对中央图书馆比故宫博物院更早。平馆运用学术、政治与媒体手段合一之术，并擅长将其综合呈现在以其为视点的舆论话语中。就其对版权和文化执行权的觊觎而言，平馆的表达或开宗明义，或沉潜委婉；有时毛遂自荐，有时借人之口。从六月到九月，前后奔走近四个月，直到尘埃落定。其主要诉求分作三点——首先是推翻将文渊阁本作为影印底本的政府决议，将之替换为文津阁本，以名正言顺获得版权；如若不得，则倡导以善本替换库本，其馆内现已搜罗收藏数量可观的善本，可直接调取出版；不管是影印库本还是善本，平馆支持选印方式，但坚持选目需由其主导划定[②]。

　　蒋复璁在调查过程中认为"文津现贮于国立北平图

①《影印〈四库全书〉杂讯》，《中华图书馆协会会报》1933年第9卷第1期，第17页。据江瀚所言，此前文渊阁本随故宫古物南下行至南京浦口时，"教育部曾呈行政院将此书划归中央图书馆保管"，"后以关系巨大，未能实现"。《故宫图书馆长江瀚谈影印〈四库全书〉经过》，《时事新报》1933年8月9日，第8版。
②彼时出自机构和专家个人的选目已多达十数种，详见前文论述。

书馆,抄成最晚,字体潦草,不如初写本文渊之精美,讹误亦属较少",而且文渊阁本已由故宫博物院迁沪,遂建议"如付影印,似以文渊为宜"①。此言成为激起"反击"的导火索,平馆开始针锋相对地制造舆论为文津阁本翻案。当然作为一种学术意义上的主张与辩论,在发动大众媒介舆论战之前,平馆首先运用了学术化的舆论手段。选印草目《景印四库罕传本拟目》是其发起政治文化权力之争前的有备之作,于六月间制毕并印成单行本,分寄海内专家,征询意见。例言中极力强调平馆的不可或缺——"文津阁《四库全书》落成最晚,移置热河行宫后,迭邀睿赏,故卷中讹误亦较少。且载《提要》,亦有与文渊阁本相异之点。遇有绘画之页,二本亦有时互异。重印《四库全书》时,应将文渊、文津二本,先行比勘,然后择善而从,不得置文津本于不顾也",并特意论证称,"文津阁讹误较少之故,可参阅内阁大库及军机处档案"②,强化立论的权威性。

6月24日,平馆副馆长袁同礼离平进京张"不平"时,先特意通过新闻媒体发出通告,声明支持选印,但选印书目需经其馆内专家衡量,且应尽量用善本(即"旧刻或旧钞,最古或最足之本")替换库本,个别无法替换者,

————————

① 见蒋复璁于 1933 年 4 月 22 日呈报教育部的述职报告,转引自郑鹤声:《影印〈四库全书〉之经过·第五次影印之经过——民国二十二年》,《图书评论》1933 年第 2 卷第 2 期,第 87 页。
② 北平图书馆:《景印四库罕传本拟目》,国立北平图书馆 1933 年,例言。

择取何者作底本则需商榷[①]。并不失时机地向媒体介绍同人赵万里等制毕的《景印四库罕传本拟目》，罗列彼时顶尖的版本学家、目录学家对草目的肯定，以壮声势[②]。7月1日，《上海晨报》又发表了袁氏对此的重申[③]。7月5日，袁氏与平馆馆长蔡元培联名具呈教育部，申述立场。后者7月19日复函回绝了其要求。政治手段失利后，袁氏复欲借助权威专家之口为其主张制造学术合法性，遂积极"奔走京沪，遍访要人，联络南北，以张声势"，包括网罗精通目录学与版本学、支持其主张的学者，如董康、张元济[④]、徐乃昌、刘承幹、叶恭绰、冒广生等25人[⑤]，由叶氏主

[①] 国闻社：《袁同礼谈影印〈四库全书〉·袁昨赴京向当局贡献意见》，《大公报》1933年6月25日，第4版；《影印〈四库全书〉·袁同礼入京贡献意见·选择原本应谨慎》，《民报》1933年6月29日，第3版。

[②] 赵万里、袁同礼：《景印〈四库全书〉罕传本拟目》，《国风》1933年第3卷第2期，第27—37页。

[③] 刊于1933年7月1日《上海晨报》，转引自王和：《谈谈所谓〈四库珍本〉的选目》，《申报》1933年7月19日，第17版。

[④] 事实上，张接受上海报业采访时，透露其与袁同礼确曾私下讨论过此事，其"意见与教部完全一致"。且据其自陈，"鄙人曾为讨论此事，复北平图书馆袁守和、赵斐云（赵万里）二君书（7月13日）"，明确自己的库本立场。袁8月14日才回信，信中多有不快，对张颇感失望。25人联名信中，张元济亦未列席。张元济、袁同礼：《影印〈四库全书〉往来笺》，《青鹤》1933年第1卷第20期，第1—4页。

[⑤] 25人名单如下：董康、傅增湘、叶恭绰、朱启钤、江瀚、沈士远、朱希祖、李盛铎、沈兼士、陈垣、张允亮、徐鸿宝、马廉、冒广生、马衡、徐乃昌、张之铭、顾燮光、顾颉刚、刘复、汤中、陈寅恪、陶湘、赵尊岳、刘承幹。

稿,于 8 月 11 日联名致函教育部,通过批判中央图书馆
所编选本草目的方式,申诉以平馆为主的意见①。袁氏 8
月 3 日返平后,复向记者谈话,再度为文津阁本翻案,反
复围绕其"据善本重校,故卷中伪误较少"的优势,强调
"不得置文津于不顾",以争取舆论的支持;同时重申要求
政府选本时需用平馆所编草目。草目分寄国内外学术机
关及藏书家征求意见一月以来,平馆称"各方复信,一致
赞同",兹"足证本馆之主张,已成全国学术界之共同主
张",暗示政府若不按上述行事,即是"机械印刷"的"草
率"之举,并派遣赵万里继续南下向政府施压②。与此同
时,又将平馆馆刊七卷五号专辟为"影印四库全书专号",
以该馆编纂委员会名义于 8 月 12 日发出征文,9 月 10 日
前征集到全国范围内 25 篇专家论文,以权威的名义从学
术层面持续向政府和社会施压。

不过,以平馆为首的善本派,其内部也在长达数月的
舆论拉锯战中裂隙渐生。蔡、袁向教部贡献意见未获采
纳后,曾推动董康、傅增湘等 25 人展开对中央图书馆所
编选本草目《景印〈四库全书〉未刊珍本目录》的学术批

---

① 董康、傅增湘、叶恭绰等:《呈教部之建议书》,编者《最近关于影
　印〈四库全书〉之文献》,《浙江图书馆馆刊》1933 年第 2 卷第 4
　期,第 126—128 页。
② 转引自郑鹤声:《影印〈四库全书〉之经过·第五次影印之经
　过 ——民国二十二年》,《图书评论》1933 年第 2 卷第 2 期,第
　91 页。

判,试图借助学界之手扭转教育部决议。25 人于 8 月 11 日致函教育部,后者接纳了其中关于选目的意见,于 14 日成立了由 17 位平津沪京目录学家组成的"编订《〈四库全书〉未刊珍本目录》委员会"①,推动草目的改善与重订。平津远离京沪,遂以平馆为依托自成北方一派。8 月 30 日,上海《时报》所载北平起草委员赵万里的谈话云,北平各委员汇合全体意见,依然以"主张编两种目录:(一)《四库孤本丛刊》,(二)《四库善本丛刊》"的方式,表达对善本替换库本的坚持,并毛遂自荐将《四库孤本丛刊》"作为北平图书馆所有之版权"②,言外之意依旧支持文津阁本作为影印的底本。但平馆抢先投诸舆论的自荐之语,与北平专家们的意见有所冲突。从 9 月 11 日傅增湘等在平学者致京沪各委员信函可窥,其力荐给予平馆参与的机会,在于主导四库善本的出版而非为其力争库本版权——"兹就《未刊本草目》中选出一百四十三种,加入三十七种,拟名曰《四库孤本丛刊》。其二有宋元明刊本或钞本胜于库本者,别辑为一目,名曰《四库善本丛

---

① 教育部 8 月 14 日发出聘书,聘陈垣、傅增湘、李盛铎、袁同礼、徐鸿宝、赵万里、张允亮、张元济、董康、刘承幹、徐乃昌、傅斯年、顾颉刚、柳贻徵、张宗祥、叶恭绰、马衡等 17 人为编订四库未刊珍本目录委员会委员。《教部聘请编订四库珍本委员》,《申报》1933 年 8 月 15 日,第 18 版。

② 刊于 1933 年 8 月 30 日《时报》,转引自郑鹤声:《影印〈四库全书〉之经过·第五次影印之经过——民国二十二年》,《图书评论》1933 年第 2 卷第 2 期,第 101 页。

刊》。前者由大部审定后,请仍由中央图书馆与商务印书馆照合同办理,以期早日流通。后者拟请大部令行北平图书馆拟具计画,次第筹办"①,这显然与赵万里的自荐主张大相径庭。

从赵氏与在平学者们相左的言论中可探知,善本派此时早已骑虎难下。9月11日,董康和刘承幹登报宣布退出论辩。善本派两位灵魂人物的主动退出说明,专家们已然摸清了政府的脾性与底线——其在版本问题上坚持库本的意志根本无法动摇,而中央图书馆作为其"亲信",影印执行者的角色亦不可能被轻易褫夺。善本派若继续对以政府为首的库本派穷追猛打,不但徒劳无功,更可能激怒政府。诚如8月26日,政府借南京报章之口所示,"惟目下有许多学者根据学术,以为建议,然亦有意存阻挠者"②,其对善本派的不满已经溢于言表。政府此前不断以"另编善本丛刊付印,不与影印库本之事相混"的提议婉劝善本派,但善本派深知善本计划非但不是彼时重点,且不可能与库本影印工作并行推进。不过,此时他们接下了这"另开新路"的台阶之便,并将其主导权和执

①傅增湘等致京沪各委员函(1933年9月11日),转引自郑鹤声:《影印〈四库全书〉之经过·第五次影印之经过——民国二十二年》,《图书评论》1933年第2卷第2期,第102页。
②刊于1933年8月26日《民生报》,转引自郑鹤声:《影印〈四库全书〉之经过·第五次影印之经过——民国二十二年》,《图书评论》1933年第2卷第2期,第93页。

行权拱手送交平馆之手①，如此两方不得罪。这既说明学者们不全然苟同平馆的诉求，以免冲撞了政府，又不得不坚守学术主张，以免丢了自家颜面。这一由两方不得罪的骑虎难下派、被"说服"的董刘、穷追猛打的平馆所组成的善本派，自此"分道扬镳"，昭示出政治权力导入后，学问共同体的内部分裂。

　　政府其他机关人员，亦化名或实名开辟舆论阵地，支持政府决议，如时任中央立法院委员的田炯锦通过媒体，隔空与袁同礼展开的论战。田炯锦先发文批判袁同礼拉帮结伙，看似以学术为上，实则存"阻挠私心"②。袁氏发文马上回击，称田论"多属感情语，于事实相距甚远"③。田再发文，指责平馆"党同伐异，吹毛求疵"，使学术界陷入混乱，大有学术问题政治化的趋向。田氏曲尽其态地揭示道，学术名流们"对政府格外苛责"，"为阻挠教部的计划，大骂《四库全书》没有价值！大骂中央图书馆的人没有常识"，这种"是非不明，褒贬不当"之行，是受平馆指

---

① "作为影印库本未刊珍本之副产品"的《四库善本丛刊》，由平馆和商务印书馆于9月草订了合同，但此后未见出版物面世。《大规模影印善本书，北平图书馆与商务草订合同》，《申报》1933年10月6日，第10版；编者：《最近关于影印〈四库全书〉之文献（续前期）》，《浙江图书馆馆刊》1933年第2卷第5期，第146—148页。

② 田炯锦：《论名流与影印〈四库全书〉》，《时代公论》1933年第2卷第23期，第4—5页。

③ 袁同礼：《致〈时代公论〉记者书》，《国风》1933年第3卷第6期，第19页。

使——"把董授经（董康）先生的名,拿上领衔反对教部计划",而"领衔批评教部之董授经先生既已声明非出自动,他自己极以教部办法为然",于此不失时机地讽刺挖苦道,这种困惑令人"真不知谁是真李逵,谁是假李逵"。田氏对学术界指摘中央图书馆"惜编者缺乏图书目录学常识"这种语带讥讽、远非"善意的批评",表示失望。田氏认为,平馆的咄咄逼人,"对主持景印库本者,环而攻之,使其进亦不是,退亦不是"①,明确表达对中央图书馆和商务印书馆的同情。

诚如政府机关人员郑鹤声（国立编译馆馆员）面对平馆不屈不挠的"进攻",发出的"为公乎？为私乎？为学术乎？为意见乎？"②的质疑与感叹所示,剑拔弩张的政府文化机关之间看似基于学术主张的舆论之争,实际上裹挟着公与私、学术主张与自我表现等复杂的利益诉求,文化领导权以及版权权益则构成了利益框架的核心。北平图书馆通过争取《四库全书》出版活动的执行权,以追求政府内部文化领导权的意图彻底告败③。兴师动众、气势如虹的平馆使出浑身解数争取学术主张（尽管服务于自身

---

① 田炯锦:《再论名流与景印四库珍本》,《时代公论》1933 第 2 卷第 26 期,第 11 页。
② 郑鹤声:《对于影印〈四库全书〉与舆论之评议》,《国风》1933 年第 3 卷第 6 期,第 37 页。
③ 如上述论述,应政府要求,商务印书馆与北平图书馆确实签订了善本合同,但是善本计划显然是平馆的下策。

利益)，但在政治天平的倾斜下均无济于事，徒然以卵击石。平馆的铩羽而归，与其在媒介舆论上获取的优势不相匹配——舆论再烈却依然螳臂当车，从中可窥政府"一意孤行"意志的强劲，这正进一步说明《四库全书》的出版是场彻头彻尾的政治活动，不但去经济属性，更去学术属性。

四、余论

十余年间，新闻舆论将《四库全书》铸成了一道不可忽视的文献景观。新闻文本的加持，为知识文本的生产带来诸般新象。文本生产之前面向社会的讨论，使得舆论场中聚集了复杂多元的出版思想与观念，某种程度上昭示出出版机构在古籍的再生产活动中对出版控制权的脱轨。一元化控制的远去，令新闻文本中的出版活动呈现出趋向民主化的迹象。

需要强调的是，包括《四库全书》在内，古籍的知识文本于这一时期普遍遭遇了政治的重构，上述的出版民主化因而具有某种幻象成分。政治的强力介入，令知识文本的文化与经济属性全面后退。民国时期的古籍出版活动，提供的不仅是知识资源的繁殖与复制，其对政治资本、社会资本的制造同样不可小觑。中国传统知识文本的这一功能转变与重塑的代价在于，古籍文本性的远去与物质性的强化，文本性的远去又伴随着读者的不断被驱逐远离以及古籍符号化属性的加剧,这一切在新闻文本中一览无余。舆论确实为盘根错节的利益提供了一面映射真相的"照妖镜",但在由政治管理传统文化的焦虑时代,各方利益于媒介域的博弈也无非是一种讨论层域的民主,最终也仅止于此。

第十二章　当古典知识被西法分类：《丛书集成》与现代学科体系的融合

　　《丛书集成》为古籍丛书的汇编之作。1935 年,商务印书馆自两千余部古代丛书之中,剔除居其半的个人诗文集,以及又居其余之半的"内容割裂琐碎实际不合丛书体例者"后,再自"名实相符者"的这"不过数百部"之中淘洗出百部丛书,构成了《丛书集成》[①]。再经汰弃"一书分见数丛书者"的重叠之作后,所选百部丛书实存图书 4087 种,约 20000 卷[②]。经排印后,采洋式装订,成书 4000 册[③]。

　　丛书本身负有整合某一时代或全部或某类知识的功能,从一定意义上也不乏裁断知识类别的职能[④]。作为对

---

①《辑印〈丛书集成〉缘起及凡例、目录》,《商务印书馆通信录》1935 年第 407 期,第 14 页。
②原有内容约 6000 种 27000 余卷。
③因为战争影响,新中国成立前,全书未出齐。
④严格意义上来说,将知识分门别类的体系化的职能,于类书中体现得最为透切。不过,作为某种特定门类知识总集的丛书,从其对知识的单一化择取方面考量,无疑是对以类书为代表的知识分类于应用层面的证实与明确回应,间接上也使其具备了知识分类的职能。

丛书的汇编,汇集了自丛书出现至清代为止所有"名实相符"丛书的《丛书集成》,也就有了号令读书人"欲窥见本国学术之全部体系者,惟有求之于本书"的资质;此外,作为篇幅浩巨的丛书之丛书,从某种意义上业已具备古代类书的百科全书化性质,《丛书集成》因而不得不面对如何于现代知识体系的统摄下选择图书分类法进行知识管理的难题。如何裁断每部古籍图书的类别,并在此前提下如何编排4000多种古籍的序列,不但是《丛书集成》对学科体系与知识框架剧变的时代回应,也是传统知识从整体上进行现代转型的集体命运之象征,毕竟比之于志书、中医药类等单类别的古籍出版,《丛书集成》于出版过程中的现代化自我形塑更具典型性,也更为繁复。

一、古籍出版与现代学科建制

1929 年,商务印书馆开始发行《万有文库》第一编。从回放视角看,这部兼容新旧内容的大型丛书,在传统知识的分类管理方面为后来的《丛书集成》做了预演。

"非以一学科为范围,乃以全智识为范围"的《万有文库》,号称"四库旧藏,百科新著","咸备于是",涵括五千余种图书。为照应各界多元的购买需求,按照科目分作《国学基本丛书》《新时代史地丛书》《百科小丛书》《师范小丛书》《农学小丛书》《工学小丛书》《商学小丛书》《算学小丛书》《医学小丛书》《体育小丛书》等 15

类二级丛书发售。为统合整体使之系统化，每一本书按照"中外图书统一分类法，刊类号于书脊"上，并且"每种复附书名片，依四角号码检字法注明号码"①。

这部丛书贯穿始终的广告选词，均同"图书馆"二字共进退。如投放《申报》上的第一条广告题名《以整个的图书馆贡献于社会的〈万有文库〉》所示，它从不讳言自己是为图书馆建设而来②。商务印书馆亦连连自称，"《万有文库》是从这种新运动里产生出来的唯一出版物"③。1920 年代中期，全国范围内发展图书馆以满足公众的知识需求成为社会共识，但是现实中一直苦于"经费拮据""人才缺乏""管理不善"等问题的困扰，《万有文库》尝试从知识生产方面入手破解这一难题——《万有文库》对"图书馆的贡献"在于，第一"内容精当"，第二"管理简便"，第三"检查迅速"，"创办图书馆的快捷方式"便是"购备《万有文库》一部，立可成一图书馆"④。

冲着图书馆运动而来的《万有文库》，表象上自然洋溢着借势图书馆运动"大发其财"的营销气息。看起来所费不过是趁东风的吹灰之力，实际从方式上看，则会发

---

① 王云五：《以整个的图书馆贡献于社会的〈万有文库〉》，《申报》1929 年 5 月 1 日，第 1 版。
② 王云五：《缘起》，《申报》1929 年 5 月 14 日，第 4 版。
③《创办图书馆的捷径》，《申报》1929 年 6 月 18 日，第 1 版。
④《〈万有文库〉对于图书馆的贡献》，《申报》1929 年 7 月 9 日，第 4 版。

现此次借势之不易——中外图书分类法和四角号码查检法，此前均为图书馆界的信息组织与管理的专门技术，于大型图书的文字编辑环节即刊置中外图书分类法和四角号码的做法，尚属前无古人。商务印书馆在图书出版上与图书馆技术的跨界合作，煞费苦心，其主动配合并接应图书馆节省经费与管理成本的行为，也折射出时代的知识格局与信息管理的困境，以及被后者所左右的事实。

清季以来，西学全面进入中国，一者从直观上对传统文化造成了前所未有的冲击与压力，二者自总量上更加速了信息与知识的增长。新旧知识间的博弈、信息总量上的增加以至过载，驱动了信息管理机制与技术的勃兴。前者激化了中西文化之争，后者则为三次文献的生产掘开了出版爆发的出口，目录、索引、简明手册等检索类工具书纷至沓来。诸多信息检索工具书发挥效能的前提，当然是知识分类的牵引与护持，而在中西文化竞争格局内出现的短期内的信息骤增，则增添了知识分类与管理的难度。六艺、七略与经史子集四部分类法等传统的知识分类方式，在众口难调的知识需求下，难以适应新时代的内容生产与信息管理。在此情境下，西方的知识分类与管理体系通过西学浪潮的护送，顺理成章进入中国。

当时流行的知识分类方法，大致均受学科分化理论的宰制。比如德国哈莱大学图书分类法、布朗氏图书分类法、万国科学图书目录等欧洲主流图书分类法，以及包括杜威十进分类法在内的诸多美国图书分类法，皆以学科分化为前提进行知识分类。知识分类方法在"拿来主义"盛行的民国语境内，则遭遇了传统文化的叩问。中西结合产生的新型本土图书分类法，则包括王云五中外图书统一分类法、杜定友世界图书分类法、陈子彝苏州图书馆图书分类法、陈伯达中外一贯实用图书分类法、何日章中国图书十进分类法等方法。

中西结合的本土图书分类法，宣告了信息分类技术对时空相异造就的区域化知识的消解。本土的与外来的、传统的与现代的，各类知识在知识分类体系内趋向以学科作航线的信息整合，多歧化被驯化至融合。涵容了汉译世界名著与传统古籍的《万有文库》，便采用了主编王云五的中外图书统一分类法，将传统知识纳入了以西学为主导的分类体系中。

将信息分类技术直接植入文字载体的此种尝试，直接勾连着出版界对信息过载认知的准确把握，尤其在内容生产巨量化导致的信息流动与传播不断加速的出版生态下，商务印书馆自觉借助分类与检索机制从源头上控制知识生产的出版抉择，从某种意义上也预示了内容生产深度应用信息技术将成为一种趋势。

民国时期出版界的这种内容对信息分类技术的依赖，是从知识生产上回应并配合学科体系分类与教育制度的剧变，私下里也流露出传统知识适应现代信息环境的焦虑情绪。作为知识演绎的路径，以学科分化为表征的信息分类方法将如何容纳并定位传统知识，不但对内容生产领域来说意义重大;对传统知识自身来说,从某种程度上更意味着一旦被定位牢靠,自己即获得了进入世界知识系统的通行证,实现了现代语境内的知识身份合法化。

二、《丛书集成》的新身份

1935年出版的《丛书集成》,理论上能够共享同属大型丛书的《万有文库》的知识分类方式,从操作层面上则未必如此顺遂。二者虽然书目皆浩巨,但是《丛书集成》于内容分类上却更为繁复。西学内容占更大比例的《万有文库》,传统文化内容仅为冰山一角,且多被放置于以"国学"为辞令的统一名目内;《丛书集成》则为一部地道的中国古籍丛书汇编,4087种图书几乎辐射传统文化的方方面面,绝非《万有文库》运用自如的"国学"一词所能涵括殆尽、阐明清晰。《万有文库》给予了以《丛书集成》为表征的全系统古籍以现代性文献分类的必要启示甚或说是某种警示,但就如何将数量庞大的知识群体性地匹配进现代知识分类组织体系中去,则成为《丛书集成》的出版需要探索的重要命题。

当然,保持古籍的传统分类,也未必不是商务印书馆的最初属意之选。在择用分类方法上,"最初的目录原拟兼用新旧两种分类法编制"。新的与旧的两种分类法均被点将上阵,应战对象恐怕更多的是挑剔的现代受众口味,或者说是尊西趋新后换了人间的知识社会。令商

务印书馆气馁的是,很快他们就发现了这种策略的无力:
"关于旧分类法方面,曾从四部分类法上溯到刘歆七略的
分类法,把所有各种古代分类法融会贯通,另拟一种分类
表,但结果仍感觉到不妥,因为旧分类法总是失诸过简,不
能把这四千种以上的书一一归入适当的范围,因此决定
不用。"① 使用日久的旧分类法,即便"把所有各种古代分
类法融会贯通,另拟一种分类表"的整合性改造,依旧"失
诸过简"无法适应知识分类。吊诡的是,商务自忖旧分类
法无法适用的分类对象,并非西学,而恰恰就是传统知识
本身。这说明了一件很有意思的事情——商务印书馆此
言,当然是对市场受众反应的预判,有借取读者之口的猜
测意味;然则客观上,如果从 1935 年的知识结构坐标上
反视传统文化与传统分类法之间的匹配,格格不入之感便
不止于主观臆想。这一时期,传统文化在新的知识社会
语境内,被有意无意进行了掺杂比照后的以新式解读和
解构为面貌的文化想象,面貌逐渐模糊、异化,逐日丧失
传统维度的归属感,以至身处原属的传统知识框架内也
会感觉"不妥"。尤其在科举废止和新学制勃兴的语境内
遭逢了敝屣之遇后,传统文化丧失了赖以存活的制度渠
道,在日常应用中也日见荒芜。正如商务印书馆的出版
嗅觉所揭示的那样,传统文化如果还耽溺于故往的文化维

①《〈丛书集成〉答客问(下)》,《同行月刊》1935 年第 7—8 期,第
3 页。

度,尤其是存附于故旧的知识体系框架内,将会十分危险。

为规避风险,《丛书集成》将4087种古籍擘划进了新式的图书分类法中,各自分配了现代的新身份。王云五的中外图书统一分类法再度被拿来运用到大型丛书的出版上,开"将统一分类法大规模应用到古书"[①]之先河。具体操作上,则是于"中外图书统一分类法在十大类之下,再按性质分为十百千万小类",最终将《丛书集成》各书共分为五百四十一类"[②]。十大类知识范畴如下表所示。在借取西方分类法而成的中外图书统一分类法的拆分与统合之下,子目4087种的《丛书集成》于商务印书馆的广告中被描述为"均分为十大类,以下再析为541小类。门类具体而正确,绝无模糊影响之弊"的新面貌[③]。

表12-1 "中外图书统一分类法"统摄下的《丛书集成》学科分布表

类别	总类	哲学	宗教	艺术	文学	语文学	史地(地理、传记、历史)	社会科学	自然科学	应用科学
数量(种)	368	451	34	285	1216	145	883	322	158	225

---

① 《〈丛书集成〉答客问(下)》,《同行月刊》1935年第7—8期,第3页。

② 《〈丛书集成〉答客问(下)》,《同行月刊》1935年第7—8期,第3页。

③ 《〈丛书集成〉与〈四库全书〉之比较》,《申报》1935年6月24日,第1版。

文化指涉框架即知识体系的转化,对现实的叙述性呈现总是在不同程度上被现有的文本、文类及话语模式的媒介所左右,并最终被当时的文化导向所塑造。经由西化的图书分类法的转化,《丛书集成》涵括的 4000 多种古籍不但各自实现了身份再造,从整体上也完成了知识体系的转化,摇身一变具有了难以抗辩的现代性。这种"乾坤大挪移"的身份再建构,成为传统被西化浸淫的生动说明。

商务印书馆穷尽古籍丛书的汇编之举客观上促成了知识分类领域的权势转移。在连篇累牍以"分类排比""非常精密条贯"①为《丛书集成》出版优势的昭告下,四分法、七略等传统知识分类方法从某种意义上便被褫夺了施之于古籍分类上的权威。西方的分类体系则反客为主,成为知识分类与文化指涉框架领域内的主流,尤其前无古人地应用到庞大的古籍丛书的分类之举,更恶化了古老的传统分类法的处境,使其大有被逐出现代知识视阈的危险。

然而有意思的是,商务印书馆对《丛书集成》借助西化的中外图书分类法则制作的"分类排比"优势的一再宣介,自信中也流露出某种不自信。揆诸商务印书馆当时的出版宣传及广告文案会发现,这种不自信导源于《丛

①《〈丛书集成〉答客问(下)》,《同行月刊》1935 年第 7—8 期,第 3 页。另见《丛书集成》各大广告语及商务印书馆宣传文案。

书集成》受众市场的不确定性。

西化的图书分类法在对传统知识的呈现中,去除了传统文化的地方特色,使得《丛书集成》虽以中国知识为轴心与全部,但却使之跨越了地区界限与差异,呈现出勾连世界的意味与指向。传统知识在此种方式的划分下,其作为教育的基本场域和权威的终极来源(当然这种知识仅限于传统类别)的原有身份非但未被强化,甚至遭遇了肢解和消弭。一方面,这种跨越区域界限的知识定位梳理,能够帮助读者设想西方在此种指涉框架内的文化积累,进而吸引他们在自身有限且直接的经验之外参与对更为广大的知识社会的文化想象,某种程度上也促成了读者对传统文化现代新身份的认同。另一方面,具有诡论性的是,这也加剧了读者的文化认同危机。以往经由经史子集四分法分割的传统知识,具有显著的等级分明的阶序意识。经、史、子、集四类,于分类语言的使用上便具有强大的阶序指涉意味,每一类别下的受众身份也对应得极为明确。1925 年,商务印书馆计划编辑出版《学生国学丛书》,丛书的编例称:"本丛书所收,均重要著作。略举大凡:经部如《诗》《礼》《春秋》,史部如《史》《汉》《五代》,子部如《庄》《孟》《荀》《韩》,并皆刊入;文辞则上溯汉、魏,下讫近代,诗歌则陶、谢、李、杜,均有单本,词则多采五代、北宋,曲则撷取元、明大家,传奇、小说,亦选其英。"值得注意的,《学生国学丛书》将孟子与庄子、荀子、韩非子并列,视为诸子之一,不将孟子著作认作为"经"。时任商务印书馆编辑的茅盾称此举"倒有点打破宋元以来传统思想的精神"，而且认为这种打破传统的知识分类阶序，源于丛书幕后主宰者及其朋友圈的教育背景所致，"此书的主要计划人是朱经农，留美学生，胡适的朋友，也许这部丛书的计划也反映了胡适对国学的态度"①。于此可见传统知识分类中按部就班的位置稳固性与阶序指涉意味之浓烈。遭遇西方现代知识体系重新定义的传统知识系统，失去了赖以自明的传统架构方式，阶序分明的类别被平等化，打散至五花八门的细分类别中，由阶序统合的传统文化的受众也经此被打散以至迷失，丧失掉了对于传统知识的原生文化经验。

对传统知识的平行建构下，以往所属不同阶序中相异论述的古籍被并置排列，一方面呼应了现代知识社会的需求，成为出版市场机制的形式化再现；另一方面，此举当然也模糊了读者的界限，使得传统知识以往明确的受众变得不确定起来。市场的不稳定也加速了读者的流动性，这为商务印书馆带来了对《丛书集成》市场的某种不安全感，于是从1935年6月25日起，商务印书馆调整了已投放近两个月的广告文案的写作内容。此前广告的内容皆指向于运用西化图书分类法造就的"分类排比"优势，从大而化之的宏观角度宣传4000多种古籍的十种

---

① 茅盾：《五卅运动与商务印书馆罢工》，茅盾《茅盾回忆录·上》，华文出版社2013年，第221—222页。

现代类别归向(见上表),但就具体类别下的古籍究竟有哪些,或者说现有的现代学科体系中容纳的传统知识到底有哪些,一概未提。6月25日这一天起,《申报》上的《丛书集成》广告开始走向细化与微观,逐日将每一门类下所编列的古籍做了详尽的陈述。

比如对"自然科学"类目的注解说明,依就"算学、算术、几何、三角、三角表、算学辞书、算器、测量术、测量仪器、天文学、望远镜、星象、日月食、地文、地球、时令、物理学、博物、生物学、植物、食用植物、花卉、动物、水产、鱼类、贝类、虫类、鸟类、兽类"等 29 个下位类[1],将传统古籍中所涉以上位类者一一对号入座;再如就涵容"政治学、政治论文、议会法、政党、经济学、经济史、钱币、田制、财政、关税、盐法、法律、刑法、刑法辞书、刑法源流、审判、文字狱、判牍、制度、官制、官规、官箴、考试、谥法、诏令、奏议、经国方略、地方行政、地方自治、军事学、军制、军政、战术、马政、赈济、仓储 家庭教育、儿童教育、社会教育、妇女教育、德育、体育、学制、学规、游学、运输、古礼仪、宗法、婚礼、丧礼、葬礼、陵墓、典礼、祀典"等 54 小类的"社会科学"大类中的 322 种古籍,不厌其烦地一一举列而出[2]。又比如一些二级位类,调整后的广告依据社会

---

[1] 《商务印书馆辑印〈丛书集成〉》,《申报》1935 年 6 月 25 日,第 1 版。

[2] 《〈丛书集成〉预约于本月底截止,惠订从速》,《申报》1935 年 7 月 19 日,第 4 版。

热点或者受众的知识期待,也做了详细列举:如就史地类古籍,即分作了"边事"一则,就"东北部、北部、西北部、西南部"各边防小目进行了详细的古籍归类填充[①];又如就"史地"类下的"传记",则依"圣贤总传、学术家总传、经济学总传、哲学家总传、理学家总传、释道总传、道家总传、释家总传、孝子总传、忠义总传、名臣总传、官宦总传、军人总传、革命家总传、算学家总传、文学家总传、名人总传、隐逸总传、妇女总传、后妃总传、其他总传、总传杂录"等分类汇入古籍[②]。此外,就"水利防汛""中国医学""文房四宝"等小类也有相应的古籍归类[③]。

　　商务印书馆广告策略的转变与布划,不但及时将被遮蔽了的古籍现代归类的庐山真面呈现出来,也无形中再造了读者市场,将受众进行了有利于自身售卖的分化。如此设置的《丛书集成》召唤出一个异质的非阶序化的知识图谱,遮盖了以往由官方精英主导的阶序化知识社会的指涉框架。有意思的是,正因为非阶序化知识体系的重构,导致了读者的匿名化倾向,反过来要求出版机构对读者进行由专业分类导引的图书配置。

---

① 《〈丛书集成〉:研究边事之珍贵资料》,《申报》1935 年 6 月 28 日,第 4 版。
② 《〈丛书集成〉预约只余四天,订购请速》,《申报》1935 年 7 月 28 日,第 1 版。
③ 分别见《申报》1935 年 7 月 5 日、7 月 12 日、7 月 16 日等处广告。

　　传统知识容受了外来分类法则的概念指涉,并经此被重构了意义体系。古籍于知识世界中所处的位置经新的分类法则的介入而发生了转变,位序的重整意味着身份意义阐释系统的变动,不但每部图书各自的知识身份因之生变,每部图书与其他各书之间的关系网络更是迥异往昔。可见,即便图书内容不变,分类法的变异也能带来书丛整体意义的大变动,"崭新"的丛书可因之拔地而起。不过从知识管理的角度看,分法虽异,但服务于知识流播的目的则是相通的,于此又可谓殊途同归。

第十三章 "去地方化"与现代阅读趣味:方志的出版与市场宣传

据《中国方志大辞典》释义:"方志,即地方志。它是以地域为单位(主要是行政区划),按一定体例,综合记载一定时期的政治、经济、文化及自然方面的书籍。"[①] 方志源远流长,大致从秦汉时期便开始了制度化的生产管理,在书写与阅读层面拥有两千多年的古代习统。

进入尊西趋新的晚清以后,方志的出版环境发生重大变化。首先,出版主体从政府外溢到商业领域,现代出版机构和政府一同成为方志的重要出版主体;其次,在天地为之一变的新时代,由于新式教育引发的读者知识结构和阅读需求的更新,以及政府的建制由传统向现代的转变,方志出版的意义框架也发生了新的变化。这意味着,包括新的政权和现代出版机构在内的两个出版主体,不得不面对诸多迥异于传统时代的方志出版新规则。这为方志的出版提出了新问题,即出版主体必须为这一"传

---

① 《中国方志大辞典》编纂委员会:《中国方志大辞典》,浙江人民出版社 1988 年,第 1 页。

统"的文献形式寻求"现代"的出版之道,妥善处理"传统"与"现代"的关系。这一任务的解决依赖以下问题的落实:其一,面对联系地方与中央的书写纽带,以及象征国家与地方关系的文化形式与文化建制的方志文本,政府机构在国家主义至上的现代政治气氛中,如何处理方志内容中"地方"与"国家"的关系,新的国家制度如何对方志的生产实施管理?其二,在政治之外的民间消费场域,商业出版机构如何适应现代出版生态,方志生产发生了怎样的"变异",有着怎样的市场形象?以上两个问题实质上又共同指向于一个主题,即在中西交融的近代新语境中,民国时期方志的出版主体需要做出哪些调适,以适应新时代的出版环境和出版需求。

现有的涉及近代方志的研究,主要集中于两个方面。其一,以方志学为主体,从学术脉络上研究其现代嬗变。方志的近代化作为其中不可回避的研究内容,在方志学的框架内被视作客体而从学术层面上得到一定程度的关照。包括从编纂角度谈论方志在宗旨、体例、内容、技术、形式等各个层面为适应社会转型,所产生的不同以往的变化,但缺乏对变化的具象化成因分析。其二,借助方志的史料价值与地方文献属性,研究关于地域的百科化问题,如某个地理范围内的政治、军事、法制、经济、文化、语言、宗教、教育、人口、医疗等领域的历史沿革,以及诸如妇女问题、移民问题、乡村建设与城市发展等社会议题。

以上占据多数的研究,基本以近代方志为附属,极少数以其为研究主体者,则多关注印数、售价,及其对外流通至日美等国家的渠道,对于方志的近代出版新特点及其社会成因鲜有问津。本章主要从文本社会学视角,自社会横断面剖析方志出版的现代进程中同国家和市场的关系,即在政治中央集权和市场现代性的环境下,包括政府机构和商业出版机构在内的两大方志出版主体,以何种方式进行了何种调适以推动方志的出版。具体将从政府和现代商业出版社各自所处的政治与市场两个话语角度进入上述议题的研究,为方志社会属性和功能的近代嬗变寻觅成因。需要说明的是,由于事实上直到南京国民政府时期,方志的管理才真正行之有效并具有持续性,因而本文对民国方志的讨论主要集中于南京国民政府时期。而某种程度上,正是羸弱的前南京国民政府时期的民国政权,构成了南京国民政府对方志加强管控的原因之一。

一、规训地方的国家观:方志出版中的政治调适

反映郡国利病的省、市、县志,作为传统形态的地方文献,对地方与中央均意义深远。进入民国尤其北伐战争后的南京国民政府时期,方志的出版,更一度化身当时文化、社会、政治互为激荡的场所,成为晚清以来地方督抚分权、军阀混战,以及社会、政治动荡在文化上的缩微

体现①。作为转喻地方权力的方志,对其编纂和出版权的
掌控,也成为新兴的中央在"国家建构"过程中接管地方
事务,消弭地方上"去中心化"的重要手段。

1928 年年末,政府内部会刊《中央政治会议广州分
会月刊》刊出了朱家骅的一项提案。提案聚焦于对《广
东通志》的纂修上,开篇称"《广东通志》,自清嘉庆戊寅年
(1818)两广总督阮元重修以来,至今百二十年矣。文物
生教,变换至多。而续修之业,迄今未遂"。冠名以《请纂
修〈广东通志〉案》的这项提案,开篇所示并没有什么非
同寻常之处,无非指向于时间堆积所致的通志失修这种
平凡又普通的问题上。接下去,笔锋一转,玄机突现——
"当此革命成功、建设开始之际,种种过去之事迹,皆资地

---

① 晚清至民初,中央同地方的关系基本陷溺在"去中心化"的格局
中。太平天国运动对清政府政权组织造成的巨大破坏,迫使几近
瘫痪的中央政府不得不倚重地方力量,并放权于地方。拥有相
对独立的军事、财政、人事、司法等权力的地方,既是督抚分权于
中央的事实写照,更是清末以来"内轻外重"的政治局面之因由。
辛亥革命后,北京政府的孱弱,军阀的混战不休、各据一方,滋长
了自清末以来逐渐壮大的地方权力。权力的分散,使辛亥革命后
的国家统一沦为形式化的表面文章,也对以强调中心论的现代权
力架构构成了挑战。现代国家的建构议题呼吁国家主义的强化,
需要"去地方化"的政权建设,而非持续的"去中心化"。不但政
权上,文化上同样面临"去地方化"问题,王汎森对此有极为精彩
的论述。相关研究可参见王汎森:《什么可以成为史料证据之附
录:民初中央、地方与新旧学术观点之纠缠》,王汎森《近代中国
的史学与史家》,复旦大学出版社 2010 年。

方改进之考镜"①。这句话揭开了提案的庐山真面,即趁革命成功、中央核心新建的局势下,应当赶快主宰和控制地方上对"过去事迹"的诠释权。

方志作为地方上记述地域文化、表述地方意识的传统文化形式,集历史、文化、教育、政治属性于一身,在长期的文献实践历史上,已然形成一套寓意系统,某种意义上可视为面向地方空间的集体教科书。中央权势欲由核心扩散到地方进行现代权力的架构与建制,以下渗意识形态的方式不断将权力扩伸至文化领域,获取某种精神货币以资打通地方的认知关脉,对中央来说便极具说服力。鉴于此,朱家骅提案的价值委实非同小可。这意味着,通过对地方通志修缮权的控制,中央无异于获取了文化意义上直入地方的通行证。

在朱家骅提案的暗示下,国民政府先是迅速拟定了包括 22 条指令的《修志事例概要》,紧接着经政府指令,于 1929 年 12 月 12 日第 2907 号内政部训令中"准予备案,仰即转饬遵照"②,并于次年年初,以民字第 11 号通令各省政府"迅将通志馆筹备设立备案"。于是 1930 年年初的自中央至地方的政府公报训令中,"通志馆"一词频频出现。20 世纪前半期举国省、市、县修志活动由此拉开

---

① 朱家骅:《请纂修广东通志案》,《中央政治会议广州分会月刊》1928 年第 12 期,第 191 页。
② 《国民政府指令(十八年十二月十二日第 2907 号)》,《国民政府公报》1929 年第 344 期,第 8 页。

了帷幕①。中央令下,各省便就通志馆的设立、经费、工作细则等进行构划与商榷②。

《修志事例概要》所列22条,在一众所涉主管主办机构、职员、经费、编纂体例、文字表述、内容分布、图文指标等关涉建制与文本的常设性指令中,有一条尤为引人注目,即第五条:"志书所采材料,遇有关系党务及党义解释,须向中央请示者,可随时由省政府咨达内政部,转请

---

① 辛亥革命后,有过两次比较普遍的修志活动。最早一次以国家名义发动的修志活动,肇始于1916年教育部会同内务部发布纂修方志的咨文,少数几个省成立了通志馆、通志局,编修了通志,并要求各县遵守实行。但由于中央政府赢弱,成效不容乐观。据傅登舟统计,此间共编修及刊印各类地方志484种,约占民国修志总数的30.8%。见傅登舟:《民国时期方志纂修述略》,《文献》1989年第4期,第145页。

② 见《特别要件:江苏通志编纂委员会办事细则》,《江苏省政府公报》1930年第331期,第2—3页;《法规·本省法规:甘肃省通志局组织大纲(中华民国十八年三月五日)》,《甘肃省政府公报》1929年第83期,第28—29页;《本省法规:广东省通志馆规程(民国十九年二月广东省政府公布)》,《广东民政公报》1930年第56—57期,第22页;《上海特别市政府令第一六七号:兹制定上海特别市通志馆组织规程公布之此令》,《上海特别市政府公报》1930年第58期,第62—63页;《安徽财政厅公函(中华民国十九年九月)》:函特署设立通志馆筹备处凡各税收附加一成以作该处经费由》,《安徽财政月刊》1930年第5期,第50—52页;《民政:民政厅呈复调查前贵州续修通志局详情》,《贵州省政府公报》1930年第38期,第22—23页;《教育局:训令所属采访通志材料由(中华民国十八年七月十一日)》,《常熟县政府公报》1929年第1期,第9页,等等。

中央核示。"① 此条内容,无疑直指中央"通志馆行动"的要害,直接照应了中央通过通志馆收编地方权力以扭转彼此间强弱格局。之所以掩于其中,亦觉郑重其事,源于发布此项概要之前,国民政府曾就内政部的原稿,于12月6日做出了修改意见,要求《修志事例概要》第五条改为"志书所采材料,遇有关系党务及党义解释,须向中央请示者,可随时由省政府咨达内政部,转请中央核示"②。此前原稿无从得见,但修改意见仅着重第五项内容,其间意图显而易见。

借由通志馆的组建,将权力触角伸入省、市、县等地方的文化脉络中,在省志、市志、县志的编纂中做出维护自己的诠释,将所持意识形态内置其中,这一文化活动构成了中央建制初期极为重要的权力构建方式——通过收束地方权力建构以中央为核心的政治共同体,其中文化形式上的共同体建制不可小觑。方志作为中央觊觎的一项文化"权力",更多源于其既是地方认知体系的重要组成部分——地方政府通过方志记录着本地所属的地理、文化、民俗等指向特定时空意义的人、事、物信息,处处呈现出时代的意志,同时也是政治场域中地方向外输出自我意志的重要出口,关照并联络着地方之外的讯息,左右

---

① 《国民政府指令(十八年十二月十二日第 2907 号)》,《国民政府公报》1929 年第 344 期,第 8 页。
② 《指令(十八年十二月六日 3041 号)》,《行政院公报》1929 年第 107 期,第 56 页。

和建构着地方与周边、地方与中央的权力认知坐标,聚拢和引导着地方对中央的态度。而中国幅员辽阔、地域差异明显,"国家观念"树立的核心便在于正确定位"乡土"和"国家"的关系,防范地方主义凌驾于国家之上。南京国民政府为使地方的"党务及党义解释"符合中央的意识形态,于是频频借助方志这一传统的文化表达方式先发制"地"。

事实上,早于1929—1930年的"通志馆"行动,南京国民政府于1927年便打起了方志的主意。是年8月初,《申报》登载了一篇题名《国府搜集建设政治材料》的新闻通告,称"国民政府积极建设各种政治,现特通令各省政府搜集需用材料汇送来府以备参考"。此一指令擘划于时任中央政府秘书长的钮永建,其呈称"我政府自出师北伐,日渐发展,统一全国,指顾间事,将来关于建设各种政治,在在需有材料参考,所有各省通志及前清时代之府厅州县志、民国纪元以后重修之县志与各省各种新旧比例地图,应令各省政府汇送前来,以应将来因俗施化、因地制宜之需"[①]。此意一出,国民政府委员会议便议决照办:"郡县有志,虽非国史,际兹建设伊始,经纬万端,凡楚梼晋乘之成编,有博采旁征之必要。为此令仰各省政府将从前通志及府县志敕属分别搜集齐全,限

----

①《国府搜集建设政治材料》,《申报》1927年8月1日,第9版。

六个月内汇送本府。"①

　　1927 年做出的上述指令,同 1929—1930 年的指令间,正好构成了首尾衔接的关系。前者是为搜集已出版的旧有地方志书,后者则为在续修的基础上再版原有志书,尤其敏感于新修之处的"党务及党义解释"。两者对中央政府的共同吸引力在于,其"虽非国史"而实为"地方史",而"地方史"又无异于地方整体上的教科书,具备表象地方权力的象征意义,对中央统合地方权力至关重要。方志以文化身份,无形中赋权地方以强大的政治能指。中央能否搜齐整合到全国范围的方志,并实际上掌控住方志的意识形态走向,则从根本上对应着中央权力的强弱变动。一旦抓取到了方志以及方志的诠释权,那么既意味着中央对地方权力管理的成功,又反过来为中央制造和输送源源不断的权力动能。

　　作为传统文化的延续之物,方志为新兴的中央政权输送了权力的钥匙,为其在现代权力的构建中打开了方便之门。对于中央来说,它同地方志书的关系,也可以被解释为对旧有传统的管理。在回收传统的过程中,不断介入到对地方事务诠释权的管控中,弱化"地方化"意识,强化中央权力。在对方志意识形态修缮权卓有成效的掌控与出版过程中,地方和国家被整合为一个整体,促

---

①《福建省政府训令(中华民国十七年十二月三十一日第一八二〇号):国民政府令将从前省通志及府县志饬属分别搜集齐全限于六个月内汇送由》,《福建省政府公报》1929 年第 76 期,第 14 页。

使各地方对各自辖地的认同转化为对国家的认同,方志也逐渐遭遇"去地方化",被持续灌注进国家的意志。

二、"创造"现代阅读趣味:商业市场的调适

方志虽然隐喻着古旧的文体格套系统,却因其政治意涵的权力功能令现代政府攘臂而起。通志馆的制度化更修复了它同现代对话的渠道,增强了其生命力。这不禁引人思考,政治功效对中央和地方各级统治者而言意义深远,那么作为政治工具之外的方志,其民间层面的生命力将何以维系?换句话说,在政治意涵缺乏听众的民间场域,方志于大众话语交流圈中将如何阐释自己,延展经济生命?对于宰制方志民间流通渠道的出版机构而言,如何将卸载了政治色彩的方志在由读者主宰的民间商业出版场域内贩卖出去,令受众接受它、阅读它,成为考验其出版能力的一大时代命题,也是其承受传统回收管理职能的一次挑战。

面对时易世变的民国大众出版市场,现代出版机构主要利用了副文本手段回应方志民间生产的革新需求。不同于政府对方志新修正文内容的介入,出版机构保留了方志古籍原汁原味的内容,既未允令句读登堂入室,也未对其"断章取义",而是频繁动用广告这一副文本武器,编写了众多打造方志西化属性为内容的文案。通过这一非同寻常的副文本商业宣传之路,民国方志实现了商业

场域中的现代身份变革。

1935 年,由居沪安徽籍人组成的《安徽丛书》编委会,于成员共同编纂的安徽乡邦文献第五期出版在即之时,在《申报》上打出了一条很有意思的广告。广告标题为《〈安徽丛书〉第五期全书出版在即:辑印〈黄山图志〉三种》,内文开头称:"《安徽丛书》编印处已印成全书计有四集,共五十四种、八十六册,内容多系汉学考证典籍及世间不易得之孤本遗著。"① 结合 1931 年编委会成立时的通讯稿所述及的"安徽之经学、小学、算学、文学、理学、艺术在历史上皆占有重要之位置,将来丛书刊行必大有贡献于学术,是可逆睹",可知《安徽丛书》主要目的在于出版皖籍乡贤著作,发扬安徽乡邦学术文化。再访查其出版书目,这个主旨是成立的:第一期出版了汪龙、周廷案等的诗文研究书籍,第二期出版了朴学名家程瑶田的《通艺录》全集,第三期出版了以俞正燮为首的一众研究字诂音韵专长者的著作,第四期出版了凌廷堪《凌次仲先生遗书》,第六期出版了戴震全集。从以上书目坐标回视此次打广告的第五期书目,极有鹤立鸡群之异。

此条广告陡然接续道:"刻闻该处以最近该省黄山开发为风景区,中外游客纷集。而对于黄山景物名境史概及前贤文献,欲有述作,则殊感茫然。往往以重金购旧

①《〈安徽丛书〉第五期全书出版在即:辑印〈黄山图志〉三种》,《申报》1935 年 9 月 30 日,第 8 版。

志,犹不能得。书贾每收一种,即居为奇货。至新辑零星刊物,又多漏略鄙俚,不足供大雅浏览。"[1] 这里面意思说得很明白,即鉴于关乎黄山景物名境之书购求上的痛点,《安徽丛书》也便着意于黄山旅游书目的开发整理。于是,"特选辑黄山最完备精核之图志三种:(一)《黄山志定本》七卷,闵麟嗣重修、萧灵议绘图;(二)《黄山志续集》八卷,汪士鈜编订、雪庄和尚绘图;(三)《黄山图经卷》,宋人无名氏著、汪晋榖绘图,共二十六册"。最后郑重陈明道:此举将对壮黄山游有大促进,"诚游黄山者之快事也"[2]。

一向专攻乡贤学问著述以弘扬乡邦文化的《安徽丛书》,为何突然关注起黄山旅游来,此中用意颇深。从自述看,此番选题策划正是借势政府开发黄山风景区的旅游项目。黄山风景区的开发导源于 1934 年安徽省建设厅之议[3],次年八九月迎来开发后深具现代意味的正式游

①《〈安徽丛书〉第五期全书出版在即:辑印〈黄山图志〉三种》,《申报》1935 年 9 月 30 日,第 8 版。

②《〈安徽丛书〉第五期全书出版在即:辑印〈黄山图志〉三种》,《申报》1935 年 9 月 30 日,第 8 版。

③《许世英等发起黄山居士林》,《申报》1934 年 1 月 15 日,第 12 版。1934 年春间组建了黄山建设委员会,专门执行并督工建设。实际上最早的提议,应始于 1933 年末。据《申报》对《徽州日报》社的一名工作人员的采访报道称"(徽州)行政督察专员刘乘粹、保安副司令汪漠,最近计划开辟黄山,用导经济泉源"。见《谈徽州最近情况》,《申报》1933 年 11 月 9 日,第 13 版。

客^①这个时间节点，正呼应了《安徽丛书》黄山诸志的筹划出版。故此，尚处编纂计划状态时，编委会便早早摇旗呐喊打出了宣传广告。

从文化学术价值审度，出版方志并未溢出编委会的预设主旨。尤其三种方志皆出自乡贤名笔，地方史的令名并不减损《安徽丛书》的整体风尚。增加了《安徽丛书》"异怪"属性者，却是所附广告。利用广告这一副文本，编委会为方志植入了一个现代概念，即这批方志作为"黄山景物名境"文本，是为助兴黄山游玩而生，人有一册，则"诚游黄山者之快事也"。至于方志先天所秉有的传统文化学术及历史价值，广告中未置一词，一反其他五期专事挖掘皖域古籍文史价值的广告策略。方志传统身份属性与价值的阐述缺席，"地理旅行图册"导游意味的赋值，透露出时代为传统地方文献求取现代价值的趋向。

被书业广告赋值现代价值的出版定位，黄山方志现象并非孤例。从1934年开始，商务印书馆陆续出版了《各省通志》丛书^②。属于丛书首期的《浙江通志》，商务印书馆对此打出的广告同《安徽丛书》的黄山方志如出一辙。广告开门见山即称："旅行指南每限于一地，浙省名

---

①期间，也曾多有政府及文化界人士，或为督工，或为宣传。见《皖建厅辟黄山名胜》，《申报》1934年5月27日，第12版。
②1934年第一期出版了包括《湖南通志》《浙江通志》《广东通志》《畿辅通志》《湖北通志》《山东通志》在内的六种影印方志。至于"各省"之称，此后并未见后期书目。

胜遍于全境,自非检览《通志》不易窥见全豹。"①《浙江
通志》不遑多让,被直截了当地定义为全省的综合性"旅
行指南"②。接下来,广告更从《浙江通志》中所载名胜数
量来举证对其"旅行指南"定位的所言不虚:"商务印书
馆近景印《浙江通志》,其中有《山川志》及《古迹志》各
十三卷,所载胜地,不下七千余条。"除文字外,"更有图说
一卷,列有名胜图多幅。旅行者既得按图索骥,家居者亦
可聊当卧游"。《浙江通志》辅助现代旅行的功效跃然纸
上,且作为"纸上谈兵"的卧游冥想也意义非凡。不但如
此,商务印书馆还自找参照,将《浙江名胜志》这种专业
性的新兴旅行指南拿来同《浙江通志》作对比:"(《浙江
通志》)全志凡二百八十卷,原装一百二十册,商务印书馆
景印本合订布面四册,极便携检。现售预约价七元五角,
本月底截止。譬有一部数十卷本之《浙江名胜志》,其售

---

① 《商务印书馆景印〈浙江通志〉:布面精装四厚册,八月内出书》,
《申报》1934 年 7 月 25 日,第 3 版。
② 有意思的是,当下的学界反过来则有将游记与旅行指南类比于
方志的说法。如台湾学者黄美玲认为,游记可以被冠之以"类方
志"的别称。"因方志一般具备志、掌故、文征三要素,而游记一
般需要地物、游踪、情感(或理念)。从概念上分析,游记三要素与
方志三要素之间有差异却相互关联:对地物的描述是志的重要
部分,游踪则是掌故所要清晰描述的内容之一,文征亦能表现作
者丰富的情感。"见黄美玲:《明清时期台湾游记研究》,台北文津
出版社 2012 年,第 29 页,转引自卞梁、连晨曦:《方志学视野下
的晚清中外台湾游记——兼论近代台湾地方话语权的再建构》,
《中国地方志》2018 年第 6 期,第 54 页。

价或不止七元五角,今可以此数购得省志全部,其低廉为何如乎。"①商务印书馆对方志的现代旅行指南定位之自信,可窥一斑。

对方志中传统文化价值的避而不谈,《浙江通志》广告中做到的程度比黄山图志更甚,不但通篇未曾提及一句方志于传统向度上的文史价值,还先发制人敢于将方志与专业旅行文本做优劣分解。《浙江通志》对故往价值的弃置和欣然拥抱新时代价值意涵的行为,同旅游业的崛起和现代意味的"地理大发现"是分不开的。民国对地域空间实施的旅游产业开发,激活了现代性质的空间经济,弥补并赋值了方志因时间层面而丢失掉的新鲜感,开拓了其空间意义上的新的时代价值。商务印书馆正是敏锐捕捉到了这一空间文化变革,及时开拓了方志的现代空间价值,赋予了方志以全新的现代身份——旅行指南。

当然,通志被赋予的现代指谓也并非全导向于空间价值。商务印书馆的另一则广告,则对《各省通志》冠之以"乡土教材"的价值定位。1930 年,教育部颁布"中小学新课程标准草案"系列,1933 年正式颁行实施。机缘巧合,这项决议无心插柳间为商务印书馆出版《各省通志》丛书,预留了教育市场空间。因为"新课程标准关于具体课程之支配,原富有伸缩性,以便各地学校加授乡土

①《商务印书馆景印〈浙江通志〉:布面精装四厚册,八月内出书》,《申报》1934 年 7 月 25 日,第 3 版。

教材",于是,"集乡土史料之大成"的《各省通志》恰恰
因此契合了时代的教育旨意——"其中可供教学取材及
师生参考之处极多","各地学校正宜于预约期中,及早购
备"①。"乡土教材总汇"的名号,顺理成章成为《各省通志》
通行民国的又一现代身份。

不动方志原貌之一丝一毫,却能使其融括进现代社
会所需文本范畴之中,除借势于旅游业和教育领域外,也
更加得益于商务印书馆自身对时代学术新貌的敏感嗅
觉。《广东通志》出版时,商务印书馆的广告文本便自觉
地将之视为一种时髦的史料文本和学术新方向,做起了
现代学术文章。作为《广东通志》的地理母体,"广东为
欧人东来之第一门户,至今仍不失为东西交通之要冲。
西方文化传来我国,实以此为枢纽"。对广东"欧化东渐
之枢纽"身份的认知与铺陈,引出了《广东通志》的现代
身份——"《广东通志·经政略》中《市舶诸夷》《入贡
事例》诸篇,记载欧人最初来华时状况甚详,足为研究欧
化东渐史及东西交通史者之一助"。"载有东西文化交通
史上之重要资料"②的《广东通志》,于是收获了"欧化东渐
史"和"东西交通史"的新身份。

从旅行指南、乡土教材,到欧化东渐史和东西交通
史,《各省通志》与其说百变,不如说热衷于在对现代文

①《乡土教材之总汇》,《申报》1934 年 9 月 7 日,第 3 版。
②《商务印书馆景印〈广东通志〉》,《申报》1934 年 8 月 10 日,第
    3 版。

本的挑战与仿拟中实现现代价值的自我赋值。商务印书馆作为出版主体,动用广告方式建构出了方志的新时代形象。为了巩固方志的现代属性,商务印书馆于方志的文本类型上也做了相应的定位改革,如将方志分类到工具书内。在一次优惠活动的广告中,商务印书馆将《各省通志》归入了"参考书"这一文献分类中:"商务印书馆一百五十种特价图书……内有年鉴、字典、辞书、统计、《各省通志》等重要参考书。"[1] 与年鉴、统计等西化工具书相提并论,说明方志于民间社会中的身份已被归向于现代一方[2]。揆诸史料,商务印书馆对方志的现代文献类型的身份归类显然是有备而来,绝非临时起意于特价图书的现场策划。《各省通志》出版时,全部丛书便统统"增附索引",盖因"书志卷帙繁富,又向无索引之编制,检查至感不便。本馆景印本均用四角号码检字法编制索引,附于各志之后,有检即得,自易收事半功倍之效"[3]。增附由西化的四角号码编排的索引,这既可以视作方志因应民

---

[1]《商务印书馆一百五十种特价图书》,《申报》1936 年 10 月 5 日,第 5 版。

[2] 事实上,通志馆运行后期,已于馆内编写年鉴。这一方面说明方志的政治使命已经完成,另一方面也从本质上证明方志同现代文本的呼应与类似。见《沪市通志馆编印上海市年鉴》,《行政效率》1935 年第 5 期,第 954 页;上海市通志馆:《上海市年鉴》,《图书展望》1936 年第 2 期,第 103 页。

[3]《商务印书馆景印〈各省通志〉,本年先出六种》,《申报》1934 年 5 月 18 日,第 5 版。

国时信息骤增而导致的阅读繁难,有未雨绸缪之效;也可以视作方志于"回炉重造"后同传统身份"决裂"的标志。

三、余论

方志在近代中国的出版,主要集中在政治性的文化管控与商业性的出版市场两个场域,为适应现代出版环境,身负旧时代诸多属性的方志古籍,一方面要因应权力框架中"去地方化"的问题,另一方面更要呼应彼时现代转型中的市场需求。不论是于广告的自我阐释中刻意规避传统古籍的身份,还是在增附索引的方式中实现工具书文献的自我归类,方志对自身传统身份的藏匿,于商务印书馆来说均意味着谋求受众市场最大化,指向于营销策略的本质;而对于方志本身来说,则意味着某种风险消解与现代抗辩——在西化如日中天的民国,面向社会民众场域的方志,需要契合当时既求新又存古的社会文化心理。方志对自身传统身份的一再改造,正暗合了传统的现代大发现。在对西化仿拟的趋合中,方志为自己赢得了一张通向现代社会的入场券,从某种程度上实现了传统与现代的平衡。

相比于通志馆行动中的方志,民国时期处于社会民间场域内的方志显然要更偏向于西化。政府借重方志的政治象征符号功能,通过制度化的管理,为自己赢取了地方历史的诠释权和新增文本内容的意识形态控制权。这种符号价值显然不能被轻易西化，以免权威被稀释和肢解；而方志的民间化则需要面对文本内容的现代应用问题，于是方志的文化价值便不得不面对与西方合作的命运，在尊西趋新的时代坐标中不断进行自我的现代赋值，同时不断加强对传统的规避程度。同样是方志，回收场域和回收面相的不同，造就了方志于民国时期截然不同的两种命运。

第十四章　谁主沉浮：正史古籍的出版与现代史学的发展

　　据王汎森厘定，近代中国的史学经历过三次革新，即以梁启超的《新史学》为主，重心为重新界定"什么是历史"的第一次史学革命；以胡适所提倡的"整理国故运动"及傅斯年在中研院历史语言研究所开展的事业为主，重心为"如何研究历史"的第二次革命；以马克思主义史学的勃兴为主，重心为"怎样解释历史"的第三次革命[1]。三次革命中，以反复论争中国究竟"有史"还是"无史"的第一次史学革命，对出版界的正史古籍出版影响最为深远。

一、史学的现代转型

　　史学在学科内部遭遇现代叩问的同时，从学科的参照坐标上审度，于学族体系内还存在一个化经为史的变

---

[1] 见王汎森：《晚清的政治概念与"新史学"》，王汎森《近代中国的史家与史学》，复旦大学出版社2010年，第2页。

革。经学递嬗为史学，对史学的学科独立与现代转型至关重要。

传统治学领域，经学与史学本为一物之两面，并非水火不容之二学。据清人钱大昕分析，汉以前"无经史之别"，后因作史者众，出现书籍的四部分类，则"经史始分"，但仍"不闻陋史而荣经也"；到了北宋，王安石尊经贬史，理学家专意讲求心性后，"由是说经者日多，治史者日少"①。再至清乾嘉学派盛，出现了如康有为所说的"史学大半在证经，亦经学也"的经学荣于史学、史学附庸经学的格局②。经史二者虽不平起平坐，但皆涵括在考据学的框架内，所谓"体二"而"义一"。罗志田认为，就清代的大部分时间而言，考据分经学、史学两系统大致可成立，且前者为主流，后者为支流③。

史学源远流长，其与经学的学族竞争勾连亦世远年陈。然而囿于长期的主从关系，二者间的竞争并不平等。经史两学真正取得平等地位，大致还是在近代西潮冲击

---

① 钱大昕：《廿二史札记》序，转引自罗志田：《清季民初经学的边缘化与史学走向中心》，罗志田《权势转移：近代中国的思想、社会与学术》，湖北人民出版社 1999 年，第 312—313 页。
② 康有为《桂学答问》，康有为：《康有为学术著作选》，中华书局1988 年，第 49 页。转引自罗志田：《清季民初经学的边缘化与史学走向中心》，罗志田《权势转移：近代中国的思想、社会与学术》，湖北人民出版社 1999 年，第 309 页。
③ 罗志田：《清季民初经学的边缘化与史学走向中心》，罗志田《权势转移：近代中国的思想、社会与学术》，湖北人民出版社 1999年，第 308 页。

之下,经学因不能"致用"而大大衰落之后。经学的衰退,史学的高涨,二者地位的更嬗几乎同时发生。清季以来,国粹学派认为国粹即等于历史,爱国必须先知历史,史亡则国亡。于是"读史可以激发爱国之心""窥见中华民族之精神,从而发扬光大""疏于历史即疏于往昔之文化"便成为从学界汇入民众的大众化主流认知[1],史书为"推广民族文化之利器"的意识更是不胫而走[2],成为民国极为重要的媒介宣传共识。在此般意识的统摄下,学问的高下之判便以能否经世与致用作为标杆。在视史学为"推广民族文化之利器"的时代风潮中,相比于可以经世的史学,不足经世的经学便何足道哉。经史间的地位,很快实现了互换——经学从学术中心沦落边缘,史学则从边缘到达中心。在教育实践领域,两者地位的易置更加明晰。晚清科举废八股改试策论后,学子阅读史书的分量便大幅增加。到了废科举之后,正规学习中的经学分量每况愈下,史的分量则与日俱增。学问世界由康有为所说的"史学大半在证经,亦经学也",更迭为经学沦为史学附庸的格局。

经历了"史由附于经,而次于经,而等于经,以至现

① 参见江恒源《〈二十五史〉题辞》、刘湛恩《〈二十五史〉题辞》,《申报》1934年10月21日,第15版。
② 朱起凤:《刊行要籍之新途径》,《申报·开明版〈二十五史〉特刊》1934年10月21日,第15版。

在经附于史"的剧烈消长后①，经学在不能经世的尴尬境遇下，迅速被西化的学科体系消解、吞噬。自清末改制以来，"殆妄以西方学术之分类衡量中国学术"，"昔学校之经学一科遂分裂而入于数科，以《易》入哲学，《诗》入文学，《尚书》《春秋》《礼》入史学"，"原本宏伟独特之经学遂至若存若亡"②。

西方的学科体系，按照自己的分类与衡量准则容受了经学，其中被史学"吃掉"了的经学所占比例最大。"不循情地消灭经学，用正确的史学来统一经学"③，成为当时很重要的吞食原则。史学对经学的"统一"，宰制的准绳便是被当时视作科学观代表的线性历史观。经学中被一贯认定为一时一人制作而成的名物制度等事物，在"进化论"的解构下，被放置于一条进化的轨道上加以重新认知，最终将以往的并时性改造成了纵贯的、历时性的，实现了化经为史的过程。同时，史学在考据层次上调遣经学以证史也成为常态化的学术研究方式，到民国时考据法已基本落实至史学阵营中，一改"以史证经"的传统治

①周予同：《有关中国经学史的几个问题》，周予同著，朱维铮编《周予同经学史论著选集》，上海人民出版社1983年，第695页。
②蒙文通：《论经学遗稿三篇》，转引自王汎森：《从经学向史学的过渡：廖平与蒙文通的例子》，王汎森《近代中国的史家与史学》，复旦大学出版社2010年，第99页。
③蒙文通：《论经学遗稿三篇》，转引自王汎森：《从经学向史学的过渡：廖平与蒙文通的例子》，王汎森《近代中国的史家与史学》，复旦大学出版社2010年，第99页。

学路径。

至此,同 18 世纪时脱离哲学而自立的西方史学有相似命运的中国史学,终于摆脱了经学的遮蔽,扬眉吐气地成为独当一面的学科,并将经学(部分的[①])融括于己,实现了传统史学的现代转型。将经学涵容进来以考据史事,也成为现代史学需要面对的重要学科命题,这一点于正史古籍出版价值取向的呈现上极为显著。

除了学科地位的嬗变,史学于现代转型上的收获,还在于达到了"国粹即史""爱国必须先知历史"高度的道德地位提升。然而有意思的是,一面成为国粹化的道德标向,一方面却也同时遭受"是否有史"的质疑,史学于现代的命运被冰火两重天的夹缝所控。

被怀疑"是否有史",导源于对传统史学的"君学"化的抗拒。清季以还,"国家""国民""社会""群"等词汇,同学科发展缔结了意识认知层面的勾连,在史学的发展上更成为解构传统史学、建构现代史学的重要概念工具(conceptual apparatus)。对"国家""国民"及"社会""群"等概念的吸纳与接受,并经此视阈下反视传统文化后,迫使很多人反省过去传袭下来的学问究竟是否可称得上是学问。尤其提倡"史者,叙述一群一族进化之现象者也"的梁启超,其"新史学"论对传统史学满纸"知

---

① 如前文所述,除了被分编进史学范畴,经学还被文学、哲学等现代学科吸纳。

有君而不知有国"的"无史"质疑，更是激发了时代对"什么是历史"的大探讨。在"君学"气息浓郁的传统史学范畴内，很多人不承认所读到的史书是历史，并怀疑"中国果有史邪"——"盖史必有史之精神焉。异哉，中国三千年而无一精神史也！其所有则朝史耳，而非国史；君史耳，而非民史；贵族史耳，而非社会史。统而言之，则一历朝之专制政治史耳。"[1]

对传统史学被君王将相的个人事迹所捆绑、过分夸大和执着于英雄主义和忠君奉天宏大叙事的诟病，意味着传统史学遭受了西方史学学科以"国"与"群"为叙述主体的意识撞击，专写帝王将相的历史已成明日黄花，取而代之以描述一群人整体发展的史学才是日后史学的发展正轨。所以，褪去"朝廷史""君史""贵族史"的气味与肌理，将传统史学建构成"国史""民史""社会史"，顺理成章成为民国史学的学科发展路径。这也意味着，"若所谓学术史、种族史、教育史、风俗史、技艺史、财业史、外交史，则遍寻乙库数十万卷充栋之著作而无一焉也"[2]的现象，既是传统史学向现代转型时需要尽快切除与摒弃

---

① 邓实：《史学通论》，转引自王汎森：《晚清的政治概念与"新史学"》，王汎森《近代中国的史家与史学》，复旦大学出版社 2010年，第 21 页。

② 邓实：《史学通论》，转引自王汎森：《晚清的政治概念与"新史学"》，王汎森《近代中国的史家与史学》，复旦大学出版社 2010年，第 21 页。

的"陋习",也是民国时期史书古籍出版时所必然要规避的雷区。

二、现代史学的文本需求

正史的概念,首见于《隋书·经籍志》,其后为历代沿用。宋刊《十七史》,正史的局面渐定。清刊殿本《二十四史》时[①],正史的权威尘埃落定,所选史书书目也经此厘定,分毫不差地承袭下来。从此,"正史汇刻,以武英殿《二十四史》为最流行。数十年来,屡经翻刻重印"[②]。清季民初翻版殿本《二十四史》者便有广本、五局本、同文本、集成本、竹简斋本、史学会本、横行本等。到了 1930 年,有一部《二十四史》打破了这种因袭的"刊《二十四史》必殿版"的格局。

这部号称"'百衲本'行而殿本之《二十四史》可

---

① 清殿本《二十四史》厘定之 24 部史书书目如下:《史记》(西汉司马迁)、《汉书》(后汉班固)、《后汉书》(宋范晔)、《三国志》(晋陈寿)、《晋书》(唐房玄龄)、《宋书》(梁沈约)、《南齐书》(梁萧子显)、《梁书》(唐姚思廉)、《陈书》(唐姚思廉)、《魏书》(北齐魏收)、《北齐书》(唐李百药)、《周书》(唐令狐德棻)、《隋书》(唐魏征)、《南史》(唐李延寿)、《北史》(唐李延寿)、《旧唐书》(后晋刘昫)、《新唐书》(宋欧阳修)、《旧五代史》(宋薛居正)、《新五代史》(宋欧阳修)、《宋史》(元托克托)、《辽史》(元托克托)、《金史》(元托克托)、《元史》(明宋濂)、《明史》(清张廷玉)。

②《商务印书馆印行〈百衲本二十四史〉》,《燕京学报》1930 年第 8 期,第 209 页。

废"①的《百衲本二十四史》，出自商务印书馆之手，1930年开始发行第一期，至1937年分四期出齐。书目同殿版《二十四史》同出一辙，所不同在于版本之异。商务印书馆认为，殿本《二十四史》"其书除两汉、三国、晋、隋五史依据宋元旧刻外，余悉以有明南北监为蓝本，脱漏滋多。且阙文之外，更有复叶脱简"，其中"《旧五代史》辑本原稿具详出处，锓板之时，悉从刊落"②。版本上的欠缺，令其竭力访求善本，终于"得宋板十五种、元板六种、明初板一种"，以影印的方式刊行③。

此前商务印书馆曾同五洲同文局合印过一次殿版《二十四史》，但是很快"觉谬误太甚，不愿再印"。此后，于1920年辑印《四部丛刊》时也"因《二十四史》未有善本"，便欲"以先印之武英殿版暂配"，但是计划"另价特售"不与《四部丛刊》中其他影印善本书同价，并且声明"售完截止"绝不再印，为的是"搜集宋元旧刊，续行印售"。不过，最后连这一计划也未付实行。到了1921年，虽然搜得了若干宋元原版，但终因"前后《汉书》尚仅有元大德本、明正统本及汪文盛本"而再度放弃刊印。因为"正史未得善本"而"终未惬心"之故，《四部丛刊》中的正

---

① 《商务印书馆发行影印善本古籍》，《申报》1934年3月13日，第3版。
② 《商务印书馆印行〈百衲本二十四史〉》，《燕京学报》1930年第8期，第209页。
③ 《百衲本二十四史》书目版本信息，详见前文论述。

史便一直处于"但存其目，书阙如"的状态。

商务印书馆对《二十四史》出版的擘划与调整，反复中清楚地呈现出对善本的偏好。打破已具程式化的殿版不用，广搜善本，集纳成"百衲本"，这种终十年之功的耿耿于怀，也确实为自己迎来了"整理善本全史之事功"的令名，以及"方便著述家考订、鉴赏家收藏、复兴旧学中的校雠之学"①"萃集善本足以校正他书之讹阙""摄影覆印足以保存原本之真相"②等等正面评价。但商务印书馆最珍视的评语或许还是"'百衲本'行而殿本之《二十四史》可废"③。

消解并摧除殿版《二十四史》，打造出印有商务印书馆烙印与风骨的"百衲本"《二十四史》，显然是商务印书馆穷力搜集善本的重要诉求之一。然而事与愿违，这种注重版本的出版取向，并未赢得时代的叫好。尤其令其意想不到的是，1934年又诞生了一部全新的影印版殿本《二十四史》。

这部出自开明书店的《二十四史》，因为于殿版之外又新加了1919年被徐世昌政府列为正史的柯劭忞所著

①《〈百衲本二十四史〉：上海〈新闻报〉称为国学上两大贡献》，《申报》1930年7月21日，第1版。

②《商务印书馆辑印〈百衲本二十四史〉：出版界之巨观，图书馆之福音》，《申报》1930年7月27日，第4版。

③《商务印书馆发行影印善本古籍》，《申报》1934年3月13日，第3版。

《新元史》，便被称作《二十五史》。殿版的再度印行，一方面说明正史的版本优劣似乎并不如商务印书馆预想的那么重要，另一方面也正说明了《百衲本二十四史》驱逐劣版正史的市场预期的失败。非常有意思的是，"'百衲本'行而殿本之《二十四史》可废"之评断的出现，时间上正对应着《二十五史》的出版之时。此前，商务印书馆的广告、出版消息等宣传文字，只是兀自解析百衲本中的善本书目，伴之对其善本"何善之有"的阐陈，毫无攻击性。四年之后，《二十五史》的出版骤然令其改变了文风辞调，开始了对"书经三写，乌焉成马"之殿版的直接攻伐。题名为《商务印书馆〈百衲本二十四史〉继续征求新定户》的一则广告不惜笔墨，将殿本之不足取处不厌其详地逐项罗列出来[1]；又通过自设"脱叶""阙行""衍文""错简""注文校语之遗佚""文字之改窜作伪"等项，将殿版过失一一罗列进去加以言辞凛冽地指正[2]；到了1937年，商务印书馆更是出版了《百衲本二十四史》主编张元济"以十余年之精力，与殿本详加校雠，积成校勘记百数十页"的校勘记《校史随笔》，"胪举版刻之源流"[3]当属醉翁之酒，对殿版的指正才是其属意所在。

---

① 《商务印书馆〈百衲本二十四史〉继续征求新定户》，《申报》1934年3月13日，第1版。
② 《商务印书馆影印宋元明〈百衲本二十四史〉全书业已出齐》，《申报》1937年4月8日，第4版。
③ 《商务印书馆每周新书广告之张元济著〈校史随笔〉》，《申报》1939年4月24日，第8版。

《二十五史》示威意味的市场风头,已然令商务印书馆不安。《二十五史》出版一年后的姊妹篇《〈二十五史〉补编》,更加剧了商务印书馆《百衲本二十四史》的市场隐忧。以表谱书志为内容的《〈二十五史〉补编》的出版,源于正史中此类文献的大量从阙。用开明书店的话说,表谱书志的作用同"纪"与"传"同样重要,因为"我国历史的史书,既然有了本纪,又有专传跟类传。本纪记着年月,差不多是一条时代的索子;专传跟类传记着各种人物,给人群的活动照一个相。这两部分互相辅佐,功用才见得显著。可是社会各方面的进展跟变化,千头万绪,好比一团乱丝,如果没有另外的方法把它梳理,读史的人就不能够把握那些事象,得到个明确的概念。所以纪传以外,又定下了表谱书志的体裁"。然而,"历代的史书里头,表谱书志未必齐备;那原有这些门类的若干史,又往往因为当时作者的疏忽以及后世传刻的错误,引起读者的憾惜"。历代史家为弥补缺失做了许多工作,大多不脱如下三类:"一是补作的工作,像钱文子作《补汉兵志》、郝懿行作《补宋书食货志》等就是;二是校正的工作,像王元启作《史记月表正讹》、汪远孙作《汉书地理志校本》等就是;三是考订的工作,像梁玉绳作《汉书古今人表考》、姚振宗作《隋书经籍志考证》等就是。"① 开明所做的出版

---

① 开明书店编译所:《〈二十五史补编〉刊行缘起》,《〈二十五史〉补编》,开明书店1935年。

工作，便是将散落各处的史家补漏之作搜罗汇集起来，再按照所属类别进行学科分类，以《〈二十五史〉补编》的丛书名义编辑出版。

于是，这部包含着240余种"天文、地理、兵刑、食货等各方面的材料"之史学丛书，对于以治"学术史、种族史、教育史、风俗史、技艺史、财业史、外交史"等为风尚的现代史学转向，无疑具有巨大的吸引力，也更加符合以治"国史""群史"为标向的时代口味。《〈二十五史〉补编》的出版定位与价值趋向，便成为"谁要研究文化史上的任何题目，这里给他预备着充实的库藏"的知识分类宝库①。

开明书店对史书于编辑环节所做的"分类改编"，与其说出于先见之明与顺应潮流的主动，不如说是源于某种被动的"忧虑"。早在出版《二十五史》时，便有署名稜磨的时人登报评论《二十四史》的出版有重复抄旧文章之嫌，毫无新意，要求对史书的出版做分类改编。因为"近代西洋中国学者，把匈奴、突厥等《二十四史》中所有资料集成专书，而中国把他翻回来作新著出售，就书贾谋利说，自属当然，而就学术上说，不能不算是羞辱。我们的翻印《二十四史》者，如果肯分国编集，并把关连的文字辑入，则其所成就，不止是出版上的革命，而是不朽盛业"②。评论界对国外汉学界分类辑录史料方式的历史研

---

① 开明书店编译所：《〈二十五史补编〉刊行缘起》，《〈二十五史〉补编》，开明书店1935年。
② 稜磨：《从〈二十四史〉说起》，《申报》1934年9月5日，第18版。

究成果之认可，为开明书店带来了相应的出版压力。开明书店编辑所所长夏丏尊就此专门撰文做了郑重回应，"我们不但要像稜磨先生所说，把外国传、四夷传、匈奴传、西域传等编为专册；我们更要把各史的儒林文苑等传汇集起来，使它成为学术史和文学中的长编"，对批评表示赞同；此外，还承诺将制定"分类改编计划"，"把各史的'书''志''表'依类汇集，使它各成一个系统"。在此情境中诞生了的"就出版价值上言，亦似较影印《二十五史》为有益艺林"的《〈二十五史〉补编》[①]，当然就并非巧合。其分类汇编史料的出版方式，某种程度上也实现了同现代史学的汇流。

由"把原来割裂的聚拢"[②]的专史倾向所促成的《〈二十五史〉补编》，说明了民国对表谱书志的青睐并非源于其表征正史的权威所系，也非源于其补充缺漏以促成全史的功用。这也解释了为什么商务印书馆"百衲本"不起号召，以及《〈二十五史〉补编》相比于《二十五史》对《百衲本二十四史》造成更大竞争压力的原因。

然而，商务印书馆的"百衲本"虽然并未取得建构权威的期盼，但在现代史学转型的情境中也并非百无一用。就"前清殿版《二十四史》，讹误甚多，以其出自钦定学者

① 謇老：《对于开明版〈二十五史补编〉之管见》，《申报·〈二十五史〉刊行月报》1935年第3期，第3页。
② 稜磨：《从〈二十四史〉说起》，《申报·自由谈》1934年9月5日，第18版。

惩于文字之狱，终清之世，无出而勘正者"[1]，以及"于事涉异族，语犯忌讳者，辄任情为之改窜"的传统史学生态[2]，商务印书馆通过对善本的搜集与整理，替换了殿版中的谬误，清除了清季于君权压制下造成的史学扭曲，某种意义上赋值了《百衲本二十四史》扭转"君学"为"国学"的意味。

《百衲本二十四史》与《二十五史》的出版之争，事实上皆"败"在了"半路杀出"的《〈二十五史〉补编》。这说明在民国正史的出版领域，是否正统与版本是否精善，已经不再兹事体大，同现代史学的转型达成共谋才是史书出版领域的价值指向。

---

[1]《商务印书馆影印宋元明〈百衲本二十四史〉全书业已出齐》，《申报》1937 年 4 月 8 日，第 4 版。

[2]《商务印书馆印行〈百衲本二十四史〉》，《燕京学报》1930 年第 8 期，第 209 页。

第十五章 近代古籍展览会：文本空间再造与意义再生产

如前文所述，在中西会通的近代语境内，古籍大致经历了三次大的整理与出版高潮，是近代活跃度较高的出版选题。规模化的出版复制活动奠定了近代古籍的传播基础；但古籍的存续与传播并不仅限于复制性的文本，原版古籍也同样需要被看见。近代展览会作为一种媒介工具，在对古籍进行宣传与传播的行为背后勾连隐伏着的社会网络与时代意志，以及对古籍的近代形象与功能的重塑等问题。在史料搜集、整理与统计的基础上，本章将展开对古籍主题的近代展览会之研究，探讨展览会中古籍文献的物质形态、社会传播效果，并解析近代空间展览维度内的权力关系对古籍功能的新认知与新界定。

一、时空结构：近代古籍展览会概述

展览会是一种主要借助时空逻辑组排参展物，以呈现信息、传递形象为旨归的公共活动。作为一种舶来品，展览会在晚清以降的中国频频现身。劝业会、博览会、

陈列所等，虽名目繁多，但都指向展览会这种公共传播
形式。古籍文献作为参展物，在近代五花八门的展览会
中叠见层出。经挖掘、整理近代各大报纸期刊中的相关
资料，共统计出 51 例展览会涉及到古籍文献①，如"近代
古籍展览会情状分析表"所示。表中最早的年份为 1914
年，每十年的数据依次为：1910 年代 1 次，1920 年代 6
次，1930 年代 34 次，1940 年代 10 次。1936 年 16 次的举
办次数，为历年峰值；但全面抗战开始后，数据便一路下
滑。1937 年是由盛转衰的分界线，彼年 6 次展览均在战
前完成，自此之后的 1930 年代后期则陡然间万籁俱寂，
落入失声状态。

---

① 1936 年先后举行于浙江数十个县的文献展览，于表格中合并一
 处，但数量上分别计算。

表 15-1　近代古籍展览会情状分析表 ①

时间	主题	主办方	地点	文献种类
1914	藏周纪念图书展览会	北京孔社	北京孔社	宋元明刻丛书、法帖、名画等文献珍品。
1922	北大 25 周年纪念展览	北京大学	北大历史部	碑帖拓本。
1924	全国教育展览会	中华平民教育促进会	东南大学体育馆、孟芳图书馆	商代龟甲文、《四库全书》样本、汉唐元明清历代刻板等古籍文献。
1925	图书展览会	京师图书馆协会	中央公园	宋金元明刊经（约 200 种），敦煌石室写经（3000 轴），《永乐大典》（千余册）及《四库全书》（文津阁藏），间有抄本、日刊本。
1926	双周纪念展览会	上海图书馆协会	上海图书馆协会	各图书馆收藏的孤本、精本、抄本等，包括锡兰贝叶经、满文圣经、阮元手校至顺镇江志抄本、徐文定公墨迹、原顺职方外纪等。

① 有一些拟展览的情况，仅在计划阶段将筹备信息公之于众，但后续则无切实举办消息，本表不将此视作有效统计数据。比如 1936 年漳州登报预告将于次年开展地方文献展览会，但此后则音讯杳无。

续表

时间	主题	主办方	地点	文献种类
1926	四川图书展览会	四川图书馆	成都市教育馆	珍本奇书12类（具体不详）。
1929	图书展览会	国立北平图书馆	中海居仁堂	唐及唐以前写本、宋金元明清刻本、宋明抄本、稿本，以及古器物拓本、舆图等。
1931	中国书版展览会	中国科学社	上海中国科学社、明复图书馆	数十种隋唐写经、百余种宋本，以及若干种近代刻本（如浙江图书馆藏《四库全书》）等。
1933	热河文献展览会	大连图书馆	大连图书馆	热河离宫鸟瞰图、契丹文字资料、乾隆年间热河志、光绪年间承德府志等热河文献。
1933	宋元明善本展览会	国立北平图书馆	国立北平图书馆	宋金元明的写本、刻本、稿本949部，以及8651卷唐代写经、唐明近代金石拓本等。
1934	《古今图书集成》展览会	中华书局	中华书局总厂编辑所	康有为藏清铜活字殿版《古今图书集成》。
1934	世界图书馆展览会	中国国际图书馆	中国国际图书馆	商务印书馆影印版《四库全书》（珍本）。
1934	善本图书展览	燕京大学	燕京大学图书馆	宋元明清刻本、稿本、抄本等，以及《四库全书》《永乐大典》各1册。

续表

时间	主题	主办方	地点	文献种类
1934	水西庄文献故物展览会	城南诗社	天津沽园水西庄	关于水西庄诗文书画文献故物。
1935	殷墟古物与汉简展览会	国立北平图书馆	国立北平图书馆	殷墟古物与汉简。
1935	无锡地方文献展览会	无锡县图书馆	无锡县图书馆	食货、风俗、人物等十余类地方文献。
1935	故宫文献展览会	故宫	故宫	清代内务府档案类文献等。
1935	国木文献展览会	中央国木馆	中央国木馆	古今国木著作。
1935	河北省文献书画展览	天津市美术馆	天津市美术馆	700多件诗稿集、册页、碑帖、名士手札、遗墨、金石、书画等古籍文献。
1935	各省土剧乐器展览会（常设）	北平国剧学会	北平国剧学会国剧陈列馆	自元迄至近代的戏剧音乐书籍万余种，多为未见刊抄本及梨园世家秘本。
1936	《宋碛砂大藏经》展览	唐世林佛学图书馆	唐世林佛学图书馆	商务印书馆影印版《宋碛砂大藏经》593册）。
1936	图书版本展览会	金陵大学图书馆	金陵大学北大楼教室	自木刻印刷以迄近代西洋印刷木所制作之图书，以示出版历史之变迁。

续表

时间	主题	主办方	地点	文献种类
1936	安徽省文物展览会	安徽省立图书馆	安徽省立图书馆	安徽古籍，借调自文澜阁的《四库全书》。
1936	浙江省立图书馆善本展览会	浙江省立图书馆	浙江省立图书馆	近四库所收朱元明清刊本、名抄校本、旧稿本；新收四库汇抄8种，四库原抄、抄、影印及有关四库文献之文献数十种。
1936	浙江省各县文献展览会	浙省各县图书馆	鄞县、嘉善、余杭、德清、奉化等十县图书馆	浙江省各县地方古籍文献。
1936	浙江文献展览会	浙江省立图书馆	浙江省立图书馆	两浙藏书家的旧帙文献，乡贤遗书，以及其他刻本等6000余种，2万余件。
1936	徐州文物展览会	铜山区专署、民教馆	民教馆	名人文选、碑帖文献、金石字画等。
1937	世界百科全书展览会	中国国际图书馆、世界社、世界百科全书编辑委员会、世界合作出版协会	中国国际图书馆	中国普通类书（如《古今图书集成》《大平御览》《册府元龟》等）；法国狄德罗编《百科全书》初版本；纪晓岚《四库全书》手抄本等中英德法日俄数国文字图书400多种，2000多册。

续表

时间	主题	主办方	地点	文献种类
1937	吴中文献展览会	苏州、吴县、吴江、昆山、常熟五大图书馆	江苏省立苏州图书馆	图籍（刻本、版片、稿本、批校本、抄本、方志、谱牒、舆图）、金石等计4000余件。
1937	上海市政府十周年庆·上海文献展览会	上海市政府、上海市博物馆、上海市通志馆	上海市博物馆	上海周边十县的典籍、金石、书画、史料、乡贤印章等10000余件（也包括上海市佛教会搜集的参会物品古代佛像、法物、经典等）。
1937	中华医学与医史文献展览会	中华医学会	不详	清王宏翰所著《古今医史》手抄本等中医医史文献。
1937	建瓯文献展览会	建瓯县立图书馆	建瓯县立图书馆	书籍方志、陈谱、舆图等典籍（刻本、校本、抄本、拓影、书影）、古代器物（宝物、摹写、著录等）、乡贤遗物。
1940	广东文物展览会	中国文化协进会	香港冯平山图书馆	典籍、志乘、族谱、年谱、舆图、图像、金石、书画、手迹等2000件古籍文献。
1941	江西省出版事业展览	江西省工商俱乐部	江西省工商俱乐部	珍本古籍（不详）。

续表

时间	主题	主办方	地点	文献种类
1943	北泉图书馆碑拓板片展览	北泉图书馆	北泉图书馆	汉魏石经、宋至近代木刻本及影印本等书籍50000册，以及碑拓2000片。
1946	蒋主席60华诞文物展览会	中央研究院、教育部	中央地质调查所	三代甲骨、唐人书画、宋朝拓本。
1946	《四库全书》展览会	浙江省立图书馆	浙江省立图书馆	《四库全书》（计36278册，装159箱）。
1947	医史文物展览会	中国医学会、中华医学会	中华医学会大礼堂	包括元明版医药书籍，约计3000余件。
1948	北大50周年校庆纪念日学术展览会	北京大学	不详	《永乐大典》版《水经注》（借自商务印书馆藏的前四大本和北大受赠的后四大本）。
1948	教育部文物展览会·历代图书版本展览	教育部	台北省立博物馆	汉简卷子以至近代的书册形式和雕板。
1948	庆祝总统、副总统就职善本图书展览会	国立中央图书馆	国立中央图书馆	宋金元明刻本475种、抄本33种、批校本42种，以及日本、朝鲜、安南本共40种。
1948	珍本图书展览	兰州图书馆	兰州图书馆	兰州图书馆所藏古籍。

展览会的开放时间,一般持续2—3天,短者仅1天,长者6—10天左右。展览会一般为小规模,参观人员与展览会在地域分布上多为本地同城,开放时间也较为紧凑。也有能够吸引参观者异地跨城而来的展览会,主要是规模较大、影响较巨者,如浙江省文献展览会、吴中文献展览会,一周的展期结束后还往往需要延期[①]。

在地域举办频次排行上,浙江省(13次)举办最多,其次是北京[②]、上海和南京几个较大城市。如果去除南京首都的身份,将其嵌入江苏行政版图,则江苏省总量亦复可观。河北省以天津为依托,总计举办过2次,其余9个省市分别举办过1次。见"近代古籍展览会地域分布表"。若不论省份归属,仅从城市排名看,则北京(10)、上海(9)、南京(5)、杭州(3)、天津(2)依次位列前五,其他县市(多为省会城市)排名并列。从总体上看,江浙沪和京(北京)津两地是近代古籍类展览举办最为频密的地域。

---

① 如1937年2月19日开幕、20日正式对外参观的吴中文献展览会,计划开放6天,最后不得不延期3天,到3月1日才截止。《苏州文献展览会延期》,《申报》1937年2月27日,第3版。
② 近代时期,北京虽有更名之变,但为表述方便,行文不作区分,均统称为北京。

表15-2　近代古籍展览会地域分布表

地域	浙江省	北京	上海	南京	江苏省	河北省	安徽省	福建省	江西省	辽宁省	甘肃省	广东省	台湾省	四川省	重庆
次数	13	10	9	5	3	2	1	1	1	1	1	1	1	1	1

　　主办者主要包括图书馆、社团、公共文化机构（美术馆、国术馆、博物馆、民教馆）、高校、政府机构和出版机构。其中图书馆（或图书馆协会）主办过32次，约占总体的60%，是其中最为活跃的机构。国立北平图书馆和浙江省立图书馆又为其中翘楚，各策划操办过4次古籍展览会。二者热衷于此，同各自古籍藏书量的国内地位不无关系。

　　主办者与举办场地并非必然重合。举办场地主要考虑两点因素，其一就近原则，其二宽敞原则。前者主要依据主办方所属机构类型而定，如果机构本身附设宽大场所，则近而用之；如果不具备，则须借取。如1924年由中华平民教育促进会策划举办的"全国教育展览会"，起先欲借南京中正街公共演厅，因"恐照料不便"，最终还是选借了东南大学体育馆和孟芳图书馆。因此，空间宽敞、人流涵容功能较强的室内场域，如包括公共图书馆、博物馆、教育馆、美术馆等在内的公共文化机构，包括学术研究所、高校（教室、体育馆、图书馆）等在内的研究与教育机构，包括学会、协会、俱乐部在内的社团办事处，以及出版机构的陈列处，公园等公共场所等较受欢迎。其中，图书馆（32次）最受青睐，其他依次为社团办事处、博物馆、高校和民教馆。

在近代古籍展览历史中，除了1934年由中国国际图书馆举办的"世界图书馆展会"中的《四库全书》（影印珍本），以及1936年由唐世林佛学图书馆举办的"《宋碛砂版大藏经》展览会"中的展物为商务印书馆影印出版的复制品外，彼时历次所展古籍均为原件，鲜少复制版本。

展览的古籍，其整体上的时间起讫，上至殷商，下至近代，主要以宋元明清为主。根据图书的载体和制作方式划分，则含括甲骨文、汉简、汉魏石经、历代写本、宋元明清刻本，以及校本、抄本和私人稿本等珍本秘笈。除此之外，也间杂数量可观的法帖、拓本等拓印品及书画类真迹。地域来源上，主要为中国自藏古籍，也有少数来自日本、朝鲜、越南等国。收藏来源则包括公共图书馆和高校图书馆（含括私人藏书楼的捐献），以及众多民间私人藏家。

在图书内容分类上，则主要集中于中医、戏曲、国术、宗教（主要为佛教）、地方文献（方志、牒谱、舆图）各主题，以及规模硕巨的丛书、类书，如《四库全书》《宋碛砂版大藏经》《古今图书集成》等。其中，《四库全书》、地方文献类古籍在展览会中出现的频次最多。《四库全书》总计在8次展览会中亮相，其中一次为专门的主题展览，是整个近代最为耀眼的古籍明珠。

二、展各有志:古籍展览会的自建逻辑

如城市社会学理论的奠基人亨利·列斐伏尔(Henri Lefebvre)所言,空间具有政治性,容纳着复杂的社会关系[①],展览会因而可以理解为是社会关系的物化再现。古籍展览会勾连着文本关系和社会关系的再生产,饱含形形色色的社会意志,这意味着其功能是多元的。从整体看,1930 年代之前的古籍展览会,各怀旨意,后期则主要以救国宣传为主。

(一)日常庆祝:古籍展览会里的仪式逻辑

展览会在近代时期,成为庆贺活动的某种仪式标准。面对值得纪念之事由,动辄举行特定主题的展览会以示庆祝,像城市建市纪念、社团纪念会、高校校庆、校友返校、图书馆恢复开放、政府官员就职、政府官员寿诞等,均属此列。古籍因其在物质层面的贵重、文化层面的厚重,以及话语层面的高贵与郑重,以其为主题的庆典型展览会一度较为流行。

如上海市市政府为庆祝建市十周年,特于 1937 年举办了一系列七种展览会以示重视和庆祝,其中之一便是

---

①〔法〕亨利·列斐伏尔著,李春译:《空间与政治》(第二版),上海人民出版社 2020 年,第 23—24 页。

市政府联合市博物馆、市通志馆和周边七县图书馆一同举办的上海文献展览会[①];再如燕京大学为欢迎校友回校,从 1934 年开始,每年举行"校友返校日善本图书展览会"而几成节俗,直至 1937 年全面抗战爆发后,自 1938 年戛然而止[②];又如国民政府为蒋介石祝寿,于 1946 年炮火连天中举办的"蒋主席 60 华诞文物展览会",辟展览室八大间,陈列珍品除了三代甲骨、唐人书画、宋朝拓本等古籍类文献外,还有商代的大钺、西周的毛公鼎、清代历朝玉玺等[③],极尽奢华。对古籍威权意象的觊觎与"掠夺",是大多数庆典型古籍展览会举办的莫大初衷。

(二)文献救国:发扬民族精神,增强爱国之心

1933 年,大连图书馆"为纪念热河战事,并秉继介绍热河情形起见",搜集整理有关热河的古老文献,最终以举办"热河文献展览会"的形式表达东北沦亡的复杂心

---

① 《市政府十周纪念,七大展览同时开幕》,《民报》1937 年 7 月 5 日,第 7 版。

② 《本馆定于四月二十八二十九两日举行图书展览会》,《燕京大学图书馆报》1934 年第 64—65 期,第 15 页;《燕大善本图书展览写真》,《益世报(天津版)》1935 年 4 月 30 日,第 8 版;李书春:《参观图书展览记》,《燕京大学图书馆报》1936 年第 93—94 期,第 1—2 页;琳:《燕京大学图书馆启事:敬启者本馆于每年校友返校日举行图书展览》,《燕大友声》1937 年第 3 卷第 5 期,封面。

③ 《文化新闻》,《文化先锋》1946 年第 6 卷第 7 期,第 24—26 页。

情①。大连图书馆以"文献"命名的展览会,点燃了30年代前中期全国普遍兴起的文献救国热情。据不完全统计,从1936年到战事逼近的1937年前半年,江浙沪一带一连举办了14场以"文献"命名的古籍展览会。"之于华夏,于亚洲,光灵若是其伟也"②的浙江,其举办的文献展览会,规模最大,影响也最大。

在1936年11月"浙江文献展览会"举办之前,包括鄞县、嘉善、余杭、嘉兴、奉化、慈溪、吴兴、德清、金华、温州等在内的浙江数十县,奉省教育厅饬令,先后举办了由各县图书馆操办的地方文献展览会③。教育厅认为各地"应负表扬地方文献"之责,"对于先哲遗著,乡贤手泽,以

---

① 小芸:《热河文献展览会》,《金钢钻》1933年5月2日,第1版。
② 柳诒徵:《浙江文献与近世中国之关系》,《申报》1936年11月1日,第17版。
③《鄞县文献展览》,《中国博物馆协会会报》1936年第2卷第2期,第22—25页;《嘉善筹备文献展览》,《大公报(上海)》1936年8月13日,第10版;锥:《余杭的文献展览》,《新闻报》1936年9月20日,第17版;《嘉兴文献展览,今日开幕会期五天》,《大公报(上海)》1936年9月20日,第10版;《奉化文献展览闭幕》,《民报》1936年9月22日,第5版;《慈溪文献展览》,《大公报(上海)》1936年9月23日,第10版;《吴兴文献展览展期十月举行》,《大公报(上海)》1936年9月25日,第10版;珠:《德清文献展览会》,《新闻报》1936年9月28日,第16版;《文献展览,浙各省县举行》,《大公报(上海)》1936年9月26日,第10版;《浙文献展览,温州征集甚夥》,《大公报(上海)》1936年9月29日,第10版。

及方志丛书与舆图等等,亟宜征集编审,分类展览"①。各地展毕后将"征存物品,择要径送省会",汇流至省图书馆举办浙江省文献展览会,加上省图书馆自藏以及其他征集渠道而来的文献,两浙四五百年来私人藏书家的旧帙文献几近搜集无遗,加上乡贤遗书、其他众多刻本等文献在内,共计6000余种2万余件,极一时之盛②。

在建构现代和国势危亡共存的情境下,古籍主题的展览会显得与时代格格不入。浙江省文献展览会策划者为避免外界"视此次展览为闲情逸致"起见,特意在媒体报道中强调展会"实则宣导文献,最足以发扬民族精神,故意义甚为巨大",并在舆论引导上鼓励观者对古籍文献要"善为体会,发扬光大"。馆舍大门"敬乡有道""观国之光"的展会楹联道尽了上述良苦用心。为了强化效果,展会还特意开辟了敖嘉熊宣传品、陈其美殉难血衣、秋瑾墨盒等近代烈士遗物专区③,望其同古籍文献一道激发观者"自觉其挽回国运复兴民族之责任"④。展览会对觉得所

---

①《厅令各县举办文献展览会》,《浙江教育》1936年第1卷第10期刊,第223—224页。

②如祁氏澹生堂、范氏天一阁、项氏万卷堂、朱氏曝书亭、黄氏石库、孙氏瘦松堂、汪氏开万楼、朱氏结一庐、鲍氏知不足斋、劳氏丹铅精舍、丁氏八千卷楼、孙氏玉海楼等。《浙江文献展览会》,《新北辰》1936年第2卷第12期,第81—87页。

③《浙江文献展览会》,《新北辰》1936年第2卷第12期,第81—87页。

④许绍棣:《浙江文化与文献展览使命:在文献展览会开幕礼宣读之开幕词》,《浙江教育》1937年第2卷第1期,第1—2页。

展古籍"内容太深了，我们竟一点也看不出他们有什么好处"的小学生团体也热烈欢迎，以便启蒙心智[1]。小学生往往观后还要写作文，报刊还会择优刊登，以延长线下展览会的生命力。这股下渗孩童的决心，流露出寄望古籍救国的时代意志。

（三）文化外交：塑造国家形象，提升民族自信

从 1920 年代后期起，尤其以"九一八""一·二八"事变开端的 1930 年代，古籍的价值逐渐被重新评估。"受了新学说之影响，想脱下旧袈裟，以受摩登的洗礼，无奈画虎不成，徒然弄得像个'四不像'"[2] 的社会，在炮火中重拾传统文化信仰，文化"保守主义"强势崛起，积极引导社会在"旧物"中寻找出路以自救。

在这一"复古"潮流中，古籍的文化价值被普遍置换成了政治资本，并被大量运用到了国家与民族主体的现代建构上，于国际上成为塑造国家形象的重要角色。不但古籍选题在出版界日渐受到重视，连汇集众多古籍文献的主题展览会也被寄予厚望，肩负"发扬文化""提升民族自信""鼓励中国学术界进步"的重大意义和责任，承担起建构民族文化符号、输出国家形象的职能。如近

---

[1] 浙江杭州师范学校附属小学六年级生蔡文义（女）：《参观浙江文献展览会记（第三名）》，《儿童晨报》1937 年 5 月 10 日，第 5 版。

[2] 海：《参观浙江文献展览会归来》，《蕙兰》1937 年第 8 期，第 198—199 页。

代展览会中的常客《四库全书》,于 1934 年上海举办的"世界图书馆展览会"中,与美德英法意丹麦瑞士等十六国图书馆参展文献争奇斗艳,成为国家对外的一面文化旗帜。这面旗帜被轮番用于国内外众多展会中,以强化这一民族符号的坚固度,宣扬民族文化实力。1937 年,"世界百科全书展览会"在上海举办,重量级文献包括"狄德麓所著法国《百科全书》的初版本"。为"抗衡"法国,中国在有《古今图书集成》《太平御览》《册府元龟》等深具代表性的前现代"百科全书"共同列席的情况下,还是隆重推出了并非类书的《四库全书》,并将纪晓岚手抄本《四库全书》及其画像视作座上贵宾,在宣传上与狄德麓及其《百科全书》并列[1],其中况味不言自明。

(四)书籍历史:出版文化的空间化

从时间角度审视,图书展览会即是对时间的汇编。每本书诞生之初,便各自拥有特定的时间和空间属性。但图书展览会的运行逻辑则是在汇编时间、消弭空间的基础上,为参展物发明新的时空关系。这意味着,书籍集于一堂后必然要接受展览会对其原初属性的剥离,被纳入到一种统制化的时间序列内。由展览会"发明"了的新的时空坐标,赋予了书籍新的时间秩序与现实价值。

---

[1]《世界百科全书展览会》,《新北辰》1937 年第 3 卷第 5 期,第 90—92 页。

每本书因为展览空间而相互遇见，当书与书之间的时间距离、所属的独立空间坐标消失后，它们于是得以共享新的意义坐标——展览主题，从整体上汇聚为一本空间意味的新"丛书"。

在近代古籍展览会的各类时空关系再造中，出版历史的展演作为一种副产品破茧而出。除了无心插柳之展，也有精心策划出版历史和出版文化的专展。如1931、1936和1948年分别在上海、南京、台北举办的"中国书版展览会""图书版本展览会"和"教育部文物展览会·历代图书版本展览"。通过征集关乎"雕刻起源""写书程序""刻书体系""装帧形制"等的对应古籍，按照议程设置化的时间逻辑，为出版历史量身打造出"有统系之展览"。在展示出版历史博大精深的同时，回应发扬中国传统文化的时代母题。尤其台北的"历代图书版本展览"，其展示的目的便是为"使参观者对于中国历代图书的演进——由汉简卷子以到今日的书册形式和雕板的情形，得到一个概念"，使回归祖国怀抱的台湾同胞了解到"印刷术也是四大发明之一"[1]，加深"对民族的认识和热爱"[2]。

（五）图书生意：古籍出版物的空间广告

古籍展览会的举办者，多数为非营利性机构，出版

①《在台北市举行的教育部文物展览会》，《国语通讯》1948年3月24日，第6版。
②《编者的话》，《国语通讯》1948年3月24日，第1版。

机构是其中的例外。在近代 50 多场古籍展览会中,由出版机构主办的少数几场均透露出与众不同的非公益气质——为图书买卖而来。"《古今图书集成》展览会"由中华书局 1934 年 3 月策划举办,参展物为康有为所藏清代殿版铜活字本《古今图书集成》。由于版本存世少,且比清末图书集成局扁字本和同文书局影印本版本价值大,故弥足珍贵。中华书局在其编辑所楼下,展览了一周时间,吸引了众多观者。四个月后,书局出版了影印版的康氏所藏《古今图书集成》。这场宣传造势,为《古今图书集成》招揽了众多潜在买者,尤以"研究国学者"和"各大学中国文学系学生"居多[1]。

三、观椟还珠:古籍展览会的传播效果

主办者的主观意图不可谓不高远——通过展览古籍文献,激发民众的民族文化自信感,在民族精神的激扬下团结一致,共同对外;束之高阁的文献古籍,经由展览空间聚流的人群,触及阁外世界,也拓展了传统文化的传播路径与交流空间。在主办者的预设里,展览会中交织着启蒙、生意与政治。然而真正抵达观者眼中与心灵的,又是怎样的世界呢?

———————————

[1]《上海中华书局清初殿版铜活字印南海康氏藏〈古今图书集成〉公开展览》,《申报》1934 年 3 月 27 日,第 13 版。

（一）古籍的民主化：由私到公的空间开拓

展览会促进了古籍的民主化，普通大众得以接触到藏诸名山的"遥远"而珍贵的图书。前文已经述及，近代古籍展览会中所展文献，绝少晚清以来石印或铅印技术的复制品，多为原本真迹，并且动辄甲骨汉简、魏晋碑拓、敦煌抄本、宋元珍椠、未刊私人稿本，以及具有文化标的属性的明清巨型丛书和类书。这些自古以来令私人藏书家趋之若鹜的珍本秘笈，以及封建政府束之高阁的皇皇巨著，在代代秘不示人的禁绝中保守自持，远离市井民众。

伴随着传统私人藏书楼向现代公共图书馆的过渡，展览会犹如一台不知疲倦的破壁机器，撞击了私人空间和权贵机构的古籍垄断，并不断挑战和撕扯新型公共图书馆的半公共性阻隔，大批古籍进入公共视野。通过空间的再生产活动，古籍和民众在展览会中彼此产生了关联。但是需要警惕的是，这种古籍民主化，并不意味着阅读的民主化或者知识摄取的民主化，仅仅是近距离触目（亦非身体接触）的民主化，古代文化的民主化普及并未在这一过程中实现，而是在物质性层面上开启了民主可能性的渐进表达。

（二）阅读的偏移："发明"新的古籍内容

双重空间（物理实体与书籍实体）和双重时间（打散、失序的时间与逻辑再造的时间）共同组成了古籍展览会的基本结构。参展物的现身，意味着它们从原初的地方性来到了新的地方性①。展览作为一种编辑与组织活动，首先打散了古籍自携的时间，在拥挤的、失序化的古籍丛林中，再经由对空间的设计与组排，赋予其新的知识逻辑序列，将各自为政的古籍打造为新时空层面的"丛书"。这种编辑手段，打破了内嵌在古籍出版物之间的区隔，将它们从各自所属的地方关系中撕扯出来，纳入一种新建的、共享的意义之网中，古籍的"内容"（抑或言功能），经此发生了嬗变。

相较于由文字构筑的原文本关系，展览会的文本关系由空间组排决定。鉴于古籍的珍贵性，展览时一般不允许观者触碰，空间组排的对象因而并非全文本，而是副文本和局部正文。通过拟文字化的空间编辑，新的知识系统诞生了，意义之网中的主题思想也被生产出来。这意味着，受众阅读（参观浏览）的也并非具象的原文本内容，而是由大量局部正文和副文本组合出的新信息，一种议程设置和策划规制了的主题。

（三）日常的娱乐：只为了看"唐伯虎"

内容的嬗变和主题的诞生，意味着阅读的偏移，甚至是阅读的消弭——观者越过主题设置不顾，直跃入狂欢

①〔德〕沃尔夫冈·希弗尔布施（Wolfgang Schivelbusch）著，金毅译：《铁道之旅：19世纪空间与时间的工业化》，上海人民出版社2018年，第66页。

和娱乐之中。当参展物超出大部分观者日常所及时，狂欢的合法性便愈加坚固。充斥着大量珍本秘笈的古籍展览，对于普罗大众，尤其学识短浅以及目不识丁者而言，是"可饱眼福"的日常异物。1937 年沧浪亭畔可园举办的吴中文献展览会，对于苏州当地民众而言，便是盛极一时的猎奇之处。参观人数最多每天多达七千人，最少每天千五百人①，颇有"一窝蜂"的姿态。为保持秩序，苏州图书馆决定将任人参观改作征收门票以作限制。然而往观者依旧"势如潮涌"，"二门外隔壁好婆、对门叔叔仍视若无睹，各显其冲锋肉搏之身手"②，颇有"文献""武力"互相辉映之势。小贩也闻狂欢之风而至，昔日静僻的沧浪亭畔，一变而为裙屐杂沓的喧嚣闹市。

　　大部分苏州民众的狂热对象，既非古籍原文，也非展览主题。会中陈列品中最富号召力者，竟为唐伯虎、祝枝山、文徵明等江南才子的肖像画作。才子们长住姑苏弹词剧曲里，生命力旺盛，妇孺皆知。他们的魔力，驱动着妇女们"竟完全趋集在唐祝文三位小说典型的先贤遗像前，原来她们遥远地跑来，目的就为瞻仰点秋香故事中一个偷香窃玉的苏州唐伯虎啊！"③展览会为浸淫古典通俗

①癯凤：《吴中文献展览会素描(中)》，《锡报》1937 年 3 月 4 日，第 4 版。
②茧：《吴中文献展览会拾零》，《金钢钻》1937 年 3 月 4 日，第 3 版。
③《吴中文献展览会素描(下)》，《锡报》1937 年 3 月 5 日，第 4 版。

文化的江南"追星族"们,提供了可一睹"偶像"庐山真面的机会,想象与现实的相遇点燃了展览会的狂欢。以文化渊薮著称的苏州地区尚且如此,遑论近代他处古籍展览会中的猎奇指数。

四、余论

古籍展览会本质上促发于文化保守主义和民族主义的合谋。一方面,展览会拓展了传统文化的传播路径,束之高阁的文献古籍,经由展览空间而触及阁外大众世界;另一方面,传承文化仅是醉翁之酒,展览会本质上是通过借取古籍的某些意象和符号,将自身铸造成一具爱国装置,投注和释放"提升民族自信""抵御外侮"的时代意志和信号。

展览会既非起点,也非终点,本质上是一种工具性空间,借由权力的注入,完成对空间的训诫,最终自我建构为一种媒介属性的中间物。如列斐伏尔所言,公共空间的近端属于民众,远端则体现秩序[1],古籍展览会的远端同样连接着国家的目光和社会的意志。这里面凝集着革命、战争、民族的政治话语,也汇聚着启蒙、唱和、抒情的知识语调,同时又充斥着生意、娱乐、狂欢的生活欲望,又

---

[1]〔法〕亨利·列斐伏尔(Henri Lefebvre)著,李春译:《空间与政治》(第二版),上海人民出版社 2020 年,第 23—24 页。

托举着传统文化复兴和民族崛起之望。

　　古籍文献在中国的现代化发展之路上，不断被遗忘，又不断被发现。古籍的近代大发现包含两层意涵。其一，文本物质层面的大众化。这既体现在古籍的复制出版活动上，也更体现在对原版轰轰烈烈的各类展览中，跨过密闭的私人藏书楼和威严的公共图书馆特藏室，古籍在近代展览会中公之于众，抵达此前遥不可及的人群。其二，文本精神层面被赋予新的意志。社会在重新发现古籍的同时，也启动了对其的新认知。展览会具有破坏性也深具建设性。它破坏了古籍与古籍之间的旧空间，又建造了链接不同时空中的古籍之新空间，并为新空间编织了一重重的意义之网，赋予展览会以崭新的主题。在主题之网中，饱含着发扬民族文化、提升民族自信的爱国逻辑，也交织着凝聚民族共同体、驱除外敌的殷切期盼，古籍的功能经此发生了现代之变。

结　语　打鬼、治病与传统文化"殖民"论：民众的古籍观与理想的古籍阅读者

　　1948 年，朱光潜在一篇题名为《旧书之灾》的文章中，发出一句感叹式的疑问："西方文化发展到现代这样底高潮，荷马、柏腊图、但丁、莎斯比亚、康德、歌德、卢梭等一长串底作者并未变成陈腐无用，何以孔子、庄子、屈原、司马迁、陶潜、杜甫、朱熹一代人物就应该突然失去他们的意义呢？"[①] 这句身处近代行将结束时的文化之问，既凝聚着彼时学者对中西传统文化不同境遇对比的反思，也透露出身为一个普通人对中国传统文化失落民间的痛惜与困惑。

　　事实上，作为传统文化载体的古籍，与其母体遭际之苦不遑多让。朱光潜的言论显示，迟至 40 年代末，古籍"无意义论"依旧无远弗届于民间，传递着基于时间意识之思的文献歧视与知识偏见。被民众反复指责为"陈腐无用"似乎是古籍于近代一以贯之的命运，然而吊诡的

[①] 朱光潜：《旧书之灾》，《周论》1948 年创刊号，第 15 页。

是,古籍再生产的实践却于同一时空一度开展得轰轰烈烈,1930 年代前期出版热还持续经年不衰,直至全面抗战爆发而止。那么,这种言论因何而出,又出之何为? 它显然与生产之间构成了极大的矛盾与张力,在古籍出版热面前,此种声音中是否认为古籍有阅读的必要性? 如果有的话,那么理想读者是谁? 如果古籍的存在有其合理性,那么它建基何处?

需要说明的是,目前涉及民国古籍观念的研究,均在 20 年代"整理国故"的论述框架内展开,研究对象以国学与国故为轴心,很少论及作为二者重要载体的文献典籍本身及其生产活动;而且,以上著述均以知识精英的论调为依归,主要是在学术层面就传统文化的管理展开实践活动与学理论辨,普遍缺失对民间声音的关注与研究。当然这同整理国故运动时期,古籍出版活动还未形成规模有直接关系,毕竟民间关注的兴起需要古籍文本的大量复制作为前提。那么,至 30 年代前半期古籍出版热时,作为传统文化接受主体之一的民众对古籍的态度,则无疑成为值得关注的问题。尤其在庞大的再生产活动中,作为古籍的生产主体(出版机构)和传统文化管理主体(政府)之外的消费场或者阅读域的主体,民众的观念与态度更显得举足轻重。

一、时间之问：民众的古籍认知

朱光潜的感叹中，有对西方传统文化游刃有余于现代社会的歆羡，也有对中国传统文化遇阻于现代中国的不解。不过吊诡的是，对于古籍来说，遇阻事实上仅肆虐和停留于观念与认知层面，文本再生产领域则安然无虞。事实上，在国家与社会开始全力建设现代社会的 20 年代后期起，古籍出版的浪潮便一浪高过一浪。生产规模与民间接受之间的不对称，构成了显而易见的认知沟壑，显示出包括民营出版机构和政府在内的古籍生产者与接受主体之间，存在由观念错位带来的巨大认知差异。

在古籍大出版时期，讨论古籍的价值俨然是一种媒介生活时尚。报刊媒介连篇累牍地刊载普通民众批判古籍及其出版活动的言论，构成了一种似乎能够影响生产者的舆论幻象。彼时舆论场中民众之音大略如下两表所示：

表 1　民国时期民众的古籍认知论称与具体代称表 ①

认知论	具体代称
鬼论	胡子伯伯、鬼、死鬼僵尸、骸骨、骷髅、死鬼诈尸
古董论	陈古董、旧烂器、无聊的消遣

① 两表文献来源如下表文献来源如下：赖栋生：《读古书应有之认识》，《桂潮》1932 年第 3 期，第 11—21 页；沈汶：（转下页）

续表

认知论	具体代称
陈旧论	陈腐违反时代的劳什子、陈腐的精神食粮、渣滓残余、病态与积垢、障碍石、苦茶庵
毒品论	毒物、毒汁的大树、含有毒素/质、鸦片、鸦片烟
病毒论	细菌、传染病、花柳病

（接上页）《古书流毒的危险性》,《是非公论》1937年第29期,第20—21页;楚云:《读古书和接受文学遗产问题——答梁明、黄沙、独白君等》,《生活学校》1937年第1卷第1期,第29—31页;叶青:《在目前是否需要读古书》,《读书之友》1937年第1卷第2期,第43—45页;晓岑:《翻印古书与画刊流行》,《北调》1935年第2卷第1期,第5—7页;曹聚仁:《关于古书种种》,《自修大学》1937年第1卷第4期,第287—289页;何容:《谈古书今译》,《国语周刊》1932年第3卷第53—78期,第52页;甘奴:《关于〈世界文库〉底翻印旧书》,《作家》1936年第1卷第1期,第319—329页;绀弩:《把古书怎么办呢?》,《语文》1937年第1卷第4期,第38—45页;高梁:《对于古籍应取的态度》,《学习》1940年第1卷第10期,第5—6页;吴念中:《关于读古书》,《众力》1936年第1卷第4期,第13—16页;曹聚仁:《爱惜精神莫读古书:我的读书经验》,《天行杂志》1943年第1卷第1期,第32—35页;李麦麦:《论竞出古书与民族自杀——请四万万同胞照照镜子》,《文化建设》1935年第1卷第11期,第99—102页;陈高傭:《中国文化与中国古籍:〈四部备要〉重印感言》,《新中华》1934年第2卷第5期,第40—42页;文汉生:《论翻印古书》,《明天》1936年第6期,第51—52页;《关于古书问题的声明》,《上海周报》1940年第2卷第8期,第203—204页;曹聚仁:《劝世人莫读古书文》,《读书生活》1935年第1卷第7期,第35—36页;白杨:《谈古书今读》,《学苑》1945年第9期,封1—第1页;杨吾冰:《对于古书今读之我见》,《新学生》1947年第3卷第5期,第14—19页;卫术:《旧书年》,《申报》1935年4月10日,第16版;刘焕肇:《读古书之先决条件》,《集美周刊》,1931年第10卷第14期;《为什么不应该读古书》,《学习》1940年第1卷第9期,第19页;秉:《为出版业进一言》,《申报》1936年3月26日,第6版;梦若:《青年应该读那一类书》,《申报》1935年4月5日,第19版。

以"鬼""古董"为比拟的喻体,连同陈旧论一起,构成了一种基于物理时间向度的古籍落后观;古籍落后观与以"毒品""病毒"为喻体的病理学意义上的古籍毒物观,又共同构成了古籍的罪责——后者无疑是前者的恶性发展之果。对古籍出版活动的评价,则如下表所示:

表 2　民国时期民众的古籍出版评价一览表

肯定	古书救国、维系国脉、发扬文化、培养民族意识、增进民族自信力、复兴民族、建设新文化、温故立新
否定	污损有用纸张、浪费全国印刷力量、装饰风雅、保守主义、古书堆里翻筋斗、和现代生活风牛马不相及、食古不化、开倒车、反动、反进化、反潮流、鸵鸟、阿 Q 精神、麻醉青年、图书恐慌、精神恐慌、掉到泥潭、民族自杀、丧心病狂、罪恶

需要强调的是,表中的肯定论,并非民间持论者所支持的论调,而是其进行否定论证时的打击对象。肯定论是遭遇反复解构之命的"荒谬"言辞,直接服务于否定言论合法化的话语实践。不难看出,肯定与否定的言论中充溢着浓郁的政治时间向度,"反动、反进化、反潮流""开倒车"之论,是讨伐古籍出版活动的核心话语域。

(一)诘问文本的时间:文化达尔文主义下的现代知识呼声

起始于 20 年代后期,至全面抗战爆发前,古籍文本在民间受到了严苛的审视。这种审视带有显而易见的时间向度,即将古籍文本归类为旧文化,将之与新文化进行对比,从内容、形式、语言等诸方面对其展开批判。

自达尔文主义引入中国后,便迅速突破生物学框架,长驱直入至社会、文化等领域。在对传统文化的态度上,不但"今我国学者,以今不如古,而竟垢古者"[1] 比比皆是,"文化是含有时间性的"[2] 的进化论意识俨然已成社会上下的认知共识。"一时代有一时代文化发生之来源,决不能以古书而再生今日中国之新文化,应及时努力而创造",此种认为新旧文化为截然不同的时代性文化产物之论调,屡见不鲜。新旧时代的分野则普遍以五四运动为界,"五四以后的新文学,差不多完全受了西洋文学的影响而产生的。它和五四以前的旧文学,不但内容和形式完全不同,甚而至于语言的表现上也有不同了",因此,"中国自五四运动以后的新文学和五四以前的旧文学完全是截然不同的东西","新与旧之间完全不能衔接"[3]。

对新旧文化的度量与划界,令以"现代人"自居的大众对古籍敬而远之。"我们现代的人,要谋现代的生活,学现代的知识,所以要读现代的书"[4],短短数语中连续四

---

① 赖栋生:《读古书应有之认识》,《桂潮》1932 年第 3 期,第 14 页。
② 沈汶:《古书流毒的危险性》,《是非公论》1937 年第 29 期,第 20 页。
③ 楚云:《读古书和接受文学遗产问题——答梁明、黄沙、独白君等》,《生活学校》1937 年第 1 卷第 1 期,第 30—31 页。
④ 叶青:《在目前是否需要读古书》,《读书之友》1937 年第 1 卷第 2 期,第 45 页。

个"现代"的排布,显示出文化达尔文主义者将古籍彻底逐出"现代"社会的决心。在民众的文化认知图谱中,新文化与新书是现代的,现代是"向前""前进"的;旧文化与古籍则是古代的(或者说五四运动以前的),古代是"开倒车""落后"的。"古书能给我们以机械工业的知识吗?古书能给我们以民主共和的知识吗? 古书能给我们以洋枪洋炮的知识吗? ……什么都不能。"① 连续三问与自答,暗示了提问者对古籍出版热的气恼:既然古籍从内容上提供不了任何现实所需的现代知识,那么为何还要源源不断地大规模再生产它们呢? 泾渭分明的时代划界与令人气结的出版数量反差,令古籍出版收获了"死鬼炸尸"的恶名②。

　　除了内容上的知识落后论,更有人认为古籍文本在表述形式上"是枝节的、浅薄的",比不上"现代知识的系统和精深"③。所以,"二千年的典籍,一半是三家村老学究的讲义,一半是博学老书生的注释"④。如曹聚仁所言,这种认为"中国的古书,极大部分是五花八门样样都有的

① 叶青:《在目前是否需要读古书》,《读书之友》1937 年第 1 卷第 2 期,第 43 页。
② 晓岑:《翻印古书与画刊流行》,《北调》1935 年第 2 卷第 1 期,第 7 页。
③ 叶青:《在目前是否需要读古书》,《读书之友》1937 年第 1 卷第 2 期,第 43 页。
④ 曹聚仁:《关于古书种种》,《自修大学》1937 年第 1 卷第 4 期,第 288 页。

杂志,很少是一种专门研究井然有系统的'著作'"的认知,得之于五四运动中所受的"近代科学精神的洗礼"。这场面向社会的民众再教育运动,使广大被启蒙者了解到,"每一种著作必是每一个专题的研究;科学研究的基础在于精密的分类和系统的排列"①。无独有偶,新文化运动中对白话文的普及,也带来了对古籍文字的厌弃与排古。有言论认为,古籍始终与"中国人民大众无缘",即便"终身研究古书的人也不了解古书",而且即使从古代算起,"中国人底思想在几千年的长时期间没有长足的进步……中国人民底实际生活没有受到文化思想底什么恩惠"。追根溯源中的一个"特殊的原因就在于汉字不是拼音文字"②。古籍的"佶屈聱牙"驱逐了读者,只有引入文字改革,将文言文翻译为现实在地的"活"语言,比如译成白话、改成拼音文字、制成有声电影,才能救活古籍,吸引摩登青年界的光顾③。

---

① 曹聚仁:《关于古书种种》,《自修大学》1937 年第 1 卷第 4 期,第 287 页。

② 绀弩:《把古书怎么办呢?》,《语文》1937 年第 1 卷第 4 期,第 42 页。

③ 何容:《谈古书今译》,《国语周刊》1932 年第 3 卷第 53—78 期,第 52 页。将古籍引入文字运动的框架内进行讨论,也是彼时的热门议题。有论者称,对文言文"助纣为虐"(如古籍的再版、尊孔读经运动、存文会的维护等行为),是对包括白话文运动、注音字母、国语罗马字运动、文艺大众化和大众语运动、通俗文学和新文字运动等在内的文字改革活动的抵抗与破坏,将会使中国彻底陷入"无声"的世界——毕竟会使用文言文并进行发声的人越来越少,不利于文化的民主。甘奴:《关于〈世界文库〉底翻印旧书》,《作家》1936 年第 1 卷第 1 期,第 319 页。

　　内容、形式与语言上的非现代性,使古籍在新时代的
指标衡量中丧失了时间向度的优势,鬼论、毒品论、古董
论遂大行其道,"打倒"古籍之音更是此起彼伏。而"新
文化进步的障碍石"的身份,则更加剧了古籍被"打倒"
的必要性与急迫性。文化达尔文主义这件"科学外衣",
不但令民众对古籍的深恶痛绝合法化,在近代中国但凡
遇到新旧文化问题时,均可屡试不爽地将新文化送至绝
对优势之位。尤其当关涉新旧文化的力量对比,更确切
地说,当旧文化对新文化构成了生存威胁时,这具时间坐
标的"杀戮"功能便会迅速启动。1930 年代,苏联掀起了
文学遗产接受运动,这股风潮吹到中国后,讨论中国的文
学遗产问题一时喧腾媒介,提高了对古籍问题的关注度。
面对中国的文学"遗产",有的认为,"中国的文学是整个
的,并没有死掉,何来遗产呢?"①承认旧文化从未退场,新
旧文化共同构成了文化生态的整体,并暗示新旧之间存
在博弈与竞争;有的则认为,五四运动已经将文化断为具
有霄壤之别的两截,二者无法衔接。在这种言论中,新文
化已在中国落地生根,形成了与旧文化可堪抗衡的独立
身躯,但两者处于二元对立的不同世界,脱胎于昨日世界

---

① 甘奴:《关于〈世界文库〉底翻印旧书》,《作家》1936 年第 1 卷第
　 1 期,第 323 页。

的遗产仅有"历史价值,而无现实作用"[1],缺乏进入新世界的必要;另有观点认为,接受"遗产"还为时尚早——中国的新文化远未成气候,放任旧文化介入新世界将戕害新生的文化,带来历史的倒退。以上三种时间坐标中的言辞,均将古籍置于危险境地——不论新旧文化何方占据力量上的优势,旧文化均不应被新世界"接受",二者间应当保持相当的距离。陷溺于时效功能的诸般文化讨论,不但巩固了古籍被"新世界"拒之门外的合理性,更加剧了其在民间口径中的弱势地位。

那么在民众的观念中,旧文化或者说古籍,究竟是否可能进入新世界与新文化共处呢?在时人眼中,它们到底有无价值?除了文化达尔文主义的唯洋派与保守主义的复古派对新旧文化各自所持的"过激"言论外[2],当然也不乏一些持守中道者的中庸派论调。在他们的理解中,"古书并没有它独立存在的价值的,古书只有在促进新书的成长上总有它的价值",而古籍的出版则"只是发扬文化的手段而非目的,为新书而翻印古书,这工作总有价值"[3]。可见,中庸派对古籍的同情与宽赦建基于这样一

---

[1] 绀弩:《把古书怎么办呢?》,《语文》1937年第1卷第4期,第45页;叶青:《在目前是否需要读古书》,《读书之友》1937年第1卷第2期,第44页。

[2] 顾名思义,复古派即复兴古代文明的传统文化支持者,因其身份基本不属民间场域,在此不论。

[3] 融:《杂志年与古书潮》,《申报》1934年12月22日,第21版。

个前提,即旧文化不能在新世界鸠占鹊巢或与新文化分庭抗礼,必得服务于新文化的成长与发展,才能被允许出版。并且,应当在批判、怀疑中吸收旧文化,只有对"乌烟瘴气"的古书"来一个彻底的大扫除",用科学的方法认知、整理、改造、利用古书,"汰其腐而存其精,把优良的民族传统提炼出来,把被支解过的滓渣残余和一切病态与积垢,以及早已枯死及今犹存的骸骨骷髅,予以销毁"[1],才能将新文化的建设托付于旧文化。

(二)拥护政治的时间:救国功能观下的现实知识诉求

1934 年代,南京国民政府开始在"新生活运动"的政治管理框架里推行"尊孔读经"教育。正如时人观察到的,此时全国上下古意盎然——不但有政府当局提倡的"读古书",教育界、著作界反复讨论的"读古书"[2],更有出版界大规模的"古书"再生产活动"在'新生活'与'新文化'的运动中,精神上反见有'复古'的意思"[3]。通过复古读经,以温故立新的方式"建设新文化""复兴民族",甚至达到"古书救国"的目的,构成了政府"尊孔读经"冠冕

---

[1] 高梁:《对于古籍应取的态度》,《学习》1940 年第 1 卷第 10 期,第 5 页。

[2] 同一时期,文化界亦有提倡晚明闲适文学者。整体上,社会此时的"古味"较为浓郁。

[3] 吴念中:《关于读古书》,《众力》1936 年第 1 卷第 4 期,第 13 页。

堂皇的最高施政矢的①。不过,面对厉行全国的"复古"教育实践,以及政府的大肆宣传,深谙政府"以新的名义复兴旧"之道的民众对此并不买账,具有一定话语力量的反对者对此提出严厉的质疑与批判。

民众的舆论抵抗,并不指向于"救国""复兴民族"这些恢弘的时代命题与政治议题(相反,它们作为时代共识引来无数仁人志士的浴血奋战),对"复兴民族"与"救国"手段的不屑,才是真正的抵抗所指。对手段的不满情绪,于大众媒介中被凝结为一种集讽刺、挖苦、谩骂与苦口婆心于一身的舆论话语。一些自晚清接受传统文化教育的批判者现身说法,极尽讽刺挖苦之能事:"要说读经可以救国的话,我该是救国志士的老前辈了。那时候读经的人并不算少,仍无不补于满清的危亡,终于作胜朝的遗民。"②面对与复古读经运动共进退的"竞出古书风气",时人对其"发扬文化""古书救国"的广告与营业旨趣,不无打趣地质询道:"古书真可以救国?那么编纂了《四库全书》的满清是怎样使中国走上灭亡之途呢?"③

政府与民众对于文化救国论,具有某种意义上的共识性重叠。重叠处在于均对文化可以救国产生功能认

---

①亦有论者认为此为钳制民众思想而施行的愚民政策。

②曹聚仁:《爱惜精神莫读古书:我的读书经验》,《天行杂志》1943年第1卷第1期,第32页。

③李麦麦:《论竞出古书与民族自杀——请四万万同胞照照镜子》,《文化建设》1935年第1卷第11期,第100页。

同,但由于主体认知的差异,"文化救国"中的"文化"所指则互不相干。政府的"文化"指向传统文化(即反对者口中的旧文化),民众的"文化"则另有所指。在政府的文化救国期待中,古籍被视作国粹,保存"国粹"就是延续"国脉",国粹不存,国脉即断,国家就要灭亡①。作为政府反方的民众搬出孟子"以木梃而挞秦之坚甲利兵"之说,批驳政府的"痴人说梦"——"主张读古书是为培养民族意识、增进民族自信力,那就须知中国在戊戌变法以前是全读古书的。而我们的失败、受压迫实在从鸦片战争开始,这就足见单有民族意识和民族自信力,也无济于事。"②从古至今国粹与国脉俱在,那么如何解释中国肇始于鸦片战争之后持续的政治凋敝? 民众对古籍的嗤之以鼻由此可见一斑。

五四运动中"中国要好,非把线装书扔到茅厕中三十年不可"的负面言论,在反复的媒介传播中,被建构成了民众难以磨灭的集体记忆,影响不可谓不深远。以至于民众动辄将自鸦片战争以来充满屈辱的政治历史,普遍归咎于传统文化的无能,并将其作为论证和强化新文化存在合理性的理据。在咒骂古籍无法救国的同时,遍数各类政治与文化变革以强化现代文化的救国伟绩——

---

① 高梁:《对于古籍应取的态度》,《学习》1940 年第 1 卷第 10 期,第 5 页。
② 叶青:《在目前是否需要读古书》,《读书之友》1937 年第 1 卷第 2 期,第 44 页。

若"古书真可以救国,则曾左的'洋务'救国运动、康梁的'变法'救国运动、孙中山的'革命'救国运动、五四的'新文化'救国运动、民十五年以来的'科学文化'救国运动岂非是多事?岂非是心理错乱的表现?"[①]"人人向往于西洋文明"的五四式文化风格,在社会中畅行日久且固着日深,成了 30 年代民众从惯习上天然反对政府复古倾向的文化新"基因"。

30 年代初,现实情形的不尽如人意更加剧了民众对古籍的反感情绪。国际经济危机下的国内经济凋敝、民不聊生,外侮迫近下的政治与军事动荡,使得"国家像是'骨瘦如柴'经不起丝毫风寒的病躯",这给予时人一种"现代人底生活比较复杂,国家的情势更为危急,迫切地需要着广泛的切实的知识"之感[②],这一切如何能够通过复古读经来解决呢?他们对国家寄希望于古书的政治图景,普遍抱悲观态度。不解的愤懑者干脆将国粹论者唤作"腐儒派",嘲笑他们提倡的文化复古对现实来说于事无补——"'珍本奇书'能够使肚子饱起来,使身体不抖的么",能让"'寒士'就会变成了富士的么?国家也就会跟着富强起来的么?或是帝国主义侵略我们的时候,

---

① 李麦麦:《论竞出古书与民族自杀——请四万万同胞照照镜子》,《文化建设》1935 年第 1 卷第 11 期,第 101 页。
② 绀弩:《把古书怎么办呢?》,《语文》1937 年第 1 卷第 4 期,第 42 页。

可以用'珍本奇书'去塞住他的炮口么？"①国家眼中的治国良药,成为他们口中的"毒药"和"病毒"。甚至那些被经济逼上绝路的民众自杀事件,也被归咎于"落后"的古籍身上。"假如这些同胞都是有点科学头脑或是处在一种进步精神风气中,他们即使是受怎样的经济压迫也不至于这样无结果的自杀吧";而且,作为社会问题的自杀,"之所以成为流行病,只是因为各大书局竞出古书和一般无出息的士大夫只知师法阮籍、袁中郎,遂不免使一般受生活困难的同胞在身未死以前已经收到'心死'的传染病"②。

对古籍的反感和对现实知识的强烈诉求,于全面抗战爆发后对比更切。当政治与生活的日常被战争充塞时,古籍不合时宜的古董性身份更加引人侧目。毕竟"玩弄古董,无益病躯",古籍中既然没有"救济中国现状的材料",自然不能为拖着病躯的国家提供"强身补血的良剂"③,"有关抗战的现实问题的书"才是治病的良药,理应多多益善④。

置于政治框架内思考文化价值,成为这一时期上至

①文汉生:《论翻印古书》,《明天》1936年第6期,第52页。
②李麦麦:《论竞出古书与民族自杀——请四万万同胞照照镜子》,《文化建设》1935年第1卷第11期,第101页。
③冷峰:《出版界应有的觉悟》,《申报》1935年10月12日,第2版。
④《关于古书问题的声明》,《上海周报》1940年第2卷第8期,第204页。

政府下至民众的思维定式。在两者背道而驰的古籍观念中，古书与国家共存亡是一种共识，但一者认为失之国灭，一者则认为得之国灭，民族自信，则得也古书、失也古书。政治时间和文本时间一道成为评判文化价值的参数和向度，古籍在天地新变不断的环境中逐渐丧失了时间合法性。

国家推行的尊孔读经活动，客观上对五四风潮也造成了一定程度的打击，现代性在此呈现出被压抑的趋向，这激起了民众对新文化的维护意识。知识需应时势之需，要具备时效性，构成了一句抵御古书侵害的关键性媒介话语。但媒介使用上的民主，不等同于言论付诸实践的民主，国家"国粹主义"的古籍观始终在舆论攻伐中岿然不动。

二、理想的读者：民众的古籍阅读想象

曹聚仁在谈论自己少时接受传统文化教育的读书经验时，将古书对其日后的影响比喻为河水鬼讨替。这具总想拉生人入水做替死的落水鬼，有着白发苍苍的样貌，仿佛永远生活在每个人的隔壁，"我要进一步，死鬼就拖我退后十步"。古书被营造出一副"胡子伯伯要害人"的恐怖意象①。

---

① 曹聚仁：《劝世人莫读古书文》，《读书生活》1935年第1卷第7期，第35页。

　　读古书使人落后,甚至毒害心灵、要人性命的讽喻,
成为民众讨论古籍阅读时的普遍预设。他们因而极力反
对青年人读古书,据此遍数古籍文本的数宗罪——"迷
信、封建、势力、享乐、安命、自我、偏狭、复古、因袭、保守、
做作"①等"思想错误"②和"精神毒质"③。因此,不论以什么
名义倡导读古书,尤其"冒着接受文学遗产这个美名劝
青年读古书的人,更是一种罪恶"④。再者,古籍伪作迭出
需辨真伪、内容不成系统无价值等问题⑤,令时人忧心阅
读古籍不但荼毒心灵,也戕害学术,不利于青年的求知,
甚至"足以招致文化的停顿与衰微"⑥。而且仅从阅读视
角看,古籍文字的佶屈聱牙也加剧了阅读的难度,文言文
这一"死"语言与现实格格不入。入门读古书,需要先习
得小学、音韵、训诂等文字学知识,还要懂得如何断句。

①　白杨:《谈古书今读》,《学苑》1945年第9期,封1—第1页;杨
　　吾冰:《对于古书今读之我见》,《新学生》1947年第3卷第5期,
　　第14—19页。
②　吴念中:《关于读古书》,《众力》1936年第1卷第4期,第14—19页。
③　晓岑:《翻印古书与画刊流行》,《北调》1935年第2卷第1期,第
　　5—7页。
④　楚云:《读古书和接受文学遗产问题——答梁明、黄沙、独白君
　　等》,《生活学校》1937年第1卷第1期,第30页。
⑤　由于时人认为古书缺乏系统的著作,对其的阅读常常等同于摄
　　取资料,常有"青年暂且不必去读古书,先把社会、自然、语文、史
　　地等科学研究得明白来,再去运用那些资料,并不为迟"之论。
　　见曹聚仁:《关于古书种种》,《自修大学》1937年第1卷第4期,
　　第289页。
⑥　卫术:《旧书年》,《申报》1935年4月10日,第16版。

诸般先决条件,提高了阅读古籍的门槛,令时人望而却步
又牢骚满腹①。尤其当时代的政治时间框架凸显了文本时
间的落后性时,阅读古籍更加成为救国要务下的非急务,
一种不识时务的"异怪"行为,古籍读者亦被民众舆论冠
以"食古不化、信古、泥古、拜古、蠹虫、腐蠹份子、张眼瞎
子、囫囵吞枣、滥吃、迂夫子、无用的学究、无聊文人"等
称谓加以嘲弄与谩骂。

　　除了竭力反对青年读古书外,对于一般的大众以及
中小学生的古书阅读,民众也全然不予支持,甚至对小学
生于学校教科书中对传统文化的阅读与学习,也充满阴
谋论的揣测。1940年初,有个署名郁郁的初中生给《学
习》杂志写信,称自己看到杂志刊发的关于学习的一篇
文章中,将大学里采作教材内容的《古文辞类纂》等古书
唤作"时常闹还魂把戏的僵尸",这位初中生对此大为困
惑:"先生,读古文是不是就是开倒车呢? 既然如此,为什
么中学国文教科书上也不乏这类文章呢?"②杂志对此以

---

① 刘焕肇:《读古书之先决条件》,《集美周刊》1931年第10卷第
　 14期。
② 到1945年时,初中与高中的教材中收录了大量古文,"初中的国
　 文课程里,白话文的地盘只占一半;高中则完全是文言文的势力
　 了"。可见,单从文字改革角度看,"理论上白话文占胜利是一回
　 事,而现实社会上文言文占优势又是一回事"。而且,学生热衷练
　 习文言文的写作以应付彼时社会对文言文的广泛应用——"不
　 论机关行文、不论社会交往,都靠文言文作传达工具","读书的
　 首要是在做通文言文"。白杨:《谈古书今读》,《学苑》1945年第
　 9期,封1页。

"古籍进教科书别有用心"之论作为回复:"现在的人该学习现在……不该再捧牢着骷髅,奉骸骨为无上的宝贝。假如要这样做的人,显然是别有用心。彻底的说,他是要我们隔离现在,忘记现在,而任由他们来处置现在,而为所欲为。……今天大学里采用《古文辞类纂》为课本,一言以蔽之说,他们是躲避现实,把现实和学生中间造成一座万里长城。这方便了什么人? 聪明的读者,是可以知道的。"① 由古籍这具"骸骨"造就的"万里长城",犹如一座时间监狱,横亘在过去与现在之间,最终将人导向与现实的疏离。这座隔绝时间的"万里长城",依然是在文化达尔文主义的进化论框架下孤立古籍,褫夺其价值,是反对古书阅读论者屡试不爽的言论武器。在"万里长城"的话语中,古籍已经不仅单纯地使人退步和落后,它还阴险地服务于以思想控制为目的的种种政治阴谋,比之胡子伯伯对私人的迫害,"万里长城"将影响至社会大众整体。部分民众对古籍的态度至此发生了某种微妙的变化——鄙薄与不屑转而被忧惧与恐慌替换和支配。

　　那么,究竟哪些群体的古籍阅读不会受到批判呢? 在时人眼中,"只有研究中国的政治历史、社会史、学术思想史的人才有必要"读古籍。除此而外,"不论学生、教员、研究家……均不可读"②,即便教育和学术系统中的广

---

① 《为什么不应该读古书》,《学习》1940 年第 1 卷第 9 期,第 19 页。
② 叶青:《在目前是否需要读古书》,《读书之友》1937 年第 1 卷第 2 期,第 45 页。

大师生和宽泛意义的研究家,也被排除在外,阅读群体狭小若此①。不过,建基于反对基础上淘洗出来的理想化读者,于阅读实践中亦不免凌虚蹈空。在现实情境中,想象中的古书读者,常常并不等同于古籍的买家。尤其大型古籍丛书的主顾,基本固定在资财充裕的私人藏书家和由财政扶持的公共图书馆、学校、政府机关等机构,而"图书馆购之,耗其经常费用,而阅者寥寥;有余财者购之,惟以点缀书斋,而终岁尘封"②,真正的研究者反而无力购置偌大规模的古书丛林。当然个人买者,也不乏一些藏书家之外的人,或为了点缀书斋,附庸风雅而购买古籍;或"一班时之圣者,为了本身的地位计,也不得不假装为好古家,在书架上点缀了几部古书"③。此情此景说明,古籍文本域的读者与物质域的买者间分离趋势愈加显著,这是值得关注的问题。这也说明,民众对古籍及其读者的认识,存在某种想象的成分和误判,一方面将经济拮据而无力购置者想当然地认作读者,一方面不假思索地将购书而不读的藏者当做读者,从而从整体上偏离了评论的客观性,削弱了评价的准确度。

---

① 当然也有部分论者支持所有"思想已经相当成熟了的人"阅读古书。见甘奴:《关于〈世界文库〉底翻印旧书》,《作家》1936年第1卷第1期,第329页。

② 秉:《为出版业进一言》,《申报》1936年3月26日,第6版。

③ 梦若:《青年应该读那一类书》,《申报》1935年4月5日,第19版。

三、余论

如果将出版市场因素考虑进来，则会发现，彼时对古籍出版活动的厌恶绝不亚于对古籍本身。反对者担心古籍挤压新书的市场、扰乱阅读的秩序，古籍不论从文本内容上还是物质实体上，俨然成了文化的"殖民者"，尽管它才是地道的中国文化传统之根。民众对古籍的反感与恶意，类似于一种政治上的反殖民意志，而本该被抵抗的新文化之"殖民"，反而逍遥在外，成了最为文化正确的时代珍宝。

古籍出版中双重时间的不合时宜——文本时间轴线中的无现代知识，以及政治时间框架内的非急务与无现实知识，使其于彼时民间的精神生活、社会生活与政治生活中面临全面消退的命运。在民间话语中，上述三方面的合法性均岌岌可危。古籍的主要市场被压缩至收藏家、暴发户的府邸，以及与政府联结紧密的公共文化机构、行政机关等非民间场域。这导致古籍的物质性与文本性利用出现了主体性的分离，藏而不读成为时代的常态，古籍的文本再生产某种程度上沦为纯粹意义上的保存行为。

当然，民众的古籍认知是一个被不断建构的过程，它始自五四运动甚至更早，至1930年代古籍出版全盛期时根深蒂固。这种通行的"治病""打鬼"等落后论的古籍评语,反映了 30 年代达尔文主义的文化世风,也与 20 年代前期整理国故运动中评价国故的畅行关键词一脉相承①,显示出精英话语启蒙的下渗力度。这些充满负面词汇的古籍观随着显性的文献生产活动而遗绪猛于初生,从 20 年代的文化精英口号,下渗至 30 年代民众意识的深处,释放出对传统文化强烈而持续不辍的抵抗意志。

但同时也要注意,民间对古籍及其生产活动的反感,归根到底源于对传统文化的恶意——虽然传统文化抑或国故、国学远非文献典籍这些"故纸"材料所能含括殆尽,但古籍作为看得见摸得着的物质性存在,显然更容易成为批判的实物靶向。这里探讨的活跃民间的舆论主体,并非古籍整理与研究以及生产的实践者,也最终甚至不是古籍的真正读者——他们有些人可能根本不了解何为"国故""国学",甚至也从未接触过或者系统学习过传统文化,在一知半解中展开对古籍的舆论杀戮。这种情形下,古籍无异于一具意象之物,是他们所敌视之物的集结。而这种情形下的批判,失真的可能性也加大了。

在古籍的出版实践活动中,传统文化的再生产者和管理者站立于学术与政治舞台上,民众则屹立于大众媒介中,两声相异有如霄壤之别,形成了盘根错节的多歧化古籍认知,撕裂着传统文化的发展方向。

----

①罗志田:《从治病到打鬼——整理国故运动的一条内在理路》,《中国学术》2001 年第 2 期。

"经籍志"书系

《方志考未刻稿》

瞿宣颖　撰

龙耀华　整理

2024 年 5 月第 1 版第 1 次印刷

ISBN 978-7-101-16612-5

定价 65.00 元

　　近世掌故名家瞿宣颖以世家治史，尤精方志之学。《方志考》即其讲义精心结撰而成，惜刊行者仅甲集，学林称憾。本书系据长沙图书馆藏该书未刊稿本整理，著录方志数百种，其中不乏珍稀版本，同时辨其体例、评其得失，着眼于志书类目之沿革、史料裁别之关窍。

《鲁迅辑校古籍考》

石祥　著

2024 年 5 月第 1 版第 1 次印刷

ISBN 978-7-101-16586-9

定价 88.00 元

　　本书以文献学的实证方法，考察鲁迅辑佚校录的各种古籍，细绎手稿实物的物质形态与文本，辨析同书多件手稿的先后次序与动态关系，考述鲁迅的工作思路、辑校细节。

《清代刻工与版刻字体》

郑幸　著

2023 年 11 月第 2 版第 1 次印刷

2024 年 2 月第 2 版第 2 次印刷

ISBN 978-7-101-16356-8

定价 88.00 元

　　古籍刻工一直是传统文献学所关注的重要对象。本书在广泛搜集与整理数千条清代刻工题名的基础上，通过宏观与微观两种视角，将刻工群体置于出版、文化、艺术等更为广阔的社会领域中加以考察，并对清代书籍史中的一些重要问题进行了深入探讨。

《中国雕板源流考汇刊》

孙毓修　撰

叶新、郑凌峰、樊颖　整理

2023 年 7 月第 1 版第 1 次印刷

2024 年 3 月第 1 版第 2 次印刷

ISBN 978-7-101-16213-4

定价 68.00 元

　　本书是以现代眼光系统研究版本学的开山之作，至今仍有重要的参考价值。此次除通行本外收录新近发现的稿本与连载本，尽现作者结撰之精思。商务印书馆之涵芬楼名重书林，本书即为其创建者之学术精粹，可称"涵芬楼密码"。

《明代图书官修史》

霍艳芳　著

2023 年 6 月第 1 版第 1 次印刷

ISBN 978-7-101-16212-7

定价 88.00 元

　　本书探讨明代官修图书的组织机构、预修人员、成就及代表性成果的成书经过，总结明代官修图书的特点，揭示其在中国图书编撰史上的地位和影响。有明一代，图书出版进入高速发展时期，私刻坊刻备受关注，本书聚焦官修图书，是对相关研究的有益补充。

《清末白话报刊与文学革命》

张向东　著

2022 年 12 月第 1 版第 1 次印刷

ISBN 978-7-101-15976-9

定价 88.00 元

　　清末的白话报刊，是五四文学革命的先驱。本书全面分析清末白话报刊与文学革命之间的联系，重新认识五四文学革命在清末的萌芽和演进过程。

《烽火遗篇：抗战时期作家佚作与版本》

凌孟华　著

2022年9月第1版第1次印刷

ISBN 978-7-101-15819-9

定价 78.00 元

本书明确提出抗战文学研究的"非文学期刊"视野问题，通过对茅盾、夏衍、张爱玲等名家佚作的搜集、校勘与考辨，拓展抗战文学史料发掘的边界，还原抗战文学的历史现场与原始形态，以期推动抗战文学研究的发展与突围。

《高凤池日记》

叶新　整理

2022年8月第1版第1次印刷

2023年3月第1版第2次印刷

2023年8月第1版第3次印刷

ISBN 978-7-101-15769-7

定价 65.00 元

在近现代出版史上，高凤池是一个被遮蔽的重要人物。本书整理其仅存的日记文献，呈现高氏的平生志业与人格情操，是商务印书馆研究不可忽视的重要史料，亦展现了近代上海的社会图景。

《中华书局的企业制度（1912—1949）》

欧阳敏　著

2022 年 4 月第 1 版第 1 次印刷

ISBN 978-7-101-15596-9

定价 48.00 元

中华书局作为一家有着百余年历史的现代出版机构，拥有丰厚的底蕴与光荣的传统。本书还原民国时期中华书局的企业经营面貌，从产权制度、组织制度、管理制度三个方面，探寻这家百年文化企业的成功奥秘。

中国出版史研究

出版史书目

《生活书店会议记录1933—1937》，2018年11月第1版第1次印刷，ISBN 978-7-101-13499-5，定价298.00元

《生活书店会议记录1938—1939》，2019年7月第1版第1次印刷，ISBN 978-7-101-13921-1，定价298.00元

《生活书店会议记录1939—1940》，2020年10月第1版第1次印刷，ISBN 978-7-101-14727-8，定价358.00元

《生活书店会议记录1940—1945》，2021年8月第1版第1次印刷，ISBN 978-7-101-15287-6，定价298.00元

《生活书店会议记录1933—1945》（整理本），2022年11月第1版第1次印刷，ISBN 978-7-101-15962-2，定价99.00元

《铸以代刻：十九世纪中文印刷变局》，苏精著，2018年5月第1版第1次印刷，ISBN 978-7-101-11959-6，定价78.00元

《唐大郎纪念集》，张伟、祝淳翔编，2019年10月第1版第1次印刷，ISBN 978-7-101-14112-2，定价68.00元

《中国印刷史新论》，艾俊川著，2022年1月第1版第1次印刷，ISBN 978-7-101-15422-1，定价66.00元

《启蒙·生意·政治：开明书店史论（1926—1953）》，邱雪松著，2022年8月第1版第1次印刷，ISBN 978-7-101-15646-1，定价65.00元

《近现代出版与新知识传播》，复旦大学历史学系、中国近现代新闻出版博物馆编，2023年12月第1版第1次印刷，ISBN 978-7-101-16331-5，定价128.00元

《家园与天下——明代书文化与寻常阅读》，何予明著／译，2019年9月第1版第1次印刷，ISBN 978-7-101-13997-6，定价78.00元

《古籍之为文物》，李开升著，2019年12月第1版第1次印刷，ISBN 978-7-101-14245-7，定价98.00元

《福建历代刻书家考略》（上、下册），方彦寿著，2020年5月第1版第1次印刷，ISBN 978-7-101-14379-9，定价178.00元

《赵昌平文存》（上、下册），2021年5月第1版第1次印刷，ISBN 978-7-101-15164-0，定价260.00元

《古籍书名考》，黄威著，2021年7月第1版第1次印刷，ISBN 978-7-101-15241-8，定价76.00元

《翠微却顾集》，徐俊著，2021年12月第1版第1次印刷，ISBN 978-7-101-15463-4，定价88.00元

《陶庵回想录》，陶亢德著，2022年6月第1版第1次印刷，ISBN 978-7-101-15720-8，定价88.00元

《世界想象：西学东渐与明清汉文地理文献》，邹振环著，2022年11月第1版第1次印刷，ISBN 978-7-101-15843-4，定价78.00元

《整齐世传——前四史人物列传编纂研究》，曲柄睿著，2022年12月第1版第1次印刷，ISBN 978-7-101-16001-7，定价98.00元

《晚清小说戏曲禁毁问题研究》，张天星著，2024年1月第1版第1次印刷，ISBN 978-7-101-16351-3，定价175.00元